KB242707

사도행전 탐구

해설 17장과 보충 해석 17

세계복음화문제연구소
(The World Evangelization Research Center)는
한국 교회가 세계 복음화를 위하여
한 모퉁이를 담당해야 한다는 사명으로 사역하고 있습니다.

이 도서에 실린 모든 내용은
세계복음화문제연구소의 도서출판 세 복 이 출판권자이므로,
학문적 논문의 인용을 제외하고는
본 연구소의 동의 없이 복제할 수 없습니다.

사도행전 탐구
해설 17장과 보충 해석 17

지 은 이   홍 성 철
발 행 인   홍 성 철
초판 1쇄   2026년 4월 20일

발 행 처   도서출판 세 복
주   소   경기도 파주시 문발로 123
전   화   010-3289-2054
홈페이지   http://www.saebok.kr
E-mail   werchelper@daum.net
등록번호   제1-1800호 (1994년 10월 29일)

총 판 처   솔라피데출판유통
전   화   031-992-8691
팩   스   031-955-4433

ISBN 978-89-6334-042-5 03230
값 20,000원

ⓒ 도서출판 세 복 2026

사도행전 탐구

해설 17장과 보충 해석 17

홍 성 철
John Sungchul Hong

Exploring Acts
17 Expositions with 17 Supplementary Interpretations

Exploring Acts
17 Expositions with 17 Supplementary Interpretations

John Sungchul Hong

Published in Korea
Copyright© 2026 Saebok Publishing House
All rights reserved.
Seoul, KOREA

홍성철(John Sungchul Hong) 목사의 저서

국어
- 『고난 중에도 기뻐하라』(빌립보서 강해)
- 『눈물로 빚어 낸 기쁨』(룻기 강해)
- 『복음을 전하세 복음전도의 성경적 근거』
- 『불타는 전도자 존 웨슬리』
- 『성령으로 난 사람』(요한복음 3장 1−16절 강해)
- 『십자가의 도』
- 『우리에게 일용할 양식을 주소서』(주기도문 강해)
- 『유대인의 절기와 예수 그리스도』
- 『이렇게 예수 그리스도의 제자가 되자』
- 『절하며 경배하세』
- 『주님의 지상명령 성경적 의미와 적용』
- 『하나님의 사람들』(마태복음 1장 1절 강해)
- 『현대인을 위한 복음전도의 성경적 모델』
- 『성령의 시대로! 오순절★복음★교제』(사도행전 2장 강해)
- 『전도학 개론』
- 『기독교의 8가지 핵심진리』
- 『진흙 속에서 피어난 백합화』(룻기 강해)
- 『회개하라! 천국이 가까이 왔느니라』(마태복음 3−4장 강해)
- 『다니엘의 역설적인 인생』
- 『더 북』
- 『기독교 신앙에 대한 질의응답 50』
- 『거룩한 삶, 사랑의 삶』(요한일서 강해)
- 『로마서에서 제시된 구원과 성화』
- 『화목제물』
- 『어린 양과 신부』(새롭게 접근한 요한계시록)
- 『신앙 난제에 답하다 110』
- 『나의 주님 나의 인생』
- 『예수 그리스도의 피』
- 『구원을 위한 성령의 역할』
- 『골로새서와 함께』
- 『출애굽기 탐구』
- 『사도행전 탐구』

영어
- *Born of the Spirit* (Emeth Press)
- *John Wesley the Evangelist* (Emeth Press)
- *The Great Commission: Its Biblical Meaning and Application* (Evening Star Enterprise, Inc.)
- *The Genealogy of Jesus Christ: Evangelistic Sermon on the Covenant from Matthew 1:1* (Emeth Press)
- *The Jewish Festivals and Jesus Christ* (Emeth Press)
- *A Collection of Life Stories* (Story Worth)

태국어 · 캄보디아어 · 미얀마어
- 『기독교의 8가지 핵심진리』 번역 출판

포르투갈어 *Verdades fundamentais di christianismo* (Editora Fôlego)

편저
- 『나는 어떻게 예수님을 만났는가?』
- 『회심 거듭남의 의미와 적용』 · 『전도학』
- 『복음주의 실천신학개론』 · 『선교세계』
- 『불교권의 선교신학과 방법』
- *How I Met Jesus*

번역서 · 『주님의 전도계획』 외 30권의 기독교 서적

차 례

추 천 사

홍성철 목사님으로부터 『사도행전 탐구』의 추천사를 부탁을 받았을 때 너무 부담스러워 사양했지만, 그분과의 관계 때문에 끝까지 거절할 수 없었다.

우선, 홍 목사님은 나의 형님과 대학 절친이어서 내가 고등학생 시절부터 가까이 따르며 지낸, 내게는 친형과 다름없는 분이었다. 무엇보다 나에게 구원의 복음을 전해주어 명목상의 교인인 내가 죄 사함을 확신하는 그리스도인으로 거듭날 수 있도록 해주신 분이다. 그뿐만 아니라 그분의 설교에 은혜를 받아 나 자신을 온전히 주님께 드리기로 헌신하였다. 그 결과 죠이선교회의 제1호 선교사로 활동했으며, 신학을 마친 후에는 죠이선교회의 대표로도 섬겼다. 그 후 미국에서 30년 목회하는 동안 네다섯 번 그분을 부흥사경회 강사로 초빙하여, 내가 그분을 통해 경험했던 하나님의 은혜를 교인들에게 전해주려고 노력하였다.

나도 목회하면서 사도행전을 여러 번 설교도 했고, 성경공부 교재를 만들어 가르치기도 해서 내 나름 사도행전을 어느 정도 안다고 생각했다. 그런데 『사도행전 탐구』를 통해 내게 형성된 사도행전에 대한 전통적인 틀을 뛰어넘어, 다음과 같은 몇 가지 사실을 인상 깊게 읽었다.

오순절에 성령이 강림하여 말세, 곧 성령 하나님의 시대가 시작되어 율법 중심에서 성령 중심의 생명력 넘치는 삶으로 전환되었다. 베드로가 예수 그리스도의 죽음과 부활을 선포하며 회개와 세례를 외쳤을 때, 3천 명이 구원받은 역사, 성전 미문에서 구걸하던 앉은뱅이의 치유, 종교 지도자들의 박해 속에서도 예수님만이 구주임을 담대히 선포한 베드로! 초대 교회가 능력의 복음 전파는 물론 물질을 나누는 사랑의 공동체를 이룬 것은 성령의 역사가 아니고는 불가능한 현상이었다.

홍 목사님은 다음의 몇 가지에서도 남다른 통찰력을 보였다. 첫째, 예루살렘교회의 구제 갈등은 언어와 문화 차이에서 비롯된 걸림돌이었지만, 사도들의 지혜로운 대응으로 오히려 위임과 지도자 배출이라는 디딤돌로 바꾸었다. 둘째, 스데반의 죽음은 사울의 회심과 교회의 세계적 확장을 가능하게 한 전환점이 되어 하나님의 구속사에서 결정적인 역할을 했다. 셋째, 사마리아인과 에디오피아 내시의 구원은 유대와 이방 사이를 연결하는 하나님의 징검다리였다.

특히 주목할 만한 안목을 드러낸 것이 있는데, 마가의 결별에 대한 해석이었다. 제1차 전도 여행에서 전도 팀을 떠나간 마가로 인해 바나바와 바울은 서로 갈라지게 되었다. 이 부분에서 내가 전에는 생각하지 못했던 구체적인 장면들이 저자의 근거 있는 상상력에 의해 구체적이고 입체적으로 이해되었다. 저자는 마가의 가정적인 배경을 소개하면서, 본인의 신앙적 결단보다는 바나바와의 친척 관계로 예상치 못한 전도 여행에 동행하게 되었다고 설명했다. 성경은 밤빌리아의 버가에 이르러 마가가 바나바와 바울을 떠났다고만 간단히 기록되어 있다. 그러나 저자는 마가가 그들을 떠나게 된 배경을 풍부한 상상력으로 풀어내어, 아직 믿음이 어린 마가가 험산

준령을 넘어야 하는 멀고 먼 여행길을 두려워해서 바나바와 바울을 떠나 예루살렘으로 돌아갔을 것이라는 해명은 놀라웠다. 그렇게 해명하면서 당시의 지리적인 상황을 구체적인 거리까지 제시하며 마가의 중도 하차에 대한 새로운 안목을 열어주었다.

바울은 예루살렘에서 유대인들의 거짓 고발로 죄수가 되었으나 로마 시민권 덕분에 천부장의 보호를 받았다. 그는 유대인들의 살해 위협으로 많은 군사의 호위를 받으며 가이사랴로 압송되어 로마로 향하는 '복음의 죄수'가 되었다. 바울은 유대인들의 고발에도 로마법 덕분에 총독과 왕 앞에서 자신을 변명하며 복음을 담대히 선포할 수 있었다. 유대인의 고발은 오히려 바울이 예수 그리스도의 죽음과 부활을 증언할 기회를 열어주는 도구가 된 것이다. 하나님의 방법과 복음은, 인간의 방법과는 달라도 완전하며, 바울은 로마에 도착해 담대하고 거침없이 하나님의 말씀을 전하며 땅끝까지 복음이 전파되도록 최선을 다했다.

저자는 세 번에 걸친 사도들의 전도 여행길과 로마로 가는 여정의 육로와 바닷길을 설명하면서 구체적인 거리를 km로 표시해 주어, 여행에 대한 이해가 쉽고 마치 내가 사도들과 함께 여행길에 올라있는 듯한 생각이 들 정도였다. 내가 새롭게 읽으며 느꼈던 감흥을 독자 여러분들이 똑같이 느껴 보기를 바라며 일독을 권하는 바이다.

문 정 선 목사
미국장로교한인교회 전국총회 NCKPC 사무총장 역임

전도학의 거장 홍성철 교수는 본서를 통해 성령의 주권 아래 로마까지 뻗어 나가는 하나님 나라의 장엄한 설계를 보여준다. 특히 지리적 한계를 돌파하는 '전도'(더하기)와 복음을 계승하는 '훈련'(곱하기)의 조화로 거침없는 부흥을 일궈내는 저자의 안목은 탁월하다. 바울과 바나바의 결별조차 사역의 전문화를 위한 하나님의 전략으로 재해석하는 그의 통찰은 우리를 안락한 서재에서 거친 선교의 현장으로 불러내기에 충분하다.

이 책은 기적을 '메시지의 확증'으로, 사역을 '말과 일의 조화'로, 풀어내며 현대 지도자들에게 명확한 인물 모델과 영적 전쟁의 방법론을 제시한다. 17가지 핵심 주제를 통해 로고스(기록된 말씀)가 레마(살아 있는 말씀)로 바뀌는 현장을 생생히 증언하며, 무엇보다 단순한 지식 전달이 아닌 바울의 '삶의 전수'라는 모델을 통해 제자도의 본질을 일깨워 준다. 바울이 셋집에서 담대히 가르칠 수 있었던 비결이 이미 그 말씀을 삶으로 살아냈기 때문임을 역설하며 제자도의 원형을 회복시켜 준다.

이 책에서 깊이 감명받은 통찰은 이렇다. 전도로 하나님의 사랑을 '더하고'(addition), 훈련으로 그 사랑을 '곱하는'(multiplication) 원리를 통해, 사역자들이 자신을 제물로 부어 사명을 완수하도록 돕는 가장 강력한 사역 가이드를 제공해 준다. 저자는 고난을 해석하는 근본적인 시각의 변화를 간접적으로 경험하게 해준다. 스데반의 순교가 바울의 회심으로 이어지고, 유라굴로 광풍이 로마 선교의 문을 여는 역설로 보며, 내 삶의 위기 속에서도 "하나님은 여전히 일하고 계신다"는 강력한 확신과 정체성을 얻도록 도움을 준다.

독자는 이 책을 통해 유라굴로 광풍과 같은 장애물을 하나님의 섭리로 해석하는 영적 근육을 강하게 할 것이다. 스데반의 순교가 바울의 회심으로 이어지는 역설을 보며 "하나님은 여전히 일하고 계신다"는 확신을 얻고, 어떤 환경 앞에서도 위축되지 않는 '복음적 담대함'을 소유하게 될 것이다. 이를 통해 사역자는 단순한 관리자를 넘어, 율법의 멍에를 꺾고 오직 은혜의 구원을 선포하는 '거침없는 복음의 증인'으로 탈바꿈할 것이다.

사도행전은 28장에서 멈춘 과거의 기록이 아니라, 오늘도 계속되는 현재진행형의 이야기이다. 본서는 바울의 전도적 열정과 바나바의 목회적 포용을 '삶의 전수'라는 그릇에 담아 우리를 '사도행전 29장'의 주인공으로 초대하고 있다. 그러하기에 이 책은 선교적 사명과 복음의 야성을 회복하길 열망하는 그리스도인들에게는 뜨거운 심장을, 지식 전달을 넘어 사람을 세우는 '삶의 전수'를 고민하는 목회자와 리더들에게는 명확한 제자도의 길을 제시해 줄 것이다. 또한 복음의 '도'를 개척해 나갈 현장의 선교사들에게는 든든한 변증적 토대와 영적 전략을, 고난과 위기 속에서 하나님의 신비로운 섭리와 위로를 발견하고자 하는 사명자들에게는 다시 일어설 담대한 확신을 안겨 줄 것이다.

"당신의 삶이 곧 누군가의 성경이 된다." 본서를 통해 독자의 인생이 누군가에게 지워지지 않는 복음의 흔적이 되고, 그 발걸음이 열방을 변화시키는 '주님의 길'이 되는 영광을 누릴 것을 확신하며 이 책을 추천한다.

이 철 희 목사
삼송중앙교회 담임

추 천 사

홍성철 목사님의 전작 저술 『골로새서와 함께』에 추천사를 썼다. 저자와의 친분, 강한 권유에 못 이겨서 썼지만 '이것이 처음이자 마지막이다'라고 내심 다짐하며 썼다.

"대신학자의 강해서에 평신도가 추천사라니…" 조심스러운 데다 글쓰기에는 성품상 늘 어색함이 강하게 느껴지는 사람이기 때문이었다.

그런데 이번 『사도행전 탐구』는 저자가 권유하는 것도 아닌데 추천사를 한 번 써볼까 하는 생각이 절로 들었다. 나도 모를 일이다.

이번 홍성철 목사님의 『사도행전 탐구』는 일반 주석서나 강해집처럼 성경의 장과 절에 따른 서술이 아니고 주제별로, 그것도 가장 흥미로운 주제들에 집중해서 설명한 것이 인상적이다. 주제에 따른 설명도 구석구석 심도 있게, 광맥 깊은 곳에서 캐낸 보물들을 보여주듯 보여주는 점이 특이했다.

그러면서도 이 보배로운 진리들에 누구나 쉽게, 부담 없이 접근할 수 있게 서술한 것은 큰 장점인 것 같다.

나의 학창시절 한경직 목사님의 설교를 들을 때 "이렇게도 깊은 진리를 어쩌면 이렇게도 쉽게 풀어주실 수 있나?" 하고 감탄하곤 했던 것처럼….

또, 이 진리의 글들을 대할 때 나도 모르게 신성한 생명, 하나님의 생명에 조금씩 적셔지고 있는 나 자신을 발견하게 되니 얼마나 뿌듯한지. 진리만 있고 생명이 없다면 아무리 명 강해인들 무슨 소용이 있겠는가? 공허함뿐일 텐데, 놀랍기만 하다.

나는 안감을 제조 · 수출하는 사업가로서 늘 마음이 분주해서인지 이틀이 멀다하고 보내오는 『사도행전 탐구』를 읽기조차 버거웠던 것이 사실이다. 그런데 홍 목사님은 이 많은 양을 묵상하고 저술하는 분이라니 고개가 숙여지지 않을 수 없다.

이 시대에 주님께서 홍목사님을 기쁘게 사용하고 계심이 분명하다. 주님께 감사드린다. 또 나의 이 흐뭇한 마음을 많은 이들과 나누고 싶다.

황 찬 홍 대표이사
(株)進進, 영락교회 은퇴장로

서 론

1. 예수 그리스도와 성령

누가는 사도행전 서두에서 예수 그리스도의 지상 사역을 언급했다. "…내가 먼저 쓴 글에는 무릇 예수께서 행하시며 가르치시기를 시작하심부터 그가 택하신 사도들에게 성령으로 명하시고 승천하신 날까지의 일을 기록하였노라"(행 1:1-2). 그분이 사역을 마치고 승천하시자 약속대로 성령이 오셨다: "…내가 떠나가는 것이 너희에게 유익이라. 내가 떠나가지 아니하면 보혜사가 너희에게로 오시지 아니할 것이요, 가면 내가 그를 너희에게로 보내리니"(요 16:7).

주님은 보혜사 성령을 보내시는 목적을 아무도 오해할 수 없게끔 분명히 말씀하셨는데, 크게 두 가지였다. 하나는 "그[성령]가 와서 죄에 대하여, 의에 대하여, 심판에 대하여 세상을 책망하는" 것이고 (요 16:8), 또 하나는 "그[성령]가 내 영광을 나타내리니, 내 것을 가지고 너희에게 알리는" 것이다 (요 16:14). 첫 번째 목적은 불신자들의 죄를 책망하여 회개하도록 유도하는 것이다. 죄에 대한 책망이 없으면 회개도 없고, 회개가 없으면 구원도 없기 때문이다.

두 번째 목적은 그런 책망을 통해 회개하는 자들이 예수 그리스도께로 나아오게 하는 것이다. 그분은 그들의 죄를 용서하기 위해 십자가에서 돌아가셨다가 다시 살아나셨다. 그렇게 부활하신 분을 그들의 구주요 주님으로 고백하며 영접할 때, 그들은 그때까지 지은 모든 죄를 용서받는다. 그뿐 아니라, 그들의 마음에 성령이 들어가셔서 그들로 주님의 영광을 위해 살아갈 수 있도록 능력을 주신다.

누가가 기록한 복음서는 왜 예수 그리스도가 십자가에서 죽으셨는지를, 그리고 어떻게 죽은 지 삼 일 후에 다시 살아나셨는지를, 차례로 묘사했다. 그렇다! 그분은 세상 사람들의 구원을 위해 그처럼 구속의 죽음을 마다하지 않으셨고, 삼 일 후에 죽음의 장벽을 뚫고 능력으로 부활하셨다. 이제 죄인들은 그분 앞에 나와서 구원받을 수 있는 길이 활짝 열렸다. 그러나 그처럼 놀라운 사실을 전해야 하는데, 그것은 주님이 삼 년이나 훈련하신 제자들의 몫이었다.

그 제자들이 성령으로 충만하기만 하면 구원의 메시지를 능력 있게 그리고 효과적으로 전할 수 있었다. 주님이 약속하신 대로 마침내 그들에게 성령이 충만하게 임하시자, 그들은 생명을 걸고 그 놀라운 구원의 메시지를 전하기 시작했다. 그들이 어떻게 성령으로 충만했는지, 어떻게 구원의 메시지를 선포했는지, 그리고 어떻게 사람들이 그 메시지를 통해서 변화되었는지, 사실 그대로 가감 없이 기록한 책이 바로『사도행전』이다.

2. 베드로와 바울

『사도행전』은 성령에 사로잡힌 제자들이 구원의 메시지를 전한 기록이기에『성령 행전』이라고도 불린다. 그런데 흥미롭게도 성령의 도구가 된 많은 제자 가운데 두 사람이 매우 걸출하여 특별히 하나님의 나라 확장을 위해 귀하게 쓰임을 받았는데, 베드로와 바울이었다. 그런 까닭에 어떤 사람들은 사도행전을『베드로와 바울 행전』

이라고도 부른다. 두 사도가 각각 다른 영역에서 쓰임을 받았지만, 성령은 그 두 사람을 똑같이 귀하게 사용하셨기 때문이다.

그 두 사도가 성령에 의해 똑같이 귀하게 사용된 증거는 수없이 많다. 장소와 시간은 다르지만, 베드로와 바울은 각각 앉은뱅이를 일으켰다 (3:7, 14:10). 그들은 성령으로 충만해서 사역했다 (4:8, 13:9). 그들이 직접 관여하지 않았는데도 병자들이 고침을 받았다 (5:15, 19:12). 그들의 안수로 믿는 자들에게 성령이 임하셨다 (8:17, 19:6). 그들은 거짓 선지자들을 대면하여 꾸짖었다 (8:23, 13:10). 그들은 죽은 자도 살렸다 (9:40, 20:10).

베드로는 유대인의 중요한 절기인 무교절에 잡혀서 감옥에 갇혔는데 (12:3-4), 바울은 유대인에게 역시 중요한 절기인 오순절에 잡혀 감옥에 갇혔다 (20:16, 22:24). 베드로는 그전에도 이미 감옥에 갇힌 적이 있었는데 (4:3), 지금 두 번째 투옥되었을 때는 주님의 특별한 역사로 감옥에서 걸어 나와 자유의 몸이 되었다 (5:19, 12:7-8). 바울도 제2차 전도 여행에서 빌립보 감옥에 갇혔으나, 주님의 크신 역사로 역시 자유의 몸이 되었다 (16:26).

결국, 베드로와 바울은 각각 세 번씩 감옥에 갇히는 경험을 한 셈이다. 그뿐 아니라 사도행전에 의하면 그 두 사도는 각각 세 번씩 설교했는데, 모두 놀라운 설교였다. 베드로는 오순절에 그처럼 중요한 설교를 했을 뿐 아니라 (2:14-36), 40세 된 앉은뱅이를 일으킨 후에도 그 기적에 걸맞는 설교를 했다 (3:12-26). 또한 오순절의 설교처럼 중요한 설교를 했는데, 그것은 이방인인 고넬료 가정과 친척들의 구원을 위한 설교였다 (10:34-43).

바울도 그 못지않게 중요한 설교를 세 번 했는데, 첫째는 회당에서 한 설교였다 (13:16-41). 그 설교가 중요한 것은 그 내용에 기독교 역사에서 획기적인 사실이 두 가지나 포함했기 때문이다. 하나는 '믿음으로 의롭다 하심'이란 선포였고 (13:39), 또 하나는 유대인들의 거부로 인해 바울이 '이방인에게로 향한다'는 선포였다 (13:46). 그 후 325년의 니케아 회의Council of Nicaea는 바울의 그 설교를 토대로 "이신칭의以信稱義"와 그가 "이방인의 사도"임을 공포했다.

둘째 설교는 루스드라에서 한 설교인데, 그 대상은 이방인이었다 (14:15-17). 그러니까 바울이 이방인만을 대상으로 한 최초의 설교였다. 그때부터 그는 자유자재로 이방인들을 위해 설교도 하고 전도도 했다. 그의 셋째 설교도 못지않게 중요한데, 그 이유는 종교적이면서도 철학적인 지성인들에게 한 설교였기 때문이다 (17:22-31). 그 아덴의 설교는 변증적이어서, 설교의 새로운 지평을 열었다.

이미 열거한 대로 베드로와 바울은 기적도 행했는데, 장소와 시간은 달라도 일곱 번씩이라는 숫자는 같았다. 그들을 통해서 기적을 베푸신 분이 성령이었기 때문이다. 비록 누가는 바울의 사람이었지만, 그가 로마에서 마가와 교제하면서 베드로의 사역을 상세히 들었을 것이다. 베드로를 통해 나타난 기적을 열거해 보자: 3:1-10, 5:1-11, 5:15, 5:16, 9:33-34, 9:36-42, 12:6-11. 바울을 통해 나타난 기적을 열거해 보자: 13:8-11, 14:8-10, 16:16-18, 25-26, 19:11-12, 20:9-12, 28:8.

3. 분해

사도행전은 몇 가지로 분해할 수 있다. 그러나 본서에서는 둘로 나누는 분해만을 제시할 것이다. 그 두 부분은 1-12장과 13-28

장으로, 누구나 이해하기 쉬운 분해이다. 첫째 부분의 전진 기지는 '예루살렘'이다. 교회가 예루살렘에서 시작되었다는 사실은 성경 전체를 아우를 만큼 중요하다. 우선, 하나님이 모세를 통해 선택하신 곳이다 (신 12:5). 하나님의 종인 다윗은 그분이 선택하신 그곳을 수도로 삼았다 (삼하 5:5).

다윗의 아들인 솔로몬도 역시 예루살렘에 성전을 세움으로, 그곳이 모든 제사와 속죄와 절기를 이행하는 중심지가 되었다. 그뿐 아니라, 성자 하나님이 사역하시다가 십자가에서 죽으셨고, 부활하셨고, 그리고 승천하신 곳도 바로 예루살렘이었다. 그분이 다시 오실 때도 역시 예루살렘으로 오실 것이다. 사도 요한은 그분이 다시 오실 때 새예루살렘으로 오신다고 예언했다 (계 21:2). 결국, 하나님이 예루살렘을 선택하신 것은 교회를 염두에 두셨음이 틀림없다.

둘째 부분의 전진 기지는 수리아에 있는 '안디옥'이다. 안디옥은 로마와 알렉산드리아와 함께 로마 제국의 3대 도시로서, 다민족과 다문화가 공존하는 도시였다. 스데반의 순교 후 박해를 피해 흩어진 그리스도인들이 안디옥에 있는 이방인들에게 전도했는데, 처음부터 많은 헬라인이 예수 그리스도를 믿고 받아들였다 (행 11:19-21). 그곳에서 그렇게 믿은 사람들이 "그리스도인"이라고 불리기 시작한 곳이기도 했다 (행 11:26).

그러니까 안디옥교회는 처음부터 주로 이방인으로 구성된 교회였다. 물론, 얼마 동안 유대인인 바나바와 바울이 그곳에서 목회하면서 가르친 것도 사실이나, 그것은 어디까지나 당분간이었다. 그 이유는 성령이 세계 선교를 위해 그 두 사람을 뽑아내셨기 때문이다. 그때부터 이방인으로 구성된 안디옥교회는 이방인 지도자들이 이끌어가는 이방인 교회가 되었다. 그 안디옥교회가 세계의 복음화를 위해 전진 기지가 된 것은 자연스러웠고, 또 그것이 하나님의 뜻이었다.

이미 언급한 것처럼 사도행전에는 전진 기지가 두 곳이 있는데, 유대인으로 이루어진 예루살렘교회와 이방인으로 이루어진 안디옥교회이다. 전자는 예수님이 약속하신 대로 성령이 강림하심으로 이루어진 교회이기에 (행 1:5), 그 교회는 교회의 머리이신 예수 그리스도로부터 시작되었다고 할 수 있다. 반면, 안디옥교회는 예루살렘에 일어난 큰 박해를 피해 흩어진 교인들의 전도로 시작되었기에, 그 교회는 예루살렘교회에서 시작되었다고 할 수 있다.

예루살렘교회의 지도자는 베드로인데, 그는 그 교회를 시작하신 예수 그리스도의 수제자였다. 그는 주님으로부터 바통을 물려받아서 하나님 나라의 건설에 크게 이바지했다. 반면, 안디옥교회의 지도자는 예루살렘교회에서 파송한 바나바였으나, 얼마 지나지 않아서 이방인의 복음화를 위해 부르심을 받은 바울이 지도자가 되었다. 이미 언급한 것처럼, 베드로와 바울이 사도행전의 두 부분에서 큰 역할을 감당한 큰 전도자였다.

이 세상에 있는 최초의 교회는 두말할 필요도 없이 예루살렘교회였다. 반면, 세계의 선교를 감당한 교회는 안디옥교회였다. 교회의 시작인 예루살렘교회는 세월이 흐르면서 서서히 자취를 감추었으나, 안디옥교회는 선교 지향적이기에 그 영향력은 주님이 다시 오실 때까지 지속할 것이다. 물론 예루살렘교회는 없어졌지만, 그 얼과 원리는 남아서 지금도 모든 교회에 직접적으로 또는 간접적으로 영향을 끼치고 있는 것도 사실이다.

이미 언급한 것처럼, 두 교회의 걸출한 지도자는 베드로와 바울이었다. 그러나 두 교회에 공통점이 있다면, 그것은 집단지도체제일 것이다. 예루살렘교회는 성령으로 충만한 지도자들이 함께 교회를 이끌어가는 집단지도체제였다. 그런 체제는 할례 문제로 예루살렘교회가 공회로 모였을 때 잘 드러났다. 베드로와 바울 및 바나바는 그들의 경험담을 나누었고, 야고보는 결론을 내렸다 (행 15:6-20). 안디옥교회에도 다섯 명의 지도자가 있었다 (행 13:1).

그러나 두 교회는 다른 점도 있었다. 예루살렘교회의 지도자들인 사도들이 끝까지 교회에 남았는데, 그 목적 가운데 하나는 그들이 속한 민족의 구원을 위함이었다. 그러나 안디옥교회의 지도자들은 그들이 사랑과 교제를 깊이 나누었던 교회를 과감히 떠났는데, 그 이유는 세계에 복음을 전파하기 위함이었다. 그런 중차대한 목적을 위하여 성령은 바나바와 바울로 안디옥교회를 떠나게 하셨다. 성령의 인도하심이 없었다면, 인간적으로는 떠나기 어려웠을 것이다.

4. 시기

사도행전의 역사는 예수 그리스도가 승천하신 때부터 시작된다. 주님이 승천하신 후 남겨진 120명의 제자가 열흘 동안 전심으로 기도에 힘썼는데, 그 기도의 응답으로 오순절 날 성령이 그들에게 강림하셨다. 그때가 주후 30년이었을 것이다. 물론 사람에 따라 다른 때를 제시하기도 하지만 말이다. 여하튼 주후 30년은 너무나 중요한 해인데, 그 해에 주님이 지상 사역을 마치시고 다시 하나님 곁으로 가셨기 때문이다.

그 못지않게 중요한 것은 그해에 성령이 강림하셨다는 사실이다. 성령의 강림은 성령 하나님의 시대가 시작되면서 교회의 시대가 되었다는 뜻이다. 인류 역사상 그것만큼 혁명적이고 획기적인 사건은 달리 찾아보기 힘들 것이다. 그때부터 죄인이 성도로 변화되기 시작했으며, 성도가 된 그리스도인들은 변화된 삶을 영위했다. 그들의 삶이 변화되면서 방향 감각을 잃은 세상을 위하여 올바른 방향을 제시하기 시작했다.

그렇게 새로운 방향을 제시한 결과 수도 없이 많은 죄인이 변화되었고, 그렇게 변화된 성도가 모여서 교회를 이루었다. 사도행전은 그런 엄청난 죄인의 변화와 교회의 형성을 제법 상세히 기록하고 있다. 그러니까 신약성경에서 사도행전이 없다면, 그 후에 나오는 모든 성경은 방향을 잃게 될 것이다. 바울 사도가 왜 고린도전후서, 갈라디아서, 에베소서, 빌립보서, 골로새서 등을 기록했는지 알 도리가 없을 것이다.

그러니까 사도행전은 그 앞에 있는 사복음서와 그 뒤에 나오는 서신서들을 연결하는 연결고리이다. 다시 말해서, 교회의 주인이신 예수 그리스도가 승천하신 이후부터 성령이 누구를 통해서, 어떻게, 그리고 왜 그처럼 놀라운 역사를 일구셨는지 알려주는 없어서는 안 될 중요하고도 중요한 책이다. 성령은 처음엔 이미 훈련된 베드로를 사용하셨으나, 그 뒤를 이어서 바울을 사용하셨다.

바울은 로마에 끌려가서 주후 62년까지 투옥되었으나, '담대하게 거침없이' 복음을 전했다 (행 28:31). 그는 복음 이외에도 편지로 제자들을 격려했다. 그뿐 아니었다! 그는 누가, 마가, 에바브라, 아리스다고 등과 같은 귀한 제자들과 깊은 교제를 나누면서 그의 비전을 나누어주었다. 그러나 그의 사역은 거기까지였으며, 사도행전의 기록도 거기까지였다. 그러니까 사도행전은 대략 30년부터 62년까지의 기록이며, 누가는 63년 이후에 사도행전을 기록했다.

5. 형식

『사도행전』에 관한 저술은 주석 형식이 가장 흔하며, 그 주석의 가치는 참으로 크다. 그 이유는 너무나 분명한데, 많은 성경 애호가가 그런 주석을 의존하기 때문이다. 만일 주석이 없다면 많은 사람이 각자의 소견대로 성경을 해석하는 잘못에 빠질 수도 있을 것이다. 그러나 주석은 성경 해석의 길잡이와 같아서 그 성경이 담고 있는 원칙을 알려준다. 물론, 해석하는 사람이 그의 깨달음과 적용이라는 살을 나름대로 덧붙일 수는 있지만 말이다.

그런데 주석가들 가운데 특성과 문화와 경험이 같은 사람은 없다. 따라서 주석마다 저자에 따라 맛이 다르다. 어떤 저자는 문화를 강조하나, 어떤 저자는 경험을 강조한다. 어떤 저자는 그 성경이 담고 있는 시대적 배경을 강조하며, 어떤 저자는 다른 주석을 비교하면서 그 특성들을 제시한다. 결국, 모든 주석은 저자의 안목과 결정에 따라 방향과 강조점이 달라질 수 있다. 그런 사실들로 인해 주석들이 홍수같이 범람한다.

그 가운데 크렉 키너Craig Keener도 있다. 그는 『사도행전』 주석을 저술하면서 특정한 주제가 있으면, 그 주제를 본문과 상관없이 제법 상세히 설명한다. 그는 그 외에도 다른 성경의 말씀과 비교하면서 분석한다. 한 예를 들면, 『사도행전』에 나오는 방언과 바울 사도의 저술에 나타난 방언을 깊이 비교하면서 그 뜻을 설명한다. 그뿐 아니라 그는 역사적인 배경도 제법 깊이 다루며, 필요하다고 여겨지면 주저하지 않고 원어를 가져와서 그 뜻을 설명한다.

키너의 『사도행전』 주석은 자그마치 4,459쪽에 이르는 방대한 것으로, 누구도 넘볼 수 없는 깊은 연구의 결과물이다. 참으로 많은 정보를 담고 있는 주석이지만, 그렇다고 그의 주석이 『사도행전』의 모든 것을 담았다고 할 수 없다. 그 이유는 간단한데, 저자마다 깨달음과 강조점이 다르기 때문이고, 저자마다 그들이 사는 시대와 지역은 물론 그들의 문화가 다르기 때문이다. 그러므로 앞으로도 끊임없이 그리고 틀림없이 『사도행전』 주석이 쏟아져 나올 것이다.

본서도 그런 이유로 탄생하였다. 그러나 다른 모든 주석과는 다른 형식을 취했는데, 그것이 본서의 특징이라 하겠다. 우선, 『사도행전』의 28장을 17장으로 줄여서 해설했다. 그러니까 엄격한 의미에서 본서는 주석이 아니라, 해설이다. 주석이 다분히 본문의 의미를 전달한다면, 해설은 본문의 의미보다는 본문의 내용을 설명한다. 한 예를 들면, 『사도행전』에서 넉 장으로 자세하게 기술된 바울의 제2차 전도 여행의 내용을 한 장으로 해설한 것이다.

그런 해설은 본문의 내용을 설명하기에, 필연적으로 그 본문에 있는 중요한 성경적 용어나 신학적 개념 설명에는 부족한 면이 없잖아 있다. 그런 약점을 보완하기 위해 매장마다 성경적 개념을 하나씩 택해서 보충적으로 해석했다. 따라서 독자는 본문의 내용을 이해할 뿐 아니라, 더 깊은 성경적 개념을 파악하게 될 것이다. 그러니까 본문 해설이 17장이며 따라서 보충 해석도 17장이다. 아직 이런 형식의 『사도행전』 주석이 없기에, 본서도 의미가 있을 것이다.

6. 목적

예수 그리스도는 교회의 머리이고, 교회는 그분의 몸이다. 그러므로 머리가 있는 곳에는 몸이 있고, 몸이 있는 곳에는 머리가 있다. 예수 그리스도는 창세 전부터 성부 하나님과 함께하시기에 당연히 그분의 몸 된 교회도 창세 전부터 그 머리에 붙어있었다. 바울 사도는 그런 사실을 인지하면서 이렇게 선언했다. "곧 창세 전에 그리스도 안에서 우리를 택하사 우리로 사랑 안에서 그 앞에 거룩하고 흠이 없게 하시려고" (엡 1:4).

그 선언에서 '그리스도 안에서 우리를 택하사'는 머리와 몸을 아우르는 표현이기에 "우리"는 당연히 그분의 몸 된 교회, 곧 신앙공동체를 가리킨다. 그러니까 창세 전부터 삼위 하나님, 곧 성부 하나님과 성자 하나님과 성령 하나님이 계셨는데, 그 하나님이 택하신 것은 다름 아닌 교회였다. 다시 말해서 창세 전부터 하나님이 택하신 유일무이한 기관이 교회이며, 따라서 하나님에게는 그 교회가 실제로 세상에서 이루어지는 것만큼 중요한 역사는 없다고 할 수 있다.

삼위 하나님은 교회의 실현을 위해 역사하셨다. 먼저, 성부 하나님은 그 교회를 염두에 두고 아브라함을 부르셨고 또 그와 언약을 맺으셨다 (창 15:18). 하나님은 그 언약을 확대하여 시내 산에서 이스라엘 백성과 언약을 맺으셨다 (출 24:8). 그 언약은 피 언약으로, 그 언약을 어기면 죽는다는 뜻이 들어있었다. 불행하게도 이스라엘 백성은 그 언약을 어기고 나라는 물론 성전까지 잃는 불행을 겪게 되었다.

성부 하나님은 이스라엘 백성에게 새 언약을 주셨는데, 그것은 다음과 같다: "내[하나님]가 나의 법을 그들의 속에 두며 그들의 마음에 기록하여, 나는 그들의 하나님이 되고 그들은 내 백성이 될 것이라" (렘 31:33). '나의 법을 그들의 속과 그들의 마음에 기록한다'는 것은 성령을 그들 속에 주시겠다는 약속이라고 에스겔 선지자는 설명했다 (겔 36:26). 그 약속은 오순절 날에 성령이 120명에게 임하셔서 교회가 창립됨으로써 성취되었다 (행 2:1-4).

그다음, 성자 하나님은 교회의 실현을 위해 무엇을 하셨는가? 베드로 사도가 "주는 그리스도시요 살아 계신 하나님의 아들이시니이다"라는 신앙고백을 하자, 예수 그리스도는 이렇게 반응하셨다. "너는 베드로라; 내가 이 반석 위에 내 교회를 세우리니, 음부의 권세가 이기지 못하리라" (마 16:18). 마침내 그분은 교회를 세우시겠다는 엄청난 선포를 하셨는데, 그 교회는 창세 전부터 삼위 하나님이 택하신 것이었다.

그분은 교회를 세우는 방법도 상세히 말씀하셨다. "이 때로부터 예수 그리스도께서 자기가 예루살렘에 올라가 장로들과 대제사장들과 서기관들에게 많은 고난을 받고 죽임을 당하고 제삼일에 살아나야 할 것을 제자들에게 비로소 나타내시니" (마 16:21). 그렇다! 그분이 십자가에서 구속의 죽음과 능력의 부활을 통하지 않으면 교회가 이루어질 수 없다. 성자 하나님도 창세 전에 택하신 교회가 실현되기 위해서는 그분의 죽음과 부활을 거쳐야 한다는 것이다.

그분은 구속의 사역을 마치시자, "하나님이 오른손으로 예수를 높이시매, 그가 약속하신 성령을 아버지께 받아서 너희가 보고 듣는 이것을 부어 주셨느니라" (행 2:33). 120명의 성도에게 강림하신 성령은 성부 하나님이 약속하신 새 언약의 실현이며, 성자 하나님이 거듭거듭 약속하신 보혜사이신 성령의 강림이었다 (요 14:16, 26, 16:7). 그렇게 성령이 강림하시자 하나님이 창세 전에 택하신 교회가 마침내 이루어진 대역사였다.

『사도행전』은 교회가 어떻게 탄생해서 어떻게 성자 하나님의 명령대로 "예루살렘과 온 유대와 사마리아와 땅 끝"까지 확장되는 과정을 보여준다. 그 교회를 위해 성자 하나님은 베드로를 훈련하셨고, 사울을 그렇게 특별한 방법으로 만나 주셨고, 성부 하나님은 스데반의 순교를 허락하셨다. 그 이유는 삼위 하나님이 창세 전에 택하신 교회가 세상 각처에 이루어지게 하기 위함이었다. 『사도행전』은 하나님의 뜻대로 교회가 이루어지고 확대되는 과정을 보여준다.

본서는 성부 하나님이 창세 전에 택하시고, 성자 하나님이 구체적으로 준비시키시고, 그리고 마침내 성령 하나님이 강림하셔서 교회를 일구신 장면과 과정을 있는 그대로 옮겨서 묘사하려고 했다. 『사도행전』의 내용을 가감 없이 묘사하므로 독자가 『사도행전』 자체와 친근해지도록 했다. 그러면서도 『사도행전』 안에 담고 있는 풍부한 성경적 개념과 용어들을 풀어서 보충하므로, 독자로 『사도행전』이 다른 성경과 어떻게 연관되어 있는지도 보게 될 것이다.

7. 감사

이것은 필자 혼자서 쓴 책이 아니다. 지금까지 신앙생활을 하면서 수없이 많은 분이 직접적으로 또는 간접적으로 사도행전의 내용을 저자에게 알려주었다. 그 모든 분에게 마음속 깊은 곳에서 우러나는 감사의 마음이 있다. 그뿐 아니라, 많은 주석과 도서를 참고했는데, 그들의 도움이 없었다면 이 저서는 탄생하지 못했을 것이다. 그런 존귀한 저서들을 세상에 내놓은 저자들에게도 감사를 표하지 않을 수 없다.

부족한 종이 이 저서를 집필하는 동안 뜨거운 사랑으로 끊임없이 중보기도를 올려준 분들이 있는데, 그분들에게도 심심한 감사를 드리고 싶다. 그분들의 기도 응답으로 주님은 시시때때로 부족한 종을 찾아오셔서 많은 것을 일깨워 주셨다. 특히 오밤중에 찾아오셔서, 많은 내용을 새롭게 볼 수 있는 눈을 열어주셨다. 주님과만 독대하는 존귀한 시간이었다. 그분이 아니라면 캐낼 수 없는 진주와 같은 진리들을 주워서 모았는데, 그 모음이 바로 이 저서이다.

주님의 약속이 문자 그대로 이루어진 대장정이었다. 그분의 약속을 인용해 보자; "보혜사 곧 아버지께서 내 이름으로 보내실 성령 그가 너희에게 모든 것을 가르치고 내가 너희에게 말한 모든 것을 생각나게 하리라" (요 14:26). 물론 그 약속은 주님이 제자들에게 하시고 그리고 그대로 성취된 존귀한 말씀이지만, 주님은 이 종이 부족한 것을 아시고 시시때때로 찾아오셔서 '가르치시고, 생각나게 하셨다.' 그분께 어찌 감사하지 않을 수 있겠는가?

또 이 저서를 위해 추천사를 보내주신 세 분에게도 감사하지 않을 수 없다. 그 중에서 황찬홍 장로와 문정선 목사에게는 매 장을 쓰는 대로 보냈는데, 그분들은 정성껏 읽고 귀중한 제안들을 주저하지 않고 해주었다. 그분들 때문에 이 저서가 그만큼 빛나게 되었다. 그리고 항상 그랬던 것처럼, 필자의 아내도 일일이 읽고 틀린 것들을 바로잡아 주었다. 그 모든 분들에게 진심이 담긴 감사를 드리고 싶다.

1장

성령 강림을 위한 준비

1. 세례

성부 하나님의 시대에서 성자 하나님의 시대로 옮겨가는 과정에서 절대로 간과할 수 없는 중요한 의식이 있었는데, 곧 세례였다. 성자 하나님이신 예수 그리스도는 세례 요한으로부터 세례를 받으셨다. 물론 그분은 어떤 죄도 있지 않고 또 죄를 범하신 적도 없기에 그분의 세례는 회개와 정결을 위한 예식이 아니었다. 그분은 세례를 받으심으로 공개적인 사역을 시작하셨기에, 그 세례는 새로운 시대와 시작을 알리는 중요한 예식이었다.

세례 이후 예수 그리스도의 새로운 시작은 이스라엘 백성이 지금까지 보지도 듣지도 못한 놀라운 기적들과 놀라운 가르침을 포함했다. 사도행전의 저자인 누가는 '먼저 쓴 글', 곧 누가복음에서 "…무릇 예수께서 행하시며 가르치기를 시작하심부터" 차례로 기록하였다고 서술했다 (행 1:1). 그 서술에서 '행하시며'는 기적들을 가리키고, '가르치기'는 두말할 필요도 없이 그분의 가르침을 가리키는데, 지금까지 그처럼 놀라운 가르침을 준 사람은 없었다.

그런데 성자 하나님의 시대에서 성령 하나님의 시대로 옮겨가는 과정에서도 새로운 시대와 시작을 뜻하는 세례가 있었다. 예수 그리스도가 직접 하신 말씀을 인용해서 알아보자: "요한은 물로 세례를 베풀었으나, 너희는 몇 날이 못 되어 성령으로 세례를 받으리라 하셨느니라"(1:5). 대략 3년 전에 그분이 세례를 받으심으로 새로운 역사를 시작하신 것처럼, 제자들이 '성령으로 세례를 받음으로' 새로운 시작이 펼쳐진다는 말씀이다.

제자들은 이미 회개했고(눅 5:8), 그리고 깨끗해졌기에(요 13:10), 그들이 받을 성령의 세례는 회개와 정결을 가리키지 않는다. 그들이 성령으로 세례를 받는다는 것은 성령의 도움을 받으면서 새로운 시작으로 접어든다는 뜻이다. 그들의 삶도 새로워질 것이며, 그들의 사역도 새로워질 것이다. 예수 그리스도가 세례를 받으심으로 성자 하나님의 시대가 시작된 것처럼, 제자들이 성령의 세례를 받음으로 성령 하나님의 시대가 시작된다는 놀라운 말씀이다.

누가는 성자 하나님의 시대를 이렇게 말하면서 마무리했다. "또 이르시되 이같이 그리스도가 고난을 받고 제삼 일에 죽은 자 가운데서 살아날 것과, 또 그의 이름으로 죄 사함을 받게 하는 회개가 예루살렘에서 시작하여 모든 족속에게 전파될 것이 기록되었으니, 너희는 이 모든 일의 증인이라. 볼지어다, 내가 내 아버지께서 약속하신 것을 너희에게 보내리니, 너희는 위로부터 능력으로 입혀질 때까지 이 성에 머물라 하시니라"(눅 24:46-49).

누가는 이 말씀을 사도행전 초두에서 다음과 같이 요약했다. "예루살렘을 떠나지 말고 내게서 들은 바 아버지께서 약속하신 것을 기다리라"(1:4). '하나님께서 약속하신 것'은 두말할 필요도 없이 성령을 가리킨다. 성자 하나님의 시대가 끝나고 성령 하나님의 시대로 들어가기 위해서 제자들은 반드시 그 성령의 매개가 되어야 한다는 말씀이다. 성부 시대에 하나님이 그 종들을 통해 역사하신 것처럼, 성령 시대에도 그 종들을 통해서 역사하시겠다는 것이다.

2. 성령 시대의 특성

성부 하나님 시대의 특징은 창조의 역사와 그 창조 속에서 하나님의 뜻을 받들어 실행에 옮긴 하나님의 종들이었다. 제일 먼저 등장하는 하나님의 종은 아담이었으며, 그 뒤로 노아, 아브라함, 모세 등 수많은 종이 하나님이 알려주신 뜻을 삶의 현장에서 실행하였다. 그들이 적극적으로 실행할 때는 하나님이 복을 내려주셨으나, 소극적으로 대할 때는 하나님의 진노가 여러 각도로 나타났다.

성자 하나님 시대의 특징은 그분이 직접 역사하시고 가르치신 것이었다. 그분은 병자들을 손수 고쳐주셨으며, 죄인들을 용서해 주셨고, 귀신들린 자들에게서 귀신을 쫓아내셨다. 태어나면서부터 눈먼 맹인의 눈을 열어주셨고 또 앉은뱅이를 걷게 하셨다. 그뿐 아니라, 죽은 자들을 살리시기도 하셨다. 그 외에도 그분이 손수 가르치신 것들은 산상수훈 이외에도 얼마나 많은지 모른다. 그렇다! 성자 시대의 특징은 그분이 직접 행하시고 가르치신 것이었다.

이제 성령의 시대로 넘어가면서 성자 하나님은 이 세상을 떠나 승천하셨다. 그분이 그렇게 떠나시지 않으면 성령의 시대로 접어들 수 없었기 때문이다. 쉽게 말해서 바통을 넘겨주시려고 하늘로 올라가셨다 (1:9-10). 그렇게 승천하신 성자 하나님은 성령 하나님을 성부 하나님으로부터 받아서 이 세상으로 내려보내셨다 (2:33). 그렇게 성령 하나님의 시대가 시작되었는데, 그 시대가 끝나면 성자 하나님은 다시 세상으로 돌아오시겠다고 약속하셨다 (1:11).

성부 하나님이 종들을 사용하신 것처럼 성령 하나님도 종들을 사용하실 터인데, 최초의 종들은 성자 하나님이 준비시키신 제자들이었다. 그 제자들에게 성령이 임하시면 그들은 "권능을 받고 예루살렘과 온 유대와 사마리아와 땅 끝까지 이르러" 성자 하나님을 증언하는 증인들이 될 것이다 (1:8). 이 말씀에서 두드러진 내용은 성령 하나님이 제자들과 함께 역사하는 영역이다. 성자 하나님의 시대에는 그분이 계신 곳에서만 역사하시고 가르치셨다.

그러나 성령 하나님의 시대에는 제자들이 가는 곳이면 어디든지 그분이 함께 가신다. 물론 예수 그리스도의 제자들이 그렇게 많지 않았기에 그들은 당장에 온 세상으로 갈 수는 없었다. 그러나 그들의 전도와 훈련을 통해 수많은 제자가 생겨났고, 그들이 가는 곳마다 성령 하나님이 함께 가셨다. 그러니까 성령 하나님의 시대에는 그 성령이 세상 어디나 동시에 임하신다는 사실이다. 물론 제자들을 통해서이지만 말이다.

성자 하나님의 제자들은 당장 세상 모든 곳으로 퍼져 나갈 수 없었다. 비록 그렇게 퍼져 나가는 것이 그분의 뜻이었지만 말이다. 그렇지 않다면 "너희는 온 천하에 다니며 만민에게 복음을 전파하라"고 명령하지 않으셨을 것이다 (막 16:15). 성령 하나님의 궁극적 목적지는 '온 천하', 곧 '땅 끝'이었다. 당장 '땅 끝'으로 갈 수 없다는 사실을 너무나 잘 아시는 성자 하나님은 점진적으로 퍼져 나가라고 말씀하셨다.

그 말씀은 너무나 잘 알려진, 그래서 사도행전의 뼈대가 된 말씀이기도 하다. 제자들이 성령과 함께 퍼져 나가는 순서는 첫째 예루살렘이며, 둘째 유대와 사마리아를 통해서, 마지막으로 땅 끝에 이르는 것이다. 그런데 왜 시발점이 예루살렘인가? 두말할 필요도 없이 오순절에 성령 하나님이 강림하신 곳이 바로 예루살렘이기 때문이다. 예루살렘에 있는 마가의 다락방에서 120명이 기도하고 있을 때, 성령이 그들에게 놀라운 방법으로 강림하셨다.

또 예루살렘에서 시작하라는 성자 하나님의 분부는 구약의 예언 때문이기도 했다. "말일에 여호와의 전의 산이 모든 산 꼭대기에 굳게 설 것이요…, 만방이 그리로 모여들 것이라. 많은 백성이 가며 이르기를, '오라, 우리가 여호와의 산에 오르며 야곱의 하나님의 전에 이르자. 그가 그의 길을 우리에게 가르치실 것이라. 우리가 그 길로 행하리라 하리니 이는 율법이 시온에서부터 나올 것이요, 여호와의 말씀이 *예루살렘에서부터* 나올 것임이니라'" (사 2:2-3).

이 말씀에서 '말일'은 성령 시대의 시작을 알리는 중요한 표현인데, 베드로 사도는 "말세에 내가 내 영을 모든 육체에 부어 주리니"라고 하면서 성령의 시대를 말세라고 해석했다 (2:17). '말일' 곧 '말세'에, 다시 말해서 성령 하나님의 시대가 시작되면, '여호와의 말씀이 예루살렘에서부터 나올 것'이라는 예언에 따라 성자 하나님은 예루살렘에서 제자들이 복음의 선포를 시작해야 한다고 분명히 말씀하셨다.

예루살렘에서 능력 있게 복음이 전해지자 큰 박해가 일어나서 어쩔 수 없이 제자들은 '온 유대와 사마리아'로 흩어져서 복음을 전하게 되었다 (8:1, 4). '온 유대'는 유대인이 거주하는 나머지 유대 땅 전체를 가리킨다. 사마리아는 다음 단계의 선교지를 가리키며, "땅 끝"은 그 외의 세상을 가리킨다. 키너^{Keener}는 예루살렘과 온 유대는 셈을, 8장의 에디오피아의 내시 전도는 함을, 그리고 세상 끝은 야벳의 전도라고 하면서 노아의 후손을 망라했다.

3. 언약의 백성 (1:12-14)

아담이 하나님을 등진 이후, 하나님은 언약의 백성 일구기를 원하셨다. 그분은 능력의 손길로 애굽에서 종노릇하던 이스라엘 백성을 건져내셨는데, 그 목적은 그들을 언약의 백성으로 삼으시기 위함이었다. 하나님은 그들에게 이렇게 말씀하셨다. "…너희가 내 말을 잘 듣고 *내 언약*을 지키면 너희는 모든 민족 중에서 내 소유가 되겠고, 너희가 내게 대하여 제사장 나라가 되며 거룩한 백성이 되리라…"(출 19:5-6).

'하나님의 소유', '제사장 나라', '거룩한 백성'이란 칭호는 그들이 언약의 백성이라는 뜻이다. 두말할 필요도 없이 그 언약의 백성은 '내 언약'을 지켜야 하는데, 하나님은 그 언약의 내용을 출애굽기 20-23장에서 매우 상세하게 알려주셨다. 20장에서는 십계명을 알려주셨고, 21-23장에서는 언약의 법규들을 알려주셨다. 이스라엘 백성은 언약의 백성답게 얼마 동안은 그 언약을 성실하게 지켰다.

그러나 세월이 지나면서 그들은 언약을 지키기는커녕 마구 짓밟기 시작했다. 언약을 깨뜨린 악한 백성은 이미 언약의 백성이 아니었다. 하나님은 그들이 외적의 먹잇감이 되는 것을 막지 않으셨다.

앗수르와 바벨론에 의하여 그들은 처참하게 짓밟히고 또 짓밟혔다. 이처럼 처참해질 대로 처참해진 그 백성에게 하나님은 출애굽의 은혜에 버금가는 큰 은혜를 부어 주셨는데, 그것은 그들에게 새 언약을 주겠다고 약속하신 것이었다.

그 새 언약의 말씀을 인용해 보자. "여호와의 말씀이니라; 보라 날이 이르리니 내가 이스라엘 집과 유다 집에 *새 언약*을 맺으리라. 이 언약은 내가 그들의 조상들의 손을 잡고 애굽 땅에서 인도하여 내던 날에 맺은 것과 같지 아니할 것은 내가 그들의 남편이 되었어도 그들이 내 언약을 깨뜨렸음이라…그 날 후에 내가 이스라엘 집과 맺을 언약은 이러하니, 곧 내가 나의 법을 그들의 속에 두며 그들의 마음에 기록하리라" (렘 31-33).

출애굽 후 시내 산에서 맺은 언약은 이스라엘 백성이 외적으로 지켜야 하는 율법이었지만, *새 언약*은 내적으로 그들의 '속과 마음에 기록하겠다'는 것이다. 어떻게 하나님은 당신의 법을 그들의 '속과 마음'에 기록하실 수 있는가? 여기에 비밀이 있는데, 성령이 그들의 '속과 마음'에 임하시겠다는 간접적이지만 놀랍고도 놀라운 약속이었다. 그때까지는 성령이 어떤 특정한 사람에게 어떤 특정한 목적을 위해 특정한 기간에만 임하셨다.

그러나 *새 언약*은 당신의 법을 개인이 아니라 이스라엘 백성의 '속과 마음에 두겠다'는 것이다. 그들의 마음에 들어오실 분은 다름 아닌 성령이라는 사실을 에스겔 선지자는 부연해서 설명했다. "또 새 영을 너희 속에 두고 새 마음을 너희에게 주되, 너희 육신에서 굳은 마음을 제거하고 부드러운 마음을 줄 것이며, 또 내 영을 너희 속에 두어 너희로 내 율례를 행하게 하리니, 너희가 내 규례를 지켜

행할지라" (겔 36:16-17).

이스라엘 백성은 '속과 마음'에 내주하는 성령으로 말미암아 다시는 깨어질 수 없는 언약의 백성이 된다는 것이다. 그러니까 하나님은 처음부터 언약의 백성으로 삼기 위해 출애굽의 은혜를 베푸셨고, 그 후 새 언약을 약속하셨다. 그 약속대로 성부 하나님은 성자 하나님의 시대를 거쳐 마침내 성령 하나님의 시대를 활짝 여셨는데, 오순절 날에 성령이 강림하시므로 그 시대를 여신 것이다. 그렇게 성령을 받은 백성은 언약의 백성이 되는 것이다.

여기에 언약의 백성이 될 발기인과 같은 핵심 요인要人의 이름이 언급되는데, 그들은 열한 사도와 야고보의 아들 유다였다. 그 외에도 '여자들과 예수의 어머니 마리아와 예수의 아우들'이 있었다 (1:14). 그 다락방에 모인 사람들은 '약 백이십 명'이었는데 (1:15), 그렇게 모인 남녀노소는 최초로 성령의 강림을 경험했다. 그 후 많은 사람이 성령의 임재를 경험하여 거대한 언약의 백성이 되었다. 그 120명은 언약의 백성이라는 거대한 나무의 그루터기였다.

4. 준비 (1:15-26)

이스라엘 백성이 시내 산에서 하나님과 언약을 맺을 때 성결하게 기다려야 했던 것처럼 (출 19:14), 언약의 백성이 될 사람들도 성결하게 준비하지 않으면 안 되었다. 그 준비는 세 가지였는데, 첫째는 성자 하나님의 명령에 순종해야 했다. 그분의 명령은 "예루살렘을 떠나지 말고 내게서 들은 바 아버지께서 약속하신 것을 기다리라"는 것이었다 (1:4). 소극적으로는 '예루살렘을 떠나지 말아야 하고', 적극적으로는 '성령을 기다려야' 했다.

둘째는 마가의 다락방에 모인 120명은 멍청하게 시간을 보내면서 기다린 것이 아니었다. 그들은 그들의 주님이 승천하신 후 성령이 강림하실 때까지 10일 동안 '오로지 기도에 힘썼다' (1:14). 거기에 모인 120명을 들여다보면, 사도들도 있고, 여자들도 있고, 예수님의 어머니와 아우들도 있었다. 외모로 판단하면 모두 평범한 사람들이었다. 남녀노소가 한 방에서 10일이나 같이 지내면서 기도했는데, 그들은 '마음을 같이하여' 힘써 기도하면서 준비하고 있었다.

셋째는 보궐선거가 치러졌다. 본래 예수님의 제자는 열둘이었는데, 가룟 유다가 불의의 삯을 받고 그분을 팔아넘김으로 사도의 직분을 잃었다. 그 후 그는 양심의 가책으로 인해 '은을 성소에 던져 넣고 물러가서 스스로 목매어 죽었다' (마 27:5). 그가 목매어 죽은 모습을 베드로는 이렇게 묘사했다. "이 사람이 불의의 삯으로 밭을 사고 후에 몸이 곤두박질하여 배가 터져 창자가 다 흘러 나온지라" (1:18). 그가 달린 나무가 부러져서 땅으로 둥글렀다는 것이다.

예수 그리스도의 수제자인 베드로는 궐이 난 제자의 수를 보충해야 한다는 사실을 인지認知했다. 그 사도는 보충이라는 중요한 역할을 감당했는데, 그 역할은 보궐선거였다. 그러나 아무렇게나 선발할 수 없으므로, 그는 다음과 같은 자격을 공포했다. '주 예수께서 우리 가운데 출입하실 때에 항상 우리와 함께 다니던 사람 중에 하나를 세워 우리와 더불어 예수께서 부활하심을 증언할 사람'이어야 한다는 것이다 (1:21-22).

두 사람이 천거되었는데, '유스도라고 하는 요셉과 맛디아'였다 (1:23). 120명이 '제비를 뽑아 맛디아'를 선출했는데 (1:26), 선출하는 과정을 눈여겨보면 모든 사람이 한 표씩 던졌다. 어떤 사람도 그의 위치와 권위를 내세우면서 자기주장을 하지 않았다. 그런 현상을 다른 말로 표현하면, 예수 그리스도의 수제자인 베드로도 한 표, 그분의 모친도 한 표였다. 모든 사람이 하나님의 뜻에 절대적으로 굴복했다는 말이다. 그렇게 굴복한 사람들에게 성령이 강림하셨다.

크로노스와 카이로스

부활하신 후 40일 동안 성자 하나님이신 예수 그리스도는 제자들을 열 번이나 만나셨는데, 사도행전 1장에 묘사된 만남은 열 번째 만남, 곧 이 세상에서의 마지막 만남이었다. 그분은 제자들에게 예루살렘에서 성부 하나님께서 약속하신 것, 곧 "위로부터 능력으로 입혀질 때까지 이 성에 머물러" 있으라고 분부하셨다 (눅 24:49), 사도행전에서도 "내게서 들은 바 아버지께서 약속하신 것을 기다리라"고 반복적으로 말씀하셨다 (행 1:4).

두말할 필요도 없이 이 '능력'은 성령 하나님이 허락하시는 초자연적인 권능을 가리킨다. 그러나 이스라엘의 해방을 간절히 기다리던 제자들은 그 '능력'을 정치적인 권세로 이해한 것 같다. 그렇지 않다면 성령의 권능과 세례를 말씀하셨는데도, 그들은 이렇게 질문하지 않았을 것이다. "주께서 이스라엘 나라를 회복하심이 이 때이니까" (1:6)? 그들은 물론 이스라엘 백성이 그렇게 오랫동안 기다리고 기다리던 해방의 '때'가 마침내 이르렀느냐는 질문이다.

그 질문에는 중요한 단어가 들어있는데, 곧 '때'이다. 제자들이 언급한 '때'는 헬라어로 크로노스(χρόνος)이다. 그 질문에 대한 예수 그리스도의 대답에는 그 '때'도 포함돼 있지만, 덧붙인 것도 있었는데, 곧 '시기'였다. 그분의 말씀을 인용하면서 알아보자. "이르시되 때와 *시기*는 아버지께서 자기의 권한에 두셨으니, 너희가 알 바 아니요" (1:7). 이 말씀에서 덧붙인 '시기'는 헬라어로 *카이로스*(καιρός)이다.

사도행전에서 *크로노스*와 *카이로스*가 빈번하게 나오는데, 전자는 17번 그리고 후자는 9번씩 각각 나온다. 이 두 단어의 의미는 비슷한 것 같지만 상당히 다른데, 그 차이점을 알아보기 위해 그 두 단어가 포함된 말씀을 보자. "하나님이 아브라함에게 약속하신 *때*(크로노스)가 가까우매 이스라엘 백성이 애굽에서 번성하여 많아졌더니" (7:17); "그 *때*(카이로스)에 모세가 났는데 하나님 보시기에 아름다운지라; 그의 아버지의 집에서 석 달 동안 길리더니" (7:20).

하나님께서 아브라함에게 '내가 너로 큰 민족을 이루겠다'고 약속하신 후 (창 12:2), 400여 년이 흘렀다. 그렇게 오랜 기간이 지나자, 하나님이 아브라함에게 약속하신 대로 그 후손이 '큰 민족'이 되었다. 사도행전의 저자인 누가는 '약속하신 때가 가까워졌다'고 하면서 *크로노스*란 단어를 사용했다. 그러니까 이 말씀에서 *크로노스*는 오랜 세월을 가리키는 '때'이다. 그렇게 오랜 세월이 흘러서 이스라엘 백성을 애굽에서 구출해 내실 때가 되었다는 것이다.

*크로노스*는 일반적인 시간을 가리키며, 따라서 사람이 측정할 수 있는 시간이나 기간을 가리킨다. 더 쉽게 말하면, *크로노스*는 과거와 현재와 미래가 있는 인간의 시간이다. 어떤 경우는 그때가 무한정하게 오랠 수도 있고, 또 어떤 경우는 제한적인 짧은 기간일 수도 있다. 예를 들면, 엘리사벳이 9개월이란 기간이 지나자, 아들 요한을 낳았다. "엘리사벳이 해산할 기한이 차서 아들을 낳으니" (눅

1:57). 이 말씀에서 '기한'이라고 번역된 헬라어는 *크로노스*이다.

반면, 그 기간은 40년일 수도 있다. "광야에서 약 사십 년간 그들의 소행을 참으시고" (13:18). 이 말씀에서 '년'은 *크로노스*이다. 그렇지만 *크로노스*는 40년보다 훨씬 더 긴 기간일 수도 있다. "때가 차매 하나님이 그 아들을 보내사 여자에게서 나게 하시고 율법 아래에 나게 하신 것은…" (갈 4:4). 이 말씀에서 '때'는 인간이 측정할 수 없을 만큼 오랜 기간인데, 하나님이 창세 전에 예정하셨으니, 참으로 오랜 세월이 흘러서 성자 하나님이 태어나셨다.

결국, 하나님의 때는 시작도 있고 끝도 있는데, 그런 뜻의 말씀을 보자. "그는 창세 전부터 미리 알린 바 되신 이나, 이 말세에 너희를 위하여 나타내신 바 되었으니" (벧전 1:20). 여기에서 '창세 전'은 시작을 가리키고 '말세'는 끝을 가리키는데, '말세'의 '세'는 *크로노스*이다. 그런데 시작과 끝 사이에서 나타나는 어떤 특정한 때가 있는데, 그 '때'가 바로 *카이로스*이다. 이 단어는 *크로노스*처럼 어떤 기간이 아니라, 어떤 특정한 시간이나 순간을 가리킨다.

이미 인용한 말씀으로 확인하자. "하나님이 아브라함에게 약속하신 때(*크로노스*)가 가까우매 이스라엘 백성이 애굽에서 번성하여 많아졌더니…그 때(*카이로스*)에 모세가 났는데 하나님 보시기에 아름다운지라; 그의 아버지의 집에서 석 달 동안 길리더니" (7:20). 400여 년의 긴 *크로노스*가 지난 후 어느 날 모세가 태어났는데, 두말할 필요도 없이 모세는 한순간, 곧 어떤 특정한 *카이로스*에 태어났다. 결국, *크로노스*는 긴 선이고, *카이로스*는 그 선에 있는 한 점이다.

성자 하나님이 "*때와 시기*는 아버지께서 자기의 권한에 두셨으니, 너희가 알 바 아니요"라고 말씀하시면서 *크로노스*(때)와 *카이*

로스(시기)를 함께 사용하신 이유가 명백해졌다. 얼마나 많은 세월이 지나야 할지 모르기에 *크로노스*를 사용하셨고, 또 '이스라엘 나라의 회복'은 어떤 특정한 때에 이루어지기에 *카이로스*를 사용하셨다. 그러니까 하나님 아버지만 아시는 오랜 *크로노스*가 흘러서, 그분의 *카이로스*에 '이스라엘 나라가 회복'되어 종말이 된다는 말씀이다.

하나님의 말씀에서 그처럼 특정한 때는 제법 많이 나온다. 성자 하나님이 십자가에서 '기약대로'(카이로스) 죽으신 것도 한순간이었다 (롬 5:6). 그분을 믿음으로 의롭다 하심을 받는 '이 때'(카이로스)도 한순간이다 (롬 3:26). 다시 말해서, 그처럼 은혜를 받아 의롭다 하심을 받는 것이 한순간이란 말이다. 말씀을 더 보자. "내가 은혜 베풀 *때*(카이로스)에 너에게 듣고 구원의 날에 너를 도왔다 하셨으니, 보라 지금은 은혜받을 만한 *때*(카이로스)요" (고후 6:2).

바울 사도도 '때'(크로노스)와 '시기'(카이로스)를 동시에 사용하면서 종말을 설명했다. "형제들아, *때와 시기*에 관하여는 너희에게 쓸 것이 없음은 주의 날이 밤에 도둑같이 이를 줄을 너희 자신이 자세히 알기 때문이라" (살전 5:1-2). 얼마나 오랜 '때'(크로노스)가 지나야 성자 하나님이 심판의 주로 오시는 '시기'(카이로스), 곧 순간이 될 줄을 하나님만 아시기에, "그러므로 우리는 다른 이들과 같이 자지 말고, 오직 깨어 정신을 차릴지라'고 권면했다" (살전 5:6).

2장

성령 하나님의
시대로!

1. 성령의 강림 (행 2:1-4)

성자 하나님의 탄생은 곳곳에서 묘사되지만, 성령 하나님의 강림
은 딱 한 곳인 사도행전에서만 묘사하고 있다. 비록 한 곳에서만 묘
사되지만, 그 중요성은 말할 수 없이 크다. 그처럼 중요한 그 묘사
를 그대로 인용해 보자:

"오순절 날이 이미 이르매 그들이 다같이 한 곳에 모였더니, 홀연히 하늘로부
터 급하고 강한 바람 같은 소리가 있어 그들이 앉은 온 집에 가득하며, 마치 불
의 혀처럼 갈라지는 것들이 그들에게 보여 각 사람 위에 하나씩 임하여 있더니,
그들이 다 성령의 충만함을 받고 성령이 말하게 하심을 따라 다른 언어들로 말
하기를 시작하니라" (행 2:1-4).

이 묘사는 출애굽기에서 묘사된 출애굽 이후 50일째 되는 날의
모습과 너무나 흡사하다. 이스라엘 백성은 1월 15일에 애굽을 떠
난 후 3월 6일, 곧 50일이 지난날에 하나님과 언약을 맺으면서 토
라, 곧 십계명과 율법을 받았다 (출 20-23장). 그런데 그 토라를 하

사하기 위해 강림하신 하나님은 시내 산을 진동시킬 수 있을 만큼 강력한 연기와 불과 나팔 소리로 임하셨다 (출 19:16-18). 유대인은 그와 같은 현상을 하나님의 현현顯現, 곧 *쉐키나*라고 부른다.

성자 하나님이 죽은 자 가운데서 살아나신 날부터 꼭 50일째 되는 오순절에 성령 하나님이 강림하셨는데, 시내 산에서처럼 바람과 불과 여러 나라 언어로 임하셨다. 시내 산에서 가시적으로 임하신 하나님이 이번에도 역시 가시적으로 임하셨다. 성령은 언제나 가시적으로 임하시지 않으나, 그분이 선택하신 특별한 경우에는 오순절에서처럼 가시적으로 임하기도 하신다. 물론 그리스도인은 성령의 가시적인 강림을 언제나 기대해서는 안 되지만 말이다.

여하튼 시내 산의 경험 이후 유대인은 *토라*가 지시하는 대로 살아가는 *토라* 중심의 삶이 되었으나, 오순절에 성령 충만을 경험한 그리스도인은 성자 하나님이신 예수 그리스도를 중심으로 성령 하나님이 이끄시는 대로 살기 시작했다. 그 결과 유대인은 율법주의자들이 되었으나, 그리스도인은 그리스도의 사람이 되고 동시에 성령이 이끄시는 대로 따라가는, 그래서 성령과 동행하면서 함께 역사하는 삶과 사역의 공동체가 되었다.

그날 그 다락방에서 기도하던 120명의 성도들은 특별한 경험을 했는데, 그 경험은 공동체가 함께 한 경험이었을 뿐 아니라 각자가 개인적으로 한 경험이었다. "급하고 강한 바람 같은 소리가 있어 그들이 앉은 온 집에 가득하며"라는 표현은 공동체의 경험을 강조하는데, '온 집에 가득했다'는 묘사는 그 사실을 강조한다. 그 이후에도 역사적으로 많은 신앙공동체는 함께 성령의 충만함을 경험한 경우가 허다했다.

반면, 성령의 충만함은 개인적인 경험이기도 했다. 그 사실을 말씀으로 확인하자. "마치 불의 혀처럼 갈라지는 것들이 그들에게 보여 각 사람 위에 하나씩 임하여 있더니." 이 말씀에서 개인적인 경험을 강조하는 표현이 두 번이나 나오는데, '각'과 '하나씩'이다. 두 말할 필요도 없이 '각 사람'은 개개인을 가리키는 단어이다. 더군다나 '하나씩' 성령이 임했다는 묘사는 신분과 남녀노소 차별 없이, 개인적으로 그리고 인격적으로 임했다는 묘사이다.

그 다락방에서 기도하던 120명의 성도들은 성령의 충만함을 공동체와 개개인이 동시에 받았다. 그들이 성령으로 충만함을 받자 즉시 다른 언어로 말하기 시작했는데, 그것은 기적 중의 기적이었다. 오순절을 지키기 위해 동서남북으로부터 예루살렘에 모여든 유대인들은 오랜 세월이 지나면서 그들의 모국어인 히브리 말을 잊어버렸기에, 그들이 사는 나라 언어만을 사용했다. 그런데 어눌하다고 알려진 갈릴리 사람들이 한 번도 배운 적이 없는 외국어로 말하기 시작하다니!

'바람, 불 및 언어'는 종말론적인 현상이기도 했다. 그런 현상을 베드로는 '말세'의 현상이라고 선포했는데 (2:17), 그것은 선지자 요엘의 '그 후에'를 해석한 표현이었다 (욜 2:28). 선지자 요엘에 의하면, 말세의 현상은 '피와 불과 연기'인데, 그런 현상은 모세의 시내산과 마가의 다락방에서 일어난 것들과 거의 같았다. 그러니까 베드로는 성령 하나님의 시대를 '말세'라고 표현했다. 성부 하나님과 성자 하나님의 시대가 지나고 마지막 때, 곧 성령 하나님의 시대가 된 것이다.

2. 성령 세례와 성령 충만 (1:5, 2:4)

성령의 강림이 종말론적인 현상을 가리키는 또 다른 말씀이 있는데, 인용하면서 설명해 보자. "나는 너희로 회개하게 하기 위하여 물로 세례를 베풀거니와, 내 뒤에 오시는 이는 나보다 능력이 많으시니 나는 그의 신을 들기도 감당하지 못하겠노라. 그는 성령과 불로 너희에게 세례를 베푸실 것이요; 손에 키를 들고 자기의 타작마당을 정하게 하사 알곡은 모아 곳간에 들이고 쭉정이는 꺼지지 않는 불에 태우시리라"(마 3:11-12).

세례 요한이 외친대로 성령의 세례는 불 세례이기도 했는데, 불의 세례는 분명히 종말론적인 메시지를 동반하고 있다. 종말론적인 메시지는 마지막 때의 추수와 연결되어 있는데, 그 추수에는 소극적인 것도 있고 적극적인 것도 있다. 적극적인 것은 알곡의 추수로서 당연히 곳간에 저장된다. 그러나 쭉정이는 불로 태워질 터인데, 그 불은 꺼지지 않는 불이다. 그 불은 자연적인 불이 아니라 영원히 지속하는 심판의 불을 가리킨다.

이 시점에서 성령의 세례와 성령의 충만이 같은 의미인지 아니면 다른 의미인지 알아보자. 신약성경에서 성령의 세례라는 표현은 일곱 번 나오는데, 한 번을 제외하고는 모두 오순절에 임하신 성령의 강림을 가리킨다(마 3:11, 막 1:8, 눅 3:16, 요 1:33, 행 1:5, 11:16). 사도행전 11장 16절에 언급된 성령의 세례는 과거에 일어난 오순절 사건을 회상하는 말씀이나, 나머지는 모두 앞으로 있을 오순절 사건에 대한 예언이다.

세례 요한, 예수님 및 베드로는 오순절 사건을 묘사하면서 성령의 세례라고 했지만, 유독 바울 사도는 전혀 다른 의미인 성령의 세례를 언급했다. "우리가 유대인이나 헬라인이나 종이나 자유인이나 다 한 *성령*으로 *세례*를 받아 한 몸이 되었고 또 다 한 성령을 마시게 하셨느니라" (고전 12:13). 바울 사도가 언급한 성령의 세례는 오순절의 사건이 아니라, 죄인이 예수 그리스도를 구주로 받아들이는 순간 그리스도의 몸, 곧 우주적 교회의 일원이 되는 것을 뜻했다.

하여튼 성령의 세례는 오순절의 사건을 그린 것이다. 그런데 정작 오순절에 120명의 성도들에게 성령이 임하셨을 때 사도행전의 저자인 누가는 '그들이 다 성령의 세례를 받고'라고 표현하지 않고, '그들이 다 성령의 충만함을 받고'라고 했다. 성령의 세례와 성령의 충만이 같은 의미이기 때문에 자유롭게 교차적으로 사용했음이 틀림없다.

물론 의미는 다르지 않으나, 용도는 다르다. 신약성경에서 '성령 충만'도 못지않게 많이 나온다. 예를 들면, 세례 요한이 "…모태로부터 성령의 충만을 받았고" (눅 1:15), 세례 요한처럼 성령으로 충만함을 받은 그의 부모 엘리사벳과 사가랴 (눅 1:41, 67), 예수 그리스도 (눅 4:1), 베드로 (4:8), 스데반 (6:5, 7:55), 바나바 (11:24) 등이 있다. 그 외에도 초대교회는 기도를 마치자, 성령으로 충만함을 받았다 (4:31).

바울 사도는 에베소교회에게 "…오직 성령으로 충만함을 받으라"고 권면했는데 (엡 5:18), '성령 충만'을 경험하라는 명령이다. 오순절에 성령 하나님이 강림하신 후에는 '성령의 세례'라는 표현이 전혀 나오지 않는데, 이미 경험했기 때문이다. 성령의 세례는 앞으로 경험할 성령의 충만을 예언하면서 약속한 표현이고, 성령의 충만은 그 약속대로 실제로 성령으로 충만하게 된 경험을 뜻한다. 오순절 날에 그 약속이 실현되었기에 성령 세례는 더 나오지 않는다.

3. 최초의 청중 (2:5-13)

유대인들은 일찍이 나라를 잃고 세상 각처에 흩어져 살고 있었는데, 곧 *디아스포라*diaspora의 삶이었다. 비록 그들은 고국을 떠나 살았지만, 그래도 그들은 정체성과 공동체의 삶을 유지하려고 애를 썼다. 특히 회당 중심의 삶으로 그들은 정체성도 유지했고 공동체의 삶도 누렸다. 그들은 정기적으로 회당에 모여 신앙과 희로애락을 함께 나누었는데, 그 중심에는 구약의 말씀이 있었다. 특히 *토라*는 그들의 정체성과 공동체를 유지하는 근간이 되었다.

*토라*의 명령에는 삼대 절기, 곧 유월절과 오순절과 초막절을 지켜야 한다는 말씀도 들어있다 (출 23, 신 16, 민 28-29). 그 명령에 순종하여 절기를 지키고자 예루살렘을 찾은 유대인들이 있었는데, 그들은 참으로 '경건한 유대인들'이었다 (2:5). 그들은 *디아스포라*의 어려운 삶에도 불구하고, 또 예루살렘까지 오려면 먼 거리와 많은 경비에도 불구하고, *토라*의 명령에 순종한 사람들이었다. 사도행전 2장은 삼대 절기 중 중간에 있는 오순절에 관한 기사이다.

"그 때에 경건한 유대인들이 천하 각국으로부터 와서 예루살렘에 머물러 있더니"라는 묘사에 의하면, 예루살렘에는 오순절 절기를 지키러 온 유대인들이 바글거렸음이 틀림없다 (2:5). 누가는 그들이 온 열다섯 나라를 일일이 열거하면서 '천하 각국으로부터'라고 묘사했다. 그중 동쪽의 나라는 바대, 메대, 엘람, 메소보다미아이고, 남쪽은 애굽, 구레네의 리비야, 아라비아이고, 북쪽은 갑바도기아, 본도, 아시아, 브루기아, 밤빌리아이고, 서쪽은 로마와 그레데이다.

누가가 열거한 사람들 가운데는 '로마로부터 온 나그네, 곧 유대인과 유대교에 들어온 사람들'이 있었는데 (2:10b), '유대교에 들어온 사람들'은 이방인이었다가 유대교에 입교한 개종자들이었다. 그들은 이방인이었을 때도 하나님을 경외하는 사람들^{God-fearers}이었다가 개종하고 유대교인이 된 사람들이다. 결국, 유대인과 이방인이었다가 유대교에 입교한 사람들과 이방인이지만 하나님을 경외하는 사람들 세 그룹이 유대교에 호의적인 사람들이었다.

'천하 각국'은 유대인들의 *디아스포라* 지역을 망라한 표현이었다. 유대인은 대부분 그 열다섯 지역에 살고 있었기에 그들은 천하 각처의 유대인들을 대표했다고 할 수 있다. 혹자는 그 열다섯 나라를 노아의 후손인 칠십 나라와 대조하면서 (창 10장), 그 당시 바벨에서 언어가 흩어진 것과는 대조적으로 오순절에서 언어가 하나가 되는 역사가 일어났다고 한다. 예루살렘에서 시작된 복음이 '모든 민족에게 전파될' 것에 대한 모형이라고도 했다 (눅 24:47).

그곳에 모인 '큰 무리'가 각자의 언어로 제자들이 말하는 것을 들었다. 그들이 받은 충격은 컸는데, 어떤 발음은 잘하지도 못하는 어눌한 갈릴리 사람들이 그렇게 능통한 외국어를 구사하는 '큰 일'을 나타내다니, 있을 수 없는 일이었다 (2:11). 어떤 유대인들은 '소동하며 다 놀라 신기하게 여겼다' (2:6-7). 어떤 유대인들은 '다 놀라며 당황했다' (2:12). 그들은 다른 언어로 복음을 전하는 사람들이 '새 술에 취했다'고 조롱까지 했다 (2:13).

4. 최초의 설교 (2:14-40)

여하튼 그 '경건한 유대인들'은 성령 하나님의 시대에 최초의 설교를 들은 최초의 청중이 되었다. 그때 그 자리를 박차고 일어나서 최초의 설교를 한 사람은 베드로였지만, 다른 열한 사도도 함께 일어섰다 (2:14). 그들도 베드로와 똑같이 성령의 충만함을 경험했기 때문이며, 지금부터 선포될 내용은 베드로만의 것이 아니라 열두 사도의 공통된 것임을 표현하기 위함이었다. 또 열두 사도는 이스라엘의 열두 지파를 대신한다는 간접적인 표현이기도 했다.

베드로가 선포한 최초의 설교는 말할 수 없이 중요한데, 성령 하나님 시대에 있는 모든 설교의 모델이 되기 때문이다. 필자는 그 중요성을 인지하고 일찍이 『성령의 시대로!』라는 오순절을 해석한 저서에서 그 최초의 설교를 아홉 번에 걸쳐 강해한 바 있다. 그러나 본서에서는 간단하게 세 가지만 제시하고자 하는데, 곧 변증과 복음과 초청이다. 먼저 변증으로 설교를 시작한 이유는 분명한데, 최초의 청중이 성령 충만에 대해 갖는 오해를 풀어주기 위함이었다.

변증적 설교는 2장 14절에서 21절에 포함되어 있는데, 놀라운 사실은 베드로가 본래 무식한 사람으로 알려진 바와는 전혀 달랐다는 것이다 (4:13), 그는 준비 없이 즉흥적으로 설교했는데, 요엘의 예언을 거침없이 술술 인용했다. 그는 요엘만 인용한 것이 아니라, 시편 16편과 110편을 인용하면서 예수 그리스도의 부활과 승천에 대해 설교했다. 그가 그분의 제자로서 얼마나 혹독하게 그리고 철저하게 훈련받았는지를 엿보게 하는 대목이다.

베드로는 '말세에 내가 내 영을 모든 육체에 부어준다'는 말씀을 인용하면서, 성령 하나님의 시대는 '말세'의 시작이라고 선언했다 (2:17). 그 '말세'의 가장 현저한 특징은 하나님이 당신의 영, 곧 성령을 '모든 육체에 부어주신다'는 것인데, 그것은 성령의 우주화이다. 모든 육체는 남녀노소를 포함하며 남종과 여종도 포함하는데, 그것은 성령의 민주화이다. 그들이 성령을 받으면 그 징조가 나타나는데, 곧 예언과 환상과 꿈이라는 은사가 나타난다는 것이다.

베드로는 변증적 설교 마무리에 중요한 선언을 했는데, 다음과 같다: "누구든지 주의 이름을 부르는 자는 구원을 받으리라" (2:21). 이 말씀은 구원의 보편화이다. 이상의 세 가지, 곧 성령의 우주화와 성령의 민주화, 그리고 구원의 보편화는 가히 혁명적인 현상이었다. 선민의식으로 가득한 유대인들은 하나님의 영이 그분이 택하신 특별한 사람에게만 임하신다고 여겼는데, 그 영역이 세상에 있는 모든 육체, 곧 이방인들도 포함한다는 선포였다.

만일 베드로가 변증 설교만 하고 끝냈다면, 죄인을 변화시켜서 성도가 되게 하는 복음이 빠진 것이다. 만일 복음이 들어있지 않았다면, 그 설교는 예수 그리스도를 증언하기 위해 오신 성령의 역할이 빠진 것이다. 그분의 수제자인 베드로가 구주이신 그분을 배제하고 설교했다면, 그는 예수 그리스도의 제자도 아니고 또 전도자도 아니다. 그러나 최초의 설교자답게 그는 복음을 외치면서 유대인의 메시야이며 구주이신 예수 그리스도를 소개했다 (2:22-36).

베드로는 비록 예수 그리스도가 죽음을 피하실 수는 없었지만, 전능하신 하나님께서 그분을 '사망의 고통에서 풀어 살리셨다'고 선포했다 (2:24). 그 선포에는 복음의 핵심이 들어있는데, 그것은 그분의 죽음과 부활이었다. 그 짧은 설교에서 베드로는 그분의 죽음과 부활을 자그마치 여섯 번씩이나 언급하면서, 그것이 바로 복음의 핵심이라는 사실을 강조했다. 왜 그분의 죽음과 부활이 복음의 핵심인가?

유대인은 율법을 어긴 죄인들이었으며, 따라서 하나님의 의로운 심판을 받아 죽어야 마땅했다. 그런데 그들의 죄와 죽음을 위하여 예수 그리스도가 대속의 죽음을 맛보셨다. 만일 그분이 죽음에 얽매여서 무덤에 묻혀있는 분이라면, 그분은 결단코 죄인 된 유대인들을 구해주실 수 없다. 그러나 그들의 메시야이며 구주이신 예수 그리스도는 죽은 지 삼 일 후에 다시 살아나셨다. 물론 성부 하나님과 성령 하나님의 역사를 통해서였지만 말이다.

그분이 부활하셨다는 것은 죄인들이 용서받을 수 있을 뿐 아니라 율법의 모든 의를 이루기 위함이었다. 예수 그리스도만이 모든 율법의 마침이기 때문이다 (롬 10:4). 율법을 거듭거듭 깨뜨려 죄인 된 유대인들이 그 죄에서 해방될 뿐 아니라 의롭다 하심을 받는 길이 활짝 열렸다. 그런 까닭에 그분의 죽음과 부활은 복된 소식의 핵심이 된다. 베드로는 유대인들이 잘 아는 다윗의 예언을 통해 그분이 유대인의 주†와 그리스도가 되심을 선언했다.

그리고 다윗이 일찍이 예언한 대로 예수 그리스도는 죽음에서 살아나셨고, 또 승천하셔서 하나님 우편에 앉으셨다 (시 16, 110편). 그분이 하늘에 오르셔서 너무나 중요한 역사를 하셨는데, 곧 성부 하나님에게서 성령 하나님을 받아 120명의 성도들에게 충만하게 강림하시게 했다 (2:33). 그렇게 성자 하나님은 성령 하나님에게 바통을 넘기셨다. 그분은 위로 성부 하나님의 손에서 성령 하나님을 받아 세상으로 내려보내신 너무나 중요한 중간자의 역할을 맡으셨다.

베드로는 그의 설교에서 변증과 복음을 전했다. 그러나 만일 그것으로 끝났다면 얼마나 불행한 최초의 설교로 전락했겠는가? 그러나 그는 어김없이 그의 설교를 듣고 마음에 찔림을 받은 유대인들이 회개하고, 세례와 죄 사함을 받을 수 있도록 초청했다. 만일 그들이 결단하도록 기회를 주지 않고 설교를 마쳤다면, 어떻게 3,000명이 구원을 받고 예수 그리스도의 제자가 되었겠는가? 성령의 인도하심을 받은 베드로는 기회를 놓치지 않고 그들에게 기회를 주었다.

베드로의 초청을 들어 보자. "…너희가 회개하여 각각 예수 그리스도의 이름으로 세례를 받고 죄 사함을 받으라! 그리하면 성령의 선물을 받으리니…" (2:38). 이 초청에는 네 가지가 들어있는데, 첫째는 회개하여 죄의 길에서 돌아서라는 것이다. 둘째는 세례를 받으라는 것이다. 회개라는 마음의 결정을 믿음이라는 행동으로 표현한 것이 바로 세례이다. 셋째는 그렇게 하면 죄를 용서받는다는 약속이며, 넷째는 용서받아 깨끗해지면 성령이 내주하신다는 것이다.

5. 최초의 교회 (2:41-47)

불과 120명으로 시작된 예루살렘교회는 폭발적으로 성장하기 시작했는데, 베드로의 설교를 들은 유대인들이 자그마치 3,000명이나 세례를 받고 신도가 되었기 때문이다 (2:41). 예수님이 약속하신 역사가 제자들을 통해 일어났다. "내가 진실로 진실로 너희에게 이르노니, '나를 믿는 자는 내가 하는 일을 그도 할 것이요 또한 그보다 큰 일도 하리니', 이는 내가 아버지께로 감이라" (요 14:12). 그분이 아버지께 가신다는 말씀은 성령을 보내시겠다는 약속이었다.

그들의 주님처럼 '큰 일'을 일굴 수 있었던 것은 두말할 필요도 없이 성령에 사로잡혔기 때문이었다. 사도행전 4장에 의하면, '믿는 자가 남자만 약 오천이 되었다' (4:4). 유대인들은 여전히 남자 위주의 통계를 내고 있었지만, 실제로 여자들, 노인들, 아이들을 망라하면 그 숫자는 그보다 훨씬 많았을 것이다. 그렇게 급성장하는 예루살렘교회는 지속적인 성장에 불을 붙여 활활 타오르게 하는 방법도 있었는데, 특히 다음과 같은 세 가지 방법이었다.

첫 번째 방법은 "교회 안의 교회"ecclesiolae in ecclesia였다. 이 표현은 17세기부터 일어난 독일의 경건주의자들이 평신도 활성화를 위해 활용한 방법인데, 예루살렘교회가 사용한 방법과 너무나 흡사했다. "교회 안의 교회"는 교회라는 우산 밑에 작은 교회들이 존재한다는 뜻이다. 이런 방법을 보기 위해 말씀을 인용해 보자: "날마다 마음을 같이하여 성전에 모이기를 힘쓰고, 집에서 떡을 떼며 기쁨과 순전한 마음으로 음식을 먹고" (2:46).

이 묘사에서 성전과 집이 나오는데, 성전은 성도가 함께 모이는 교회의 역할을 하고, 집은 작은 교회들의 역할을 했다. 성도가 '마음을 같이 하여 성전에서' 열심히 모였는데, 모여서 무엇을 했겠나? 적어도 다음과 같은 세 가지를 했을 것이다. 우선, 사도들의 가르침을 받았을 것이다. 그 많은 성도를 사도들이 일일이 찾아다니면서 가르친다는 것은 거의 불가능했기에 한꺼번에 구주이신 예수 그리스도의 가르침과 구약의 말씀을 가르쳤을 것이다 (2:42).

그다음, 그들은 함께 기도하고 하나님을 찬미했다. 물론 집에서도 기도하고 찬양했을 것이다. 그리고 그렇게 많은 성도가 성전에서 기도하며 찬양한 것은 당연히 세 번째 역사를 일으켰는데, 그것은 전도였다. 그 전도가 능력이 있었던 이유 중에는 사도들이 '기사와 표적'을 많이 행했기 때문이며 (2:43), 또 불신자들이 '두려워하기' 때문이었다. 그토록 능력 있는 복음 전도로 말미암아 '주께서 구원받는 사람을 날마다 더하게 하셨다' (2:47).

두 번째 방법은 "소그룹 교제"였다. 그들은 집에서 '떡을 떼며 기쁨과 순전한 마음으로 음식을 먹었다' (2:46). 이 소그룹에서 나눈 교제는 지금까지 없었던 친밀한 교제였다. 누가는 2장 42절에서 '서로 교제하며'를 의도적으로 첨가했는데, 그 교제는 성령 하나님의 시대에 나타난 두드러진 특징이었다. 성부 하나님의 시대에는 종적인 교제는 있었지만, 횡적인 교제는 거의 전무했다. 위로 왕, 그 밑에 대제사장, 그 밑에 제사장과 레위인과 백성과 종이 있었다.

그와 같은 종적 관계에서 볼 수 없었던 횡적 교제는 가히 혁명적이었다. 이미 본대로, 120명의 성도들은 맛디아를 선택할 때도 한 사람이 한 표만 던졌다. 120명의 성도들이 신분의 고하를 막론하고 모두 같다는 표현이었다. 그렇다! 성부 하나님의 시대에는 볼 수 없었던 교제가 성령 하나님의 시대에 시작되었다. 그리스도와 성령 안에서 하나이며 동시에 형제자매가 된 것이다. 그들은 서로의 삶과 희로애락을 나누는 뜻깊은 교제를 누렸다.

세 번째 방법은 "물질의 통용"이었다. "믿는 사람이 다 함께 있어 모든 물건을 서로 통용하고" (2:44). 한발 더 나아가서 서로의 필요를 채워주기 위해 주저하지 않고 '재산과 소유를 팔았다' (2:45). 예루살렘교회에 속한 성도는 마음이 하나가 되어, 친 형제자매보다 더 가까웠다. 그들은 함께 기도하고, 함께 찬송하고, 함께 떡을 떼고, 함께 식탁을 나누었고, 함께 물질을 나누었다. 이런 교제야말로 성령 하나님의 시대에서만 있을 수 있는 뜨거운 교제였다.

베드로

과연 베드로는 예수 그리스도의 수제자답게 최초의 설교를 능력 있게 마무리하면서 많은 유대인을 예수 그리스도께로 인도했다. 그런데 베드로는 유대인의 전도에만 사용된 것이 아니라, 사마리아 사람과 이방인의 전도에도 독보적으로 사용되었다 (행 8, 10장). 마치 "오직 성령이 임하시면 너희가 권능을 받고 예루살렘과 온 유대와 사마리아와 땅 끝까지 이르러 내 증인이 되리라"는 주님의 약속을 그가 다 이룬 것처럼 말이다.

빌립이 사마리아에서 전도하여 많은 사람이 믿고 세례를 받았으나, 아직 성령을 받지 못했다. 믿기는 했어도 성령으로 거듭나지 못했다는 말이다. 그들을 위해 예루살렘교회가 베드로와 요한을 보냈다. 누가의 설명이다. "이는 아직 한 사람에게도 성령 내리신 일이 없고 오직 주 예수의 이름으로 세례만 받을 뿐이더라. 이에 두 사도가 그들에게 안수하매 성령을 받는지라" (8:16-17). 베드로와 요한의 기도를 통해 믿고 세례를 받은 자들이 성령을 받아 거듭났다.

주님의 약속에는 '땅 끝'이 포함되어 있는데, 그것은 이방인의 세상을 가리킨다. 그 이유는 너무나 분명하다! 유대인의 거주지인 이스라엘 외에는 모두 이방인의 땅이기 때문이다. 물론 이스라엘이 나라를 잃은 후 천하로 흩어져 살았는데, 그들의 *디아스포라*의 삶은 두말할 필요도 없이 이스라엘이 아닌 이방인의 땅에서였다. 그 당시 예루살렘교회는 왕성한 전도 활동을 펼쳤지만, 그것은 유대인과 사마리아 사람에게만 제한적으로 이루어진 것이었다.

그 이유도 너무나 분명했다! 유대인은 이방인과 교류할 수 없었기 때문이다. 유대인은 이방인과 연혼連婚할 수 없으며 (신 7:3-4), 이방인의 풍속을 따를 수 없었다 (레 20:23). 결혼하게 되면 자연스럽게 이방인의 우상을 섬기게 될 것이며, 이방인의 풍속을 따르면 유대인의 영적 순결을 잃는다는 풍습과 전통이 너무나 강했기 때문이다. 그러므로 그런 풍습과 전통을 깨고 이방인에게 접근하여 복음을 전한다는 것은 거의 불가능했다.

그런데 그처럼 엄격한 전통과 율법을 어기기까지 하면서 이방인들에게 복음을 전한 사람이 있었는데, 그는 다름 아닌 베드로였다. 그는 '땅 끝'에 해당하는 이방인 고넬료 가정에 들어가서 복음을 전했다. 물론 그것도 쉽게 이루어진 역사가 아니었다. 성령 하나님이 고넬료에게 임해서 지시하셨고, 똑같이 그 성령 하나님이 베드로에게 임해서 인도하셨다. 그 인도에 따라 베드로는 고넬료 가정에 복음을 전했고, 온 가족과 친척이 구원을 경험했다 (행 10장).

베드로는 참으로 위대한 전도자였다! 그는 예루살렘의 유대인들은 물론 사마리아인들과 이방인들에게 차례로 복음을 전했다. '예루살렘과 온 유대와 사마리아와 땅 끝'에서 복음의 문을 활짝 연 사람은 다름 아닌 베드로였다. 이 시점에서 사마리아 사람에 대해 한마디 해보자. 사마리아 사람은 유대인의 혈통과 이방인의 혈통이 섞인 혼혈 민족이었다. 앗수르가 이스라엘을 멸망시킨 후 유대 혈통을 없애기 위해 강제로 이방인과 결혼하게 했다 (왕하 17:6, 24).

베드로가 유대인 전도 후에 곧바로 이방인에게 들어가지 않고 사마리아 사람에게 간 것은 주님의 뜻이자 은혜였다. 사마리아 사람들은 이미 언급한 것처럼, 유대인도 되고 이방인도 되기 때문이었다. 성령 하나님은 베드로에게 유대인에서 이방인에게로 직접 건너가지 않고 징검다리 격인 사마리아를 거쳐서 가게 하셨다. 그가 사마리아 사람들에게 들어간 경험은 그로 이방인에게로 들어갈 수 있는 마음의 준비를 시킨 것이나 다름없다.

하나님의 교회는 유대인만으로 이루어질 수 없다. 하나님은 아브라함을 부르실 때도 '모든 족속이 너로 말미암아 복을 얻을 것이라'고 하면서 이방인을 포함하셨다 (창 12:3). 이스라엘 백성과 언약을 체결하실 때도 하나님은 이방인을 염두에 두셨다. "세계가 다 내게 속하였나니 너희가 내 말을 잘 듣고 내 언약을 지키면 너희는 모든 민족 중에서 내 소유가 되겠고" (출 19:5). 이처럼 중대한 언약의 말씀에 '세계'와 '모든 민족'을 포함하셨다.

베드로가 유대인과 사마리아 사람과 이방인을 예수 그리스도 앞으로 인도하자, 교회는 하나님의 뜻대로 유대인과 이방인을 골고루 갖춘 교회가 되었다. 이처럼 중요한 역할을 유독 베드로가 한 이유라도 있는가? 물론 그가 예수 그리스도의 수제자인 것도 사실이다. 그러나 그것보다 훨씬 더 중요한 이유가 있는데, 베드로의 신앙고백 때문이었다. 그의 신앙고백은 "주는 그리스도시요 살아 계신 하나님의 아들이시니이다"이다 (마 16:16).

그 고백은 예수님과 베드로에게 똑같이 큰 전환점이 되었다. 그렇지 않다면 그 고백에 대해 예수님이 이처럼 놀라운 반응을 하셨을 이유가 없었다. '이 반석 위에 교회를 세운다'고 하시면서 (마 16:18) 중요한 약속을 다음과 같이 하셨다. "내가 *천국 열쇠*를 네게 주리니, 네가 땅에서 무엇이든지 매면 하늘에서도 매일 것이요 네가 땅에서 무엇이든지 풀면 하늘에서도 풀리리라" (마 16:19). 주님은 그처럼 중요한 신앙고백을 한 베드로에게 천국 열쇠를 주셨다.

베드로는 주님에게 받은 천국 열쇠로 땅과 하늘에서 맬 수도 있고 풀 수도 있는 특권을 부여받았다. 그는 그 천국 열쇠를 교회의 형성을 위해 사용했다. 어떤 다른 사도도 할 수 없는 중차대한 사역을 감당했다. 그는 차근차근 교회를 세우기 시작했는데, 그에게 주어진 천국 열쇠로 문을 열었다. 그는 유대인 전도를 위해 그 열쇠를 사용해서 교회의 문을 활짝 열었는데, 한 번에 3,000명씩, 5,000명씩 그 문으로 쏟아져 들어오게 했다.

베드로는 사마리아 사람들이 성령으로 거듭날 수 있도록 기도했다. 물론 빌립의 전도가 있었고 사도 요한이 함께 기도했지만 말이다. 그러나 교회 구성에서 가장 중요한 이방인의 전도는 베드로의 독보적인 사역을 통해서만 가능했다 (행 10-11장). 사도행전 전반부인 1-12장에서 주인공은 베드로였고, 그의 엄청난 사역은 교회의 문을 열쇠로 활짝 여는 것이었다. 주님께서 그에게 허락하신 천국 열쇠로 유대인, 사마리아인 그리고 이방인을 위해 천국 문을 세 번이나 열었다.

3장

최초의 기적

1. 기적의 목적 (행 3:1-26)

베드로와 요한이 낮 12시 기도회에 참석하려고 성전으로 올라가다가 미문^{美門}, 곧 아름다운 문으로 알려진 성전 문에서 구걸하는 앉은뱅이를 보게 되었다. 아름다운 문에서 구걸하는 그 장애인은 결코 아름답지 못한 추한 거지였다. 비록 그 거지는 매일 성전 문 앞에서 구걸했지만, 한 번도 성전 안으로 들어가서 예배나 기도에 참여한 적이 없었다. 베드로와 요한을 바라보는 그에게 베드로는 나사렛 예수 그리스도의 이름으로 그를 일으켰다.

베드로는 은금을 바라는 그 앉은뱅이에게 그것보다 훨씬 더 존귀한 예수 그리스도를 선물했으며, 그 결과 그는 발과 발목에 힘이 생겨 벌떡 일어나서 '걷기도 하고 뛰기도 하며 하나님을 찬송했다' (3:8). 그는 나면서 40년 동안 걷지 못하는, 그래서 구걸로 연명하는 불쌍한 거지였다. 그러나 그는 난생처음으로 걷기 시작했는데, 그것은 인간적으로는 절대로 불가능한 일이었다. 누가는 의도적으로 이 짧은 구절에서 '걷는다'를 다섯 번이나 언급했다 (4:6-8, 12).

성령 하나님께서 베드로를 통해 이처럼 엄청난 기적을 일으키게 하신 목적은 무엇인가? 그것은 '예루살렘과 온 유대에서…내[예수의] 증인이 되게' 하겠다는 성자 하나님의 약속을 이루기 위함이었다. 그런 베드로 사도의 본을 따라서 바울 사도가 최초의 기적으로 '발을 쓰지 못하는 사람'을 걷게 함으로, 그가 '땅 끝'에서 예수 그리스도의 증인이 되게 한 것과 같다 (14:8-10).

그렇게 걷게 한 기적은 앉은뱅이로 믿음을 구사하여 구원을 받게 했다. 그가 *믿음*으로 구원받은 사실을 베드로는 이렇게 확인했다. "그 이름을 *믿으므로*…이 사람을 성하게 하였나니, 예수로 말미암아 난 *믿음*이…이같이 완전히 낫게 하였느니라" (3:16). 바울 사도도 마찬가지였다. '…바울이 주목하여 구원받을 만한 *믿음*이 그에게 있는 것을 보고' 걷게 했다 (14:9-10). 그렇다! 그 기적을 통해 앉은뱅이와 걷지 못하는 사람이 믿음으로 구원을 받게 되었다.

성령 하나님의 시대에 나타난 최초의 기적을 통해 기적을 경험한 사람이 육체적으로 고침을 받았을 뿐 아니라, 영적으로도 구원을 받게 되었다. 그런데 베드로의 증언과 전도는 거기에서 끝나지 않았다. 그런 기적을 목격한 "모든 백성이 크게 놀라며…솔로몬의 행각이라 불리우는 행각에 모여들었기" 때문이다 (3:11). 그러니까 기도하기 위해 성전에 모여있던 '모든 백성'이 한편 놀라고 또 한편 베드로와 걷게 된 사람을 보려고 구름같이 모여들었다.

베드로는 그렇게 만들어진 전도의 기회를 놓치지 않았다. 베드로는 행각에 모인 사람들에게 입을 열어 복음을 전했는데, 그것은 베드로가 전한 두 번째 설교였다 (3:12-26). 베드로는 앉은뱅이를 일으킨 분은 예수 그리스도라고 하면서 그분에 대해 전하기 시작했다: 그분은 하나님의 종이시며 (3:13), 거룩하고 의로운 *고난자*이시며 (3:13-14), 생명의 주시며 (3:15), 죽음을 박차고 살아나신 부활의 주님이시며 (3:15), 모세가 예언한 *그 선지자*이시다 (3:22-23).

베드로는 그들, 곧 이스라엘 백성과 관리들이 그분을 죽였다고 공언하면서 그들의 허물을 상기시켰는데, 그것은 의도적이라기보다 그들의 무지 때문이었다고 설명했다. 그뿐 아니라, 그렇게 된 것은 하나님이 '모든 선지자의 입을 통하여 자기의 그리스도께서 고난 받으실 일을 미리 알게 하신' 대로 되었다고 하면서, 그들에게만 책임을 돌리지 않는 여유와 자비도 베풀었다. 그렇게 전하면서 베드로는 그들이 "회개하고 돌이켜 너희 죄 없이 함을 받으라"고 초청했다 (3:19).

그렇게 회개하면 '새롭게 되는 날이 주 앞으로부터 이를 것이나', 만일 회개하기를 거부하면 '만물을 회복하시면서' 그분이 다시 오실 때 (3:21) 책임을 물으시고 '멸망 받게 될' 것이다 (3:23). 하나님의 뜻은 '땅 위의 모든 족속이 복을 받아 구원을 얻는 것이지만' (3:25), 무엇보다도 언약의 자손인 '너희'가 먼저 '돌이켜 각각 그 악함을 버리게 하셨다' (3:26). 베드로는 솔로몬 행각에 모인 이스라엘 백성에게 애타는 마음으로 복음을 전했다.

그렇게 베드로가 열정적으로 그리고 사랑의 마음으로 복음을 전한 결과는 무엇이었나? 그 결과를 묘사한 놀라운 말씀을 인용해 보자: "말씀을 들은 사람 중에 믿는 자가 많으니, 남자의 수가 약 오천이나 되었더라" (4:4). 이미 언급한 대로, '남자의 수가 약 오천이나 된다'는 표현은 어쩌면 만여 명이 믿었다고 해석할 수도 있다. 그 이유는 여자들과 애들도 틀림없이 기도하기 위해 성전에 운집했을 것이기 때문이다. 여하튼 기적과 말씀이 합쳐진 능력의 전도였다.

2. 부정적 반응 (4:1-22)

그처럼 많은 이스라엘 백성이 '돌이켜 각각 그 악함을 버리고' 회개하여 믿는 자가 많게 되었는데 (3:26), 그곳에 '제사장들과 성전 맡은 자와 사두개인들이 이르렀다' (4:1). 그들은 한마디로 말해서 성전의 주인들이었다. 성전의 모든 예식을 주관하면서 백성을 종교적으로 인도하고 가르치는 지도자들이었다. 그들의 '성전에서' 앉은뱅이가 일어나고, 많은 백성이 웅성거리는 소리를 듣고, 그들이 성전으로 달려왔음이 틀림없다.

두말할 필요도 없이 그들은 그처럼 오랫동안 성전을 드나들면서 보고 무시했던 그 앉은뱅이가 뛰며 하나님을 찬미하는 모습을 무시했다. 그뿐 아니라 많은 백성이 회개와 믿음을 구사하여 구원받은 역사를 보면서도 그 종교적 지도자들은 무감각했다. 그때는 이미 날이 저물어 오후 3시가 지나도록 베드로와 요한은 적어도 세 시간이나 그곳에서 가르치고 있었는데, 그들은 오히려 신경을 곤두세우면서 예수님의 죽음과 부활을 전하는 사도들을 감옥에 가두었다.

그다음 날, "대제사장 안나스와 가야바와 요한과 알렉산더와 및 대제사장의 문중이 다 참여하여" (4:6) 모였는데, 그들은 공회의 지도자들이었다. 다른 공회원들, 곧 '관리들과 장로들과 서기관들이 예루살렘에 모였다' (4:5). 공회는 그 당시 이스라엘의 최고 의결기관인데, 의장인 대제사장, 24명의 제사장, 24명의 장로, 22명의 사두개인 등 71명으로 구성되었다. 공회의 권한은 이스라엘의 종교 생활을 지도하고 감독하는 일이었으며, 특히 우상 숭배를 철저하게 막았다.

공회는 베드로와 요한이 우상 숭배에 연루되었다고 생각했을 것이다. 그들은 이렇게 문초했다, "너희가 무슨 권세와 누구의 이름으로 이 일을 행하였느냐"(4:7)? 물론 그들이 우상 숭배의 대상이라고 여기는 예수 그리스도를 정죄하려는 심산이었다. 베드로는 그들의 의중을 알고 그분에 대해 단도직입적으로 증언했다. "…너희가 십자가에 못 박고 하나님이 죽은 자 가운데서 살리신 나사렛 예수 그리스도의 이름으로 이 사람이 건강하게 되어 너희 앞에 섰느니라"(4:10).

또 베드로는 그들이 믿는 구약의 말씀으로 증언했다. "이 예수는 너희 건축자들의 버린 돌로서 집 모퉁이의 머릿돌이 되었느니라"(4:11; 시 118:22). 그들이 예수를 돌처럼 버렸지만, 하나님은 그 돌을 부활의 "산 돌"로 만드셔서 교회의 머릿돌로 삼으셨다고 선언했다 (벧전 2:4). 그러므로 그들도 그 예수를 믿고 구원받아야 한다고 했다: "다른 이로써는 구원을 받을 수 없나니, 천하 사람 중에 구원을 받을 만한 다른 이름을 우리에게 주신 일이 없음이라"(4:12).

물론 그 공회원들 가운데 베드로의 초청에 적극적으로 반응한 사람은 하나도 없었다. 그들은 실제로 앉은뱅이였다가 성하게 된 사람을 앞에 두고 사도들을 붙잡아둘 수 없어서 '예수의 이름으로 말하지도 말고 가르치지도 말'고 하면서 그들을 방면했다 (4:18). 그러나 베드로와 요한은 '우리는 보고 들은 것을 말하지 아니할 수 없다'고 강력하게 반발했다 (4:20). 그렇게 반발하자 종교 지도자들은 아무런 반박도 하지 못했다.

여기에 두 종류의 지도자들이 있는데, 하나는 제도를 통해 지도자가 된 사람들이고, 또 하나는 예수 그리스도에게서 훈련받은 지도자들이다. 불행하게도 제도의 지도자들은 그들의 메시야이신 예수 그리스도를 받아들이지 않고 오히려 배척했으나, 예수 그리스도의 제자들은 학문적으로나 제도적으로는 범인이었지만 (4:13), 그 메시야를 성령의 충만함으로 담대하게 전한 진정한 주님의 종들이었다.

제도적인 지도자는 교리를 머리로 받아들이나, 주님의 종들은 그 교리의 주인인 예수 그리스도를 마음으로 받아들인다. 전자는 그 교리를 입으로 말하나, 후자는 그분을 구주로 받아들인 사람들이다. 전자는 공회와 같은 조직체organization를 중시하나, 후자는 신앙고백이 같은 사람들과 교제를 나누는 유기체organism를 중시한다. 전자는 그들의 교리를 가르치려 하나, 후자는 그들의 주님을 전하려 한다. 베드로와 요한은 후자에 속한 지도들이었다.

3. 한마음으로 올린 기도 (4:23-31)

사도행전에는 기도한다는 표현이 거의 30번이나 나오는데, 그 가운데 박해 때문에 간절히 기도하게 된 경우는 세 번이다. 첫 번째는 사도 베드로와 요한이 투옥되었다가 풀려난 경우였다 (4:23-30). 두 번째는 베드로가 투옥되어 처형을 기다리던 때였는데, 예루살렘 교회가 간절히 기도하던 경우였다 (12:5). 세 번째는 바울과 실라가 감옥에 갇혔을 때였는데, 그들은 그 땅속에 있는 감옥에서 간절히 기도했다 (16:24-25). 그러니까 세 번 다 감옥과 연루된 기도였다.

그런데 기도의 내용을 구체적으로 기록해 놓은 곳은 여기 4장 24

절에서 31절뿐이다. 베드로와 요한이 풀려난 후 '그 동료에게 가서 제사장들과 장로들의 말을 다 알렸다'(4:23). '그들이 듣고 한마음으로 하나님께 소리를 높여' 기도하기 시작했는데, 그들이 올린 기도를 하나씩 살펴보면 다음과 같다. 첫째, 그들은 기도를 들으시는 분을 부르면서 그분이 어떤 분인지 묘사했다: "…대주재여, 천지와 바다와 그 가운데 만물을 지은 이시요!"(4:24).

비록 당시의 정치 지도자들과 종교 지도자들이 그리스도인들을 박해했지만, 그 박해는 마치 진흙과 같다는 것이다. 토기장이가 진흙으로 그의 생각대로 토기를 만드는 것과 같이, 하나님은 그들도 만드신 창조주이시다. 그런데 그들이 그 하나님을 섬기며, 따르며, 전하는 당신의 종들을 박해한다는 것은 결국 창조주를 향해 손가락질하는 것과 같다. 그들이 그런 창조주의 이름을 부르면서 기도를 시작한 것은 그분으로 인해 두려울 것이 전혀 없다는 표현이었다.

그렇게 기도를 응답하시는 대주재에게 크게 두 가지를 위하여 기도했다. 첫째는 박해자들의 못된 행위를 거론했는데, 그들은 정치적인 지도자인 헤롯과 빌라도였다. 그들은 유대인과 이방인들의 힘을 빌려서 박해했다. 이스라엘 백성은 '하나님께서 기름 부으신 거룩한 종 예수'를 십자가에 못 박으라고 외쳐댄 사람들이었고, 이방인은 그분을 실제로 십자가에 못 박은 로마 군인들이었다. 그들이 그런 광란에 연루된 것은 이미 다윗의 입을 통해 예언된 대로였다.

비록 정치 지도자들과 종교 지도자들이 증오심으로 하나가 되어 예수 그리스도를 십자가에 못 박았지만, 실제로는 그런 악한 행위도 '하나님의 권능과 뜻대로 이루려고 예정하신' 대로 이루어졌을 뿐이다. 그러니까 하나님은 그들의 악한 생각과 악한 행위조차도 사용하시어서 당신의 높고 높은 뜻을 이루셨다는 것이다. 만일 예수 그리스도가 십자가에서 죽지 않으셨다면, 어떤 사람도, 어떤 죄인도 구원받을 수 없기 때문이다.

세상의 구원을 위해 그분은 십자가에서 저 처절한 죽음을 맛보지 않을 수 없으셨다. 그렇다! 하나님은 '대주재이시며, 천지와 바다와 그 가운데 만물을 지으신' 창조주이시다. 그분은 당신의 고귀한 뜻을 이루시기 위해 당신의 '기름 부으신 거룩한 종 예수'를 십자가에서 죽도록 허용하셨다. 전능하신 창조주 하나님은 당신의 목적을 위해 원수들의 적개심조차 이용하실 수 있는 분이다. 결국, 그들은 하나님의 뜻을 이루기 위해 예루살렘 성에 모였다는 것이다.

베드로를 비롯한 모든 그리스도인은 계속해서 기도했는데, 이번에는 그런 창조주 하나님이 그들을 구체적으로 도와달라고 기도했다. 첫째는 저들의 박해와 위협 가운데서도 굴하지 않고 '담대히 하나님의 말씀을 전하게 하여 달라고' 했다 (4:29). 둘째는 그들을 통해 예수의 이름으로 '병을 낫게 하시옵고 표적과 기사가' 이루어지게 해달라고 했다 (4:30). 그들의 주님이 '말과 일'에 능하신 것처럼 (눅 24:19), 그들도 '말과 일'에 능하게 해 달라는 기도였다.

두말할 필요도 없이 '말'은 가르침을 뜻하는데, 그리스도인에게는 하나님의 뜻을 알려주는 '말'이었고, 비그리스도인에게는 복음을 전하는 전도였다. '일'은 병의 치료와 각가지 기적을 뜻한다. '말'과 '일'이 같이 가야 하는데, 그들의 '말'——하나님의 말씀이든 복음이든——이 받아들일 수 있을 만큼 신빙성이 있다는 증거가 바로 '일', 곧 기적이었다. 마치 40년 된 앉은뱅이가 베드로의 명령에 따라 벌떡 일어난 것처럼, 그가 전한 복음은 그만큼 신빙성이 있었다.

그 그리스도인들은 한마음이 되어 함께 기도했다. 그들의 기도에서 통성기도가 유래되었는지도 모르겠다. 여하튼, 그들이 그렇게 한마음으로 큰 소리로 기도를 마쳤을 때 "모인 곳이 진동하더니, 무리가 다 성령이 충만하여 담대히 하나님의 말씀을 전하니라"(4:31). 그들은 오순절 날 이미 성령으로 충만함을 받은 바 있었다. 그런데 또다시 성령으로 충만함을 받은 것이다. 그러니까 성령의 충만은 일회적인 것이 아니라, 반복적으로 누려야 하는 중요한 경험이다.

4. 한마음으로 나눔 (4:32-37)

초대 교인들은 한마음으로 기도했을 뿐 아니라, 한마음으로 '물건을 서로 통용했다.' 그들은 문자 그대로 영적으로나 삶에서나 똑같이 한마음과 한뜻이 되었다. 그 결과 '자기 재물을 조금이라도 자기 것이라 하는 이가 하나도 없었다'(4:32). 그처럼 충만한 신앙공동체를 배경으로 사도들은 '큰 권능으로 주 예수의 부활을 증언했다'(4:33). 다시 한번 '말'과 '일'이 하나가 되는 모습을 창출했다.

그와 같은 신앙공동체를 누가는 반복해서 다음과 같이 강조했다. "그 중에 가난한 사람이 없으니, 이는 밭과 집 있는 자는 팔아 그 판 것의 값을 가져다가 사도들의 발 앞에 두매"(4:34-35a). 그리스도인들이 밭과 집을 팔아서 그 돈을 사도들의 발 앞에 두었다는 것은 사도들의 권위에 굴복했다는 뜻이기도 하다. 사도들이 그 돈을 위로 하나님의 영광을 위하여 그리고 아래로는 필요한 사람에게 적절하게 분배했다는 뜻이기 때문이다.

그 사실을 강조하기 위해 누가는 이렇게 토를 달아 설명했다. "…그들[사도들]이 각 사람의 필요를 따라 나누어 줌이라" (4:35). 그 당시에는 노예 출신 그리스도인과 가난한 그리스도인도 많았기에 '각 사람의 필요를 따라 나누는' 것도 성령으로 충만함을 받지 못한 사람은 할 수 없는 일이었다. 그러나 사도들은 거듭해서 성령의 충만을 받았기에, 말씀을 전하는 '말'과 재물을 분배해 주는 '일'에 조금도 착오 없이, 아무도 불평하지 않게 할 수 있었다.

이 시점에서 누가는 '밭과 집을 팔아 그 값을 사도들의 발 앞에 둔 실례를 들었는데', 그 사람은 요셉이었다. 그 당시 요셉이라는 이름을 가진 유대인이 너무 많아서 다른 요셉과 구분하기 위해 흔히 별명을 붙였다. 이 요셉의 별명은 바나바였는데, 그 뜻은 '위로의 아들'이었다. 사도들이 그의 별명을 그렇게 붙여준 이유는 틀림없이 그가 기회 있는 대로 다른 그리스도인들을 말로나 물질로 위로했기 때문이었을 것이다.

바나바는 구브로 출신이었다. 구브로는 광석과 보석으로 유명해서 그곳 주민들은 대개 풍요로운 삶을 살았다. 그는 레위족이었는데, 원래 레위족은 조상의 땅을 물려받으며, 그 땅을 팔수도 없었다 (신 10:9). 그러나 *디아스포라*의 삶을 살면서 유대인 사이에는 지파의 구분도 없어지고, 레위인의 기업도 없어졌다. 바나바는 구브로에 사는 제법 부유한 사람이었는데, 그의 '밭을 팔아 그 값을 가지고 사도들의 발 앞에 두었다' (4:37).

바나바는 사도들에게 이중적으로 굴복했는데, 첫째는 그의 이름에 관해서다. 사도들이 그에게 바나바란 별명을 붙여주었을 때 그는 그들의 결정을 조건 없이 받아들였다. 그것은 소극적 굴복이었다. 그러나 그는 적극적으로도 굴복했는데, 그것은 밭을 판 돈을 사도들에게 맡긴 행위였다. 그 당시 많은 그리스도인이 밭을 팔아서 사도들에게 맡겼는데, 누가가 유독 바나바를 콕 집어서 실례를 든 것은 앞으로 있을 그의 큰 역할을 염두에 두었음이 틀림없다.

"그 선지자"

베드로는 그의 두 번째 설교에서 예수 그리스도를 여러 가지 칭호로 소개했는데, 그중 하나는 "그 선지자"이다. "그 선지자"는 신약성경에서 7번 나오는 중요한 칭호인데, 흥미롭게도 그 칭호를 4번 사용한 사람은 사도 요한이고 (행 1:21, 25, 6:14, 7:40), 나머지 3번은 누가가 사용했다 (3:22, 23, 7:37). 그 칭호가 들어있는 누가의 표현을 인용해 보자. "누구든지 *그 선지자*의 말을 듣지 아니하는 자는 백성 중에서 멸망 받으리라" (3:23).

누가는 친절하게 그 칭호의 근원도 알려주었는데, 그렇게 알려준 말씀을 인용해 보자. "모세가 말하되, '너희 형제 가운데서 나 같은 *선지자* 하나를 세울 것이니, 너희가 무엇이든지 그의 모든 말을 들을 것이니라'" (3:22). 모세가 예언한 '나 같은 선지자'는 신명기 18장 15절에 기록된 말씀으로, 이스라엘 백성에게는 너무나도 중요하고 의미 있는 칭호였다. 그 칭호는 단순히 칭호만이 아니라, 이스라엘 백성에게는 큰 소망을 안겨준 약속이었다.

북이스라엘 왕국은 주전 722년에 그리고 남유다 왕국은 주전 586년에 각각 멸망했다. 그 후 그들을 멸망시킨 앗수르와 바벨론이 멸망한 뒤에도 유대인들은 해방과 자유를 누리지 못했다. 그들은 그 뒤에 일어난 메대 바사, 헬라, 로마 등의 식민지가 되어 처참하게 살아갔다. 그런 그들에게 한 가닥 소망이 있었는데, 그것은 하나님이 '나 같은 선지자'를 세우시겠다는 약속이었다. 모세는 이스라엘 백성을 애굽에서 해방하여 자유를 누리는 국가로 탈바꿈하게 한 선지자였다.

유대인들은 그 약속을 부여잡고 어느 날 모세와 같은 선지자가 나타나서 그들을 현재의 로마로부터 해방해 줄 뿐 아니라, 자유를 만끽할 수 있는 국가를 만들어 줄 거라고 믿고 또 바랐다. 그런 까닭에 유대인들은 삼삼오오 모이면 "그 선지자"에 대한 이야기로 꽃을 피웠다. 실제로 구약과 신약의 중간 시대에는 여러 사람이 나타나서 자기가 "그 선지자"라고 선언하기도 했다. 그런 가짜 선지자를 구분하는 원리도 모세는 다음과 같이 미리 일러주었다.

"만일 어떤 선지자가 내가 전하라고 명령하지 아니한 말을 제 마음대로 내 이름으로 전하든지 다른 신들의 이름으로 말하면, 그 선지자는 죽임을 당하리라. 네가 마음속으로 이르기를 그 말이 여호와께서 이르신 말씀인지 우리가 어떻게 알리요 하리라. 만일 선지자가 있어 여호와의 이름으로 말한 일에 증험도 없고 *성취함*도 없으면 이는 여호와께서 말씀하신 것이 아니요, 그 선지자가 제 마음대로 한 말이니 너는 그를 두려워하지 말지니라" (신 18:20-22).

그 원리는 간단했다! '여호와의 이름으로 말한 일에 증험과 성취함'이 따라야 한다는 것이다.

전능하신 '여호와의 이름'으로 말하면, 그 전능하신 분이 함께하시면서 역사하신다는 뜻이다. 그런데 앞에서 언급한 것처럼, 사도

요한은 "그 선지자"라는 칭호를 4번이나 사용했다. 제일 먼저 "그 선지자"라는 칭호를 사용한 곳은 요한복음 1장 21절에서인데, 제사장들과 레위인들이 세례 요한에게 '네가 누구냐?'라고 물으면서 던진 질문에 포함되어 있었다.

그들의 질문을 더 들어 보자. "…'네가 엘리야냐?' 이르되, '나는 아니라.' 또 묻되, '네가 그 선지자냐?' 대답하되, '아니라'" (요 1:21). 이 질의응답에서 특이한 사항이 하나 있는데, 그들이 세례 요한에게 '네가 그 선지자냐?'라고 물었을 때, 세례 요한은 "그 선지자"는 누구를 뜻하냐고 되묻지 않았다는 사실이다. 아무런 전제도 없이 "그 선지자"가 언급되었지만 세례 요한은 주저하지 않고 '아니라'고 답했는데, 그것은 모두 "그 선지자"가 누구인지 알았다는 뜻이다.

유대인들이 "그 선지자"를 학수고대하고 있을 때, 많은 가짜 선지자와는 달리 말과 일에 증험proof과 성취함이 따르는 분이 마침내 나타나셨다. 그분은 다름 아닌 예수 그리스도였다! 요한복음에서만 예를 들어보자: 그분은 '나는 생명의 떡'이라고 선언하셨다 (요 6:35). 이런 선언은 당신이 광야에서 만나라는 떡을 주신 하나님이라는 뜻인데, 그런 선언은 당연히 돌에 맞아 처형을 받을 수 있는 주장이다. 만일 그 말에 증험과 성취함이 없으면 말이다.

그런데 그분은 5개의 떡과 2마리의 물고기로 많은 굶주린 백성을 배불리 먹이셨다. 그분은 분명히 모세가 예언한 "그 선지자"였다. 백성은 그분이 바로 "그 선지자"라고 단정했다 (요 6:14). 또 한번은 '내가…세상의 빛이로라'고 선언하셨는데, 그분이 빛이신 여호와라는 선언이었다 (시 27:1). 두말할 필요도 없이, 그 말에 증험과 성취함이 없으면 그분은 돌에 맞아 죽게 될 것이다. 그런데 그분은 태어나면서부터 맹인인 사람의 눈을 열어주셨다 (요 9:7).

실례를 하나 더 들어보자. 예수님은 이렇게 선언하신 적이 있었다: "나는 부활이요 생명이니, 나를 믿는 자는 죽어도 살겠고, 무릇 살아서 나를 믿는 자는 영원히 죽지 아니하리라" (요 11:25-26). 그런 선언은 그분이 생명의 주인이신 하나님이든지 아니면 사기꾼이라는 것이다. 그런데 그 선언에 따른 '증험과 성취함', 곧 죽은 지 나흘이나 되는 나사로가 그분의 명령에 따라 살아난 것이다! 그렇다! 그분은 모세가 예언한 "그 선지자"였다.

베드로는 그의 설교에서 예수 그리스도가 "그 선지자"라고 선포하면서 그분의 말씀을 듣고, 믿고, 그리고 구원받아야 한다고 설파했다. 그러나, 만일 "그 선지자"이신 예수 그리스도의 말씀을 '듣지 아니하는 자는 백성 중에서 멸망 받으리라'고 엄히 경고했다. 이스라엘 백성이 그처럼 오랫동안 기다리고 기다리던 그분이 나타나셨는데, '말과 일'에 '능하신 그 선지자'였다. 이제 선택은 그들의 몫이라는 엄중한 선포로 그의 설교를 마무리하고 있었다.

그 결과는 둘 중 하나였다. 이미 언급한 대로, 그 말씀을 들은 수없이 많은 사람 중에서 베드로의 권면을 받아들여서 "그 선지자"를 믿고, 받아들이고, 구원받은 사람이 남자만 오천이나 되었다 (행 4:4). 그러나 그처럼 분명한 증험과 성취함에도 믿기는커녕 반대하고, 박해하고, 부정한 사람들도 적잖았다. 특히 종교 지도자들 가운데 그런 불신하고 거부한 자들이 많았다. 그들은 모세가 예언한 대로 심판과 멸망을 피하지 못하고 영원히 지옥으로 던져질 것이다.

Exploring Acts

4장

거룩한 교회,
담대한 증언

사도행전 5장에서 최초로 교회라는 단어가 등장하는데, 말씀으로 확인하자. "온 *교회*와 이 일을 듣는 사람들이 다 크게 두려워하니라"(행 5:11). 십중팔구 그때까지는 유대인 그리스도인들이 그리스도의 이름으로 모여서 하나님을 찬양하고, 말씀도 듣고, 떡을 떼고, 기도했지만, 그래도 여전히 그들이 이스라엘에 속한 회당과 같은 공동체라고 여겼던 것 같다. 물론 유대인들이 고집하는 율법을 통한 구원은 결사적으로 반대했지만 말이다.

그런데 누가는 마침내 그들의 모임을 "교회"라고 부르면서 유대인의 회당과는 전혀 다른 새로운 신앙공동체라는 사실을 공포한 것이다. 마침내 예수 그리스도가 베드로에게 '내가 이 반석 위에 내 *교회*를 세우리니'라고 약속하신 말씀이 이루어졌다는 사실을 선언한 셈이다(마 16:18). 그 교회의 주인은 교회를 처음으로 언급하신 성자 하나님이신 예수 그리스도이시며, 그 교회를 형성하고 성장하게 하시는 분은 성령 하나님이시다.

실제로 예루살렘교회는 성장에 성장을 거듭하는 놀라운 교회였다. 120명으로 시작된 교회가 하루 만에 3,000명의 신자를 얻었다. 그뿐 아니라 '주께서 구원받는 사람을 날마다 더하게 하셨다'

(2:47). 거기에 그치지 않고 새롭게 믿고 구원받는 '남자의 수가 약 오천이나 되었다' (4:4). 교회가 이처럼 삽시간에 폭발적으로 성장한 이유는 두말할 필요도 없이 성령 하나님께 사로잡힌 사도들의 역할 때문이었다.

그러나 급성장하는 교회에 문제가 전혀 없을 수는 없다. 급성장은 교제와 훈련의 부족을 수반할 수밖에 없기 때문이다. 거기다가 여러 모양의 방해꾼들도 있게 마련인데, 무엇보다도 사탄도 있고, 사탄의 도구가 될 법한 교인들도 있고, 종교 지도자들도 있다. 교인들 가운데 아나니아와 삽비라는 내적 문제이고, 종교 지도자들은 외적으로 공격해 오는 방해꾼들이었다. 교회가 그런 내외적인 문제를 어떻게 대처하면서 동시에 능력있게 복음을 전했는지 알아보자.

1. 아나니아와 삽비라 (5:1-11)

누가는 바나바의 이중적인 굴복을 통해서 예루살렘교회의 성령 충만한 모습을 적나라하게 묘사했다. 그러나 누가는 그와 같은 교회의 적극적인 면만 묘사하지 않았다. 이 세상에 있는 어떤 교회도 완전하지 않다는 사실을 있는 그대로 보여주었다. 비록 교회의 머리는 예수 그리스도시요 교회에서 역사하시는 분은 성령이시라도, 교회가 완전할 수 없는 까닭은 교회를 이루고 있는 그리스도인들이 완전하지 않은 인간이기 때문이다.

바나바와 극명하게 대조적인 아나니아와 삽비라 부부는 이중으로 죄를 범했다. 그 부부는 함께 모의해서 땅 판 돈 가운데 일부를 숨겼는데, 그것이 첫 번째 죄였다. 두 번째 죄는 교회에 받친 금액이 땅을 판 전액이라는 거짓말이었다. 그 부부는 겉으로는 제법 신앙이 깊은 것처럼 보였다. 땅을 팔아서 헌금하기로 작정할 만큼 신앙심이 있어 보였다는 말이다. 어쩌면 그들의 신앙심을 과시하기 위해서 땅 판 돈 전부를 받친 것처럼 위장했는지도 모른다.

거짓말의 시작은 사탄이며, 그런 까닭에 사탄은 '거짓의 아비'라고 불린다 (요 8:44). 여기에 문제의 심각성이 있는 것이다. 아나니아와 삽비라는 사탄의 사주를 받아서 거짓말을 했다. 베드로는 그런 사실을 분별하여 그리고 가차 없이 드러냈다; "아나니아야, 어찌하여 사탄이 네 마음에 가득하여 네가 성령을 속이고 땅 값 얼마를 감추었느냐" (5:3)? 그 거짓말의 죄는 엄청난 것이었는데, 베드로만 속인 게 아니라 성령을 속였기 때문이었다.

그들의 죄는 사탄의 유혹 때문에 시작되어, 위로 하나님께 거짓말을 한 것이며 동시에 아래로는 교회의 지도자들을 속인 큰 죄였다. 아나니아와 삽비라는 거짓말을 할 필요가 전혀 없었다. 그들은 있는 그대로 땅 판 돈 가운데 일부를 바친다고 하면 그만이었다. 그 땅도 그들의 소유였고 그 땅을 판 돈도 역시 그들의 소유이므로, 그들에게 그 돈을 처리할 수 있는 절대적인 권리가 있었다.

실제로 그 당시 많은 그리스도인은 집과 재산을 소유하고 있었다. 그리스도인들이 '집에서 떡을 떼며 기쁨과 순전한 마음으로 음식을 먹은' 사실을 보아서도 분명하다 (2:46). 물론 자원하는 그리스도인들은 '밭과 집을 팔아 그 판 것의 값을 가져다가 사도들의 발 앞에 두기도 했다' (4:34-35). 그러니까 아나니아와 삽비라도 자율권을 가지고 자유롭게 선택할 수 있었다. 그러나 그들의 문제는 사탄의 사주(使嗾)를 받아 성령과 지도자를 속인 죄에 있었다.

만일 그들의 거짓말이 탄로되지 않았다면, 얼마나 치명적인 결과가 있었을까? 그 신앙공동체는 하나님의 뜻밖으로 밀려나서 약속대로 '예루살렘과 온 유대와 사마리아와 땅 끝까지' 확장할 자격을 잃는 위험에 처할 수도 있었다. 한 실례가 아간인데, 그는 하나님께 온전히 바친 재물 가운데 일부를 훔쳤다. 그 결과 승승장구하던 이스라엘 백성은 아이 성 전투에서 패배했으며, 마침내 아간의 죄가 드러나서 심판을 받아 돌에 맞아 죽었다 (수 7:1 이하).

2. 능력의 전도 (5:12-16)

아간이 돌에 맞아 죽은 후, 다시 말해서 이스라엘 백성으로 패배하게 된 원인이 제거되자, 그들은 다시 승리에 승리를 거듭하게 되었다. 가장 먼저 승리한 곳은 역시 아이 성이었다. 아간이 죄를 숨기는 동안에는 이스라엘 군대가 아이 사람에게 패하여 36명이나 죽었다. 그러나 그 죄가 드러난 후 그 사람이 제거되자, 하나님은 이스라엘 백성에게 다시 복을 내리셨다. 아이 사람 12,000명이 몽땅 이스라엘 백성에 의하여 살해되었다 (수 8:25).

하나님이 그 백성을 다루시는 원리는 예나 지금이나 똑같다. 성령 하나님의 역사로 승리를 구가하던 초대교회의 전도를 방해하는 사탄의 도구가 있었다. 그 도구였던 아나니아와 삽비라가 죽음으로 악이 제거되자, 성령 하나님은 다시 큰 능력으로 사도들을 덧입히셨다. 그들을 통해 '표적과 기사가 많이 일어났으며', 또 '믿는 사람이 다 마음을 같이하여 솔로몬 행각에 모였다'(5:12). 그들이 솔로몬 행각에 모인 것은 아주 당연했다.

그곳에서 베드로는 40년 된 앉은뱅이를 일으켰다. 그뿐 아니라 베드로는 많은 사람이 운집한 그곳에서 복음을 전해 오천여 명의 남자로 구주이신 예수 그리스도를 믿게 했다. 예수님도 그곳을 거니셨기에 믿는 자들은 그곳에 모여서 그분의 발자취를 흠모했다(요 10:23). 솔로몬 행각은 성전 동쪽에 있는 곳으로, 넓은 공간도 있고 지붕까지 있어서 함께 모여 말씀 듣기 좋은 곳이었다. 믿는 자들이 그곳에 함께 모여 한 공동체로 똘똘 뭉치게 한 의미 있는 곳이다.

많은 표적과 기사가 나타났지만, 무엇보다도 중요한 표적과 기사는 "믿고 주께로 나아오는 자가 더 많으니, 남녀의 큰 무리"인 사실이었다(5:14). 왜 그와 같은 전도의 열매가 표적과 기사인가? 그 이유는 분명하다! 믿은 자들 가운데는 불과 얼마 전에 그들의 메시야이신 예수 그리스도를 십자가에 못 박으라고 소리친 사람들도 있었을 것이다. 그러나 그들은 능력으로 전해진 복음을 듣고, 예수 그리스도가 그들의 메시야요 구주라는 것을 받아들였다.

얼마나 큰 능력인지 베드로의 그림자만 덮여도 병이 치유되는 역사가 있었는데(5:15), 그 당시 몸과 그림자를 하나로 여긴 사람들도 꽤 있었다. 그런 역사는 그들의 주인이신 예수 그리스도의 '옷 가'만 손을 대도 병이 치유되는 것과 같았다(막 6:56). 그런 능력의 역사는 자연히 사람들과 병자들을 불러 모았다. "예루살렘 부근의 수많은 사람이…병든 사람과 더러운 귀신에게 괴로움을 받는 사람을 데리고 와서 다 나음을 얻으니라"(5:16).

의사인 누가는 다른 누구보다도 더 놀랐을 것이다. 그가 '다 나음을 얻었다'고 묘사한 것을 보아도 그렇다. 의사는 병을 고치지만, 모든 병을 고칠 수는 없다. 그러므로 수많은 사람이 어떤 병에 걸렸든지, 아무리 더러운 귀신에게 괴롭힘을 당했든지, '다 나음을 얻었다'고 누가는 공언했다. 그것은 성령 하나님이 강력하게 또 초자연적으로 역사하신다는 사실을 역설하면서, 하나님의 나라와 통치가 이루어지고 있다는 것을 간접적으로 선포한 것이었다.

3. 외부의 박해 (5:17-32)

공회가 있는 예루살렘은 온통 떠들썩하면서 베드로와 사도들의 이야기로 꽃피웠을 것이다. 일찍이 신유와 축귀와 복음 전파로 그처럼 도시 전체가 들썩거린 적이 없었다. 공회가 주관하는 절기와 속죄일에 많은 사람이 운집했지만, 그와 같은 능력이 나타난 적은 전혀 없었다. 그 현상에 대해 반발한 사람들은 공회원들이었다. "대제사장과 그와 함께 있는 사람 즉 사두개인의 당파가 다 마음에 시기가 가득해서" 가만히 보고만 있을 수 없었다 (5:17).

공회는 "사도들을 잡아다가 옥에 가두었지만" (5:18), "주의 사자가 밤에 옥문을 열고 끌어내어 이르되, '가서 성전에 서서 이 생명의 말씀을 다 백성에게 말하라'"고 명했다 (5:19-20). 그 후에도 베드로는 투옥되었으나 주의 사자가 끌어낸 적이 있는데, 그때는 이번처럼 '생명의 말씀'을 전하라는 지시가 없었다 (12:10). 그때 베드로는 그렇게 풀려나서 어디론가 잠적했지만, 이번에는 그 유대교의 중심지에서 복음을 전하라는 지시를 받았다.

대제사장을 비롯한 원로들이 다 모인 그 자리에서 심문하여 정죄하려는 의도로 사도들을 불러오게 했으나 감옥은 텅텅 비어 있었고, 그들은 성전에서 '생명의 말씀'을 백성에게 가르치고 있었다. "그들을 끌어다가 공회 앞에 세우니 대제사장이 물어 이르되, '우리가 이 이름으로 사람을 가르치지 말라고 엄금하였으되, 너희가 너희 가르침을 예루살렘에 가득하게 하니, 이 사람의 피를 우리에게로 돌리고자 함이로다'"(5:27-28).

공회라는 인간이 만든 제도의 우두머리인 대제사장의 말은 유대인에게는 하나님의 말씀을 전하는 도구로 인식되었다. 그런데 어부에 지나지 않던 베드로는 그 말에 굴하지 않고 당당하게 그들이 십자가에서 죽었다가 다시 사신 주님을 증언하면서, 회개하여 죄를 용서받기 위해 그 주님이 '임금과 구주'가 되셨다고 증언하였다(5:30-31). 베드로는 그의 변증과 전도를 시작할 때와 마칠 때 똑같이 '하나님께 순종하지 않을 수 없다'고 선포했다(5:29, 32).

사도들은 간접적으로 대제사장과 공회를 공박한 것이었다. 비록 그들이 유대교의 지도자들이지만, 그들은 인간이 만든 제도에 불과한 그래서 인간적인 지도자에 지나지 않았다. 그러나 사도들은 이스라엘과 유대교를 창시하신 하나님께 절대적으로 순종하면서 예수 그리스도의 증인이 되지 않을 수 없다고 강변했다. 그들이 나무에 달아 피를 쏟으며 죽인 죗값을 치르지 않으면 안 된다는 간접적인 선포이기도 했다.

하나님과 율법의 대리자라고 스스로 믿는 대제사장과 공회는 사도들을 죽이기로 작정했다. 그들의 작정을 알아보자: "그들이 듣고 크게 노하여 사도들을 없이하고자 할새"(5:33). 그들은 공회에서 사도들에게 처형의 판결을 내릴 작정이었다. 공회는 죄인을 십자가에 달려 죽게 할 권한은 없으나, 그들의 율법과 공회의 법을 어긴 죄 때문에 돌로 쳐 죽이는 정죄는 할 수 있었다. 사두개인들이 다수인 공회는 대제사장의 지시에 따라 그런 판결을 할 수 있었다.

공회가 '크게 노하여' 사도들을 죽이려고 한 이유는 무엇인가? 첫째는 대제사장을 비롯한 공회와 원로들이 예수 그리스도를 '나무에 달아 죽인' 죄인이라는 베드로의 정죄 때문이었다 (5:30a). 사도들의 정죄를 그들도 정확하게 이해했다! "이 사람의 피를 우리에게로 돌리고자 함이로다" (5:28). 다시 말해서, 그들은 이스라엘 백성이 그렇게 오랫동안 기다리고 기다리던 메시야요 구주이신 예수 그리스도를 처형한 율법과 민족의 반역자라는 정죄였다.

둘째는 '우리 조상의 하나님이 예수 그리스도를 살리셨다'는 선언 때문이었다 (5:30b). 대제사장과 공회의 다수인 사두개인들은 부활을 믿지 않았다. 후에 바울 사도가 재판을 받을 때 '죽은 자의 소망, 곧 부활로 말미암아 내가 심문을 받노라'고 변명하자 (23:6), '부활도 없고 천사도 없고 영도 없다'는 사두개인들이 들고 일어난 적이 있었다 (23:8). 그러니까 베드로와 사도들은 공회 지도자들의 잘못된 신앙을 단도직입적으로 공박한 셈이다.

4. 가말리엘의 변론 (5:33-42)

비록 공회가 사도들을 죽이려 했으나, 아직은 죽을 때가 아니었다. 그들은 예루살렘교회를 더욱 든든하게 만들어야 하며, 한발 더 나아가서 '온 유대와 사마리아와 땅 끝'까지 가서 세상의 구주이신 예수 그리스도를 증언해야 했다. 그것이 성부 하나님의 기획이자, 성자 하나님의 명령이고, 성령 하나님의 역사였다. 그 순간 하나님이 사용하신 도구는 가말리엘이었다. '바리새인 가말리엘은 율법교사로 모든 백성에게 존경을 받는 자였다' (5:34).

바리새인은 공회의 소수파이지만, 그들이 동의해주지 않으면 사두개인들 만으로는 중요한 결정이 이루어지지 않았다. 그들의 처형 결정에 대해 가말리엘이 반론을 폈다. 그의 변론은 상당히 설득력이 있었는데, 두 가지 이유 때문이었다. 첫째 그는 소수파에 속한 바리새인으로, 그의 발언은 모든 바리새인 공회원들의 지지를 받을 것이 분명했다. 둘째, 그는 백성으로부터 존경받는 지도자였다. 그는 사도들을 내보낸 후 변론을 시작했다.

그는 먼저 드다의 예를 들었는데, 비록 그를 따르는 사람들이 사백 명 정도 되었으나, 그가 죽자 다 흩어졌다 (5:36). 또 한 예는 갈릴리의 유다인데, 그도 역시 죽자 따르던 자들이 다 흩어졌다 (5:37). 그런 까닭에 "…이 사람들을 상관하지 말고 버려 두라. 이 사상과 이 소행이 사람으로부터 났으면 무너질 것이요, 만일 하나님께로부터 났으면 너희가 그들을 무너뜨릴 수 없겠고 도리어 하나님을 대적하는 자가 될까 하노라" (5:38-39).

가말리엘의 변론 근거도 두 가지였을 것인데, 첫째는 부활에 대한 증언이었다. 사도들이 '우리 조상의 하나님이 살리셨다'고 하면서 부활을 증언했기 때문이었다 (5:30). 바리새인은 구약성경 가운데 특히 모세오경을 중요하게 여기는데, 그 오경에는 '우리의 조상', 곧 아브라함과 이삭과 야곱으로 인하여 이스라엘이 탄생한 사실이

기록되어 있다. 둘째는 옥문을 열고 사도들을 건져내신 초자연적인 하나님의 능력을 인정했기 때문이었을 것이다.

그런데 가마리엘의 변론에 '흩어졌다'는 동사를 두 번씩이나 사용했다. 아이로니컬하게도 그 '흩어졌다'는 성자 하나님이 제자들에게 분부하신 '예루살렘과 온 유대와 사마리아와 땅 끝까지 이르러 내 증인이 되리라'는 말씀을 이루는 열쇠였다. 예루살렘교회는 그곳을 떠나지 못하고 예배와 교제를 누렸는데, 그곳에 '큰 박해가 있어 사도 외에는 다 유대와 사마리아 모든 땅으로 흩어졌다' (8:1). 그들이 흩어지지 않았다면 결단코 '땅 끝'까지 가서 증인이 될 수 없었다.

가말리엘의 변론을 "그들이 옳게 여겨 사도들을 불러들여 채찍질하며 예수의 이름으로 말하는 것을 금하고 놓아주었다" (5:40). 키너의 사도행전 주석에 의하면, 그들은 바리새인의 전통에 따라 소가죽으로 만든 채찍으로 그들의 등에 26번, 그리고 앞쪽에 13번, 합 39번 채찍질한 후 방면했다. 비록 예수 그리스도는 예루살렘에서 죽으셨지만, 그분의 제자들은 죽지 않고 능욕 받는 일로 기뻐하면서 예수 그리스도를 가르치기와 전도하기를 그치지 않았다 (5:40-41).

"혼"

누가는 아나니아와 삽비라의 죽음을 "혼"이 떠났다는 표현으로 묘사했다. "혼"으로 표현한 말씀을 인용해 보자: "아나니아가 이 말을 듣고 엎드러져 혼이 떠나니 이 일을 듣는 사람이 다 크게 두려워하더라" (행 5:5) "곧 그가 베드로의 발 앞에 엎드러져 혼이 떠나는지라. 젊은 사람들이 들어와 죽은 것을 보고 메어다가 그의 남편 곁에 장사하니" (5:10). 이 말씀에서 '혼이 떠나다'는 헬라어로 엑프쉬코 (ἐκψυχώ)인데, 엑(밖으로)과 프쉬코(숨을 쉬다)의 합성어이다.

그러니까 엑프쉬코는 직역하면 "숨이 밖으로 나가다"로서, 죽는다는 뜻이다. 이런 전문적인 의학 용어는 신약성경 어디에도 나오지 않으나, 의사인 누가만 사도행전에서 세 번 사용했다. 두 번은 아나니아와 삽비라의 죽음을 표현하면서 사용했고, 세 번째는 헤롯의 죽음을 그렇게 표현했다. "헤롯이 영광을 하나님께로 돌리지 아니하므로 주의 사자가 곧 치니 벌레에게 먹혀 죽으니라" (12:23). 이 말씀에서 '죽으니라'는 헬라어로 엑프쉬코이다.

비록 프쉬케(ψυχή)는 프쉬코라는 동사의 명사형은 아니지만, 두 단어는 같은 어원에서 나왔다. 프쉬케는 숨, 혼, 생명, 자아 등의 뜻이다. 누가는 엑프쉬코라는 동사, 곧 "숨이 밖으로 나가다"로 표현했지만, 한글성경에서는 "혼이 떠나다"와 "죽다"로 번역되었다. "죽다"는 다분히 문맥에 따른 의역이나, "혼이 떠나다"는 번역은 원어의 뜻을 살리려고 애쓴 흔적이 역력하다. 그런데 헬라어 프쉬케의 상당어相當語인 히브리어를 보면 그 의미가 그만큼 깊어진다.

프쉬케의 히브리 상당어는 네페쉬(ׁשֶפֶנ)인데, 그 의미를 성찰해보자. 구약성경에서 그 단어가 "혼"으로 번역된 곳이 있다. "그 아이 위에 몸을 세 번 펴서 엎드리고 여호와께 부르짖어 이르되, '내 하나님 여호와여 원하건대 이 아이의 혼으로 그의 몸에 돌아오게 하옵소서' 하니, 여호와께서 엘리야의 소리를 들으시므로 그 아이의 혼이 몸으로 돌아오고 살아난지라" (왕상 17:21-22). 사도행전에서는 "혼"이 떠나서 죽었는데, 이 말씀에선 "혼"이 돌아와서 살아났다.

네페쉬도 '숨', '혼', '생명', '사람' 등을 뜻한다. 인간의 네페쉬, 곧 인간의 생명은 하나님의 숨결과 흙이 결합한 결과이다. 그토록 중요한 가르침을 말씀에서 확인하자: "여호와 하나님이 땅의 흙으로 사람을 지으시고 생기를 그 코에 불어넣으시니, 사람이 생령이 되니라" (창 2:7). 이 말씀에 의하면, '흙으로 사람을 지으신' 것이 인간 창조의 첫 단계다. 여기에서 '사람'은 호흡과 생명이 없는 겉모양만으로, 사람의 모양은 있으나 실제로는 사람이 아니라는 말이다.

둘째 단계는 여호와 하나님이 '생기를 그 코에 불어 넣은' 것이다. 이 말씀에서 '생기'는 두 단어의 합성어인데, '생'은 '살아 있는'이라는 형용사이고, '기'는 '숨' 내지 '영'을 뜻하는 명사이다. 그러니까 여호와 하나님이 인간을 창조하실 때 당신의 숨결을 그 인간 속에 넣어주셨다는 것이다. 이미 언급했지만, 그 숨결이 없으면 겉모양만 있는 생명 없는 사람일 뿐이다. 그러나 하나님의 숨결, 곧 하나님의 영이 그 사람 속에 들어왔을 때 '생령'이 되었다.

흙으로 된 겉모양 안으로 하나님의 숨결이 들어오자 '생령'이 되었다. '생령'이라는 한글 번역은 애매할 뿐 아니라 잘못 해석할 수 있는 함정도 있는데, 그 이유는 '령' 때문이다. 이미 언급한 것처럼 '생'은 '살아 있는'이라는 형용사인데, 그 단어가 수식하는 명사는 '령'이다. 히브리어로는 '영'(靈-Spirit)의 뜻이 아니라 위에서 열거한 것처럼 '숨', '혼', '생명', '사람'을 뜻하는 *네페쉬*이다. 결국, '생령'은 '살아 있는 혼 또는 생명'이다.

엘리야의 간절한 기도로 사르밧 여인의 죽은 아들에게 "혼"이 돌아왔다는 것은 "생명"이 돌아왔다는 뜻이다. 사도행전과 열왕기상에서 "혼"으로 번역된 것은 잘못이 없는 표현이다. 그 "혼"은 여호와 하나님이 창조하신 생명이기 때문이다. 그러나 그 번역은 이상적이라고 할 수 없다. 그 이유는 "혼"과 "영"은 종종 대조적으로 사용되기도 하기 때문이다. "혼"은 그리스도인이 육체 지향적일 때, 반면에 "영"은 하나님 지향적일 때, 각각 사용되기 때문이다.

그러니까 많은 경우 "혼"은 "생명"의 뜻으로 사용되기보다는 "영적인 일"에 반反하는 표현으로 쓰인다. 야고보는 프쉬케, 곧 "혼"이라고 번역되기도 한 그 단어를 '정욕의 것'이라고 하면서, '땅 위의 것'과 '귀신의 것'과 같은 자리에 놓았다. 그 말씀을 인용해 보자, "이러한 지혜는 위로부터 내려온 것이 아니요, 땅 위의 것이요, 정욕의 것이요, 귀신의 것이니" (약 3:15). 이 말씀에서 '정욕의 것이요'라고 번역된 헬라어는 프쉬케의 형용사이다.

"혼"과 "영"을 날카롭게 구분한 성경 저자는 바울 사도이다. 먼저 아담과 예수 그리스도를 대조하면서 "기록된 바 첫 사람 아담은 생령이 되었다 함과 같이, 마지막 아담은 살려주는 영이 되었나니"라고 했다 (고전 15:45). 창세기 2장 7절의 '생령'을 인용하면서 바울 사도는 히브리어 *네페쉬*를 헬라어 *프쉬케*로 번역했다. 첫 아담은 프쉬케, 곧 "혼"이기에 결국 죽었으나, 마지막 아담이신 예수 그리스도는 "영"이시기에 죽음의 장벽을 뚫고 부활하셨다.

계속해서 바울 사도의 말을 인용해 보자. "육의 몸으로 심고 신령한 몸으로 다시 살아나나니, 육의 몸이 있은즉 또 영의 몸도 있느니라…그러나 먼저는 신령한 사람이 아니요 육의 사람이요, 그 다음에 신령한 사람이니라" (고전 15:44, 46). 이 말씀에서 '육의 몸', '육의 사람'에서 세 번씩이나 반복적으로 번역된 '육의'는 모두 *프쉬케*의 형용사이다. 그 표현은 '신령한 몸'과 '영의 사람'에서 '영의'라는 형용사와 대조적으로 사용되었다.

결론적으로 "혼"이 떠났다는 사도행전의 번역과 "혼"이 돌아왔다는 열왕기상의 번역은 잘못된 것은 아니지만, 그렇다고 잘된 번역도 아니다. 차라리 사도행전에서 '혼이 떠났다' 대신에 '숨이 넘어갔다'나, 영어 번역대로 '마지막 숨을 쉬었다'나 (NKJ성경), 단도직입적으로 '죽었다'고 번역했으며 좋았을 것이다 (ASV성경). 열왕기상에서도 '혼이 돌아왔다' 대신에 '숨이 돌아왔다'나 '생명이 돌아왔다'고 번역했으면 원어에도 가깝고 오해의 여지도 없었을 것이다.

5장

걸림돌과 디딤돌

사도행전 6장은 갈등이 예루살렘교회의 걸림돌이 되었지만, 그 걸림돌로 인해 교회가 높은 차원으로 도약하는 디딤돌이 된 내용이다. 이미 언급한 대로, 급성장하는 교회는 문제가 발생할 수밖에 없는데, 교회의 머리이신 성자 하나님과 교회를 공동체로 붙잡아 매는 성령 하나님 때문이 아니라, 그 교회를 구성하고 있는 그리스도인들 때문이다. 예루살렘교회에는 아나니아와 삽비라 같은 사탄의 도구도 있었지만, 교인들끼리 갈등하고 원망하는 일도 생겼다.

1. 걸림돌 (행 6:1-3)

그럼 어떻게 걸림돌이 생겼는지 본문을 통해 알아보자: "그 때에 제자가 더 많아졌는데, 헬라파 유대인들이 자기의 과부들이 매일의 구제에 빠지므로 히브리파 사람을 원망하니" (6:1). 예루살렘교회는 성령이 충만하여 많은 기적은 물론 질병의 치료와 축귀의 역사가 흔하게 일어나는 능력의 교회인데도, 그 교인들 사이에 원망하는 일이 일어났다. 그 원인은 구제에 빠진 헬라파 유대인들이 히브리파 사람들에 대해 불평하면서 시작되었다.

그것은 예루살렘교회가 내적으로 겪은 두 번째 문제였다. 그 문제를 해결하지 못하면 궁극적으로 교회는 안으로 싸우다가 갈라질 것이며, 밖으로는 세상 사람들로부터 손가락질을 받는 교회로 전락하고 말 것이다. 그러나 성령과 능력이 충만한 사도들은 그 문제도 즉시 해결했다. 아나니아와 삽비라는 사탄의 도구였기에 즉시 제거했다. 교인들끼리의 원망 문제도 사도들이 즉각적으로 개입해서 해결하므로, 그 문제의 걸림돌을 디딤돌로 바꾸었다.

예루살렘에 거주하는 유대인들은 크게 두 부류였는데, 하나는 그곳과 유대에 거주하면서 그 당시 사용되던 아람어를 구사하는 사람들이었다. 또 하나는 유대 지방을 떠나 *디아스포라*의 삶을 살면서 히브리어와 아람어를 구사하지 못하지만, 그 대신 헬라어에 능통한 사람들이었다. 자연스럽게 교회에도 그 두 부류의 사람들이 섞여서 신앙생활을 하고 있었다. 헬라파 유대인들은 히브리파 유대인들만큼 아는 사람도 많지 않고 연결고리도 적어서 구제에 빠졌다.

표면적으로 드러난 문제는 구제였지만, 좀 더 자세히 들여다보면 구제는 구실에 지나지 않았다. 구제에 빠진 것은 빙산의 일각일 수 있다. 물론 구제에 빠진 것도 심각한 문제였는데, 그것은 매일 먹는 먹거리에 관한 것이기 때문이다. 그러나 그 두 파 사이에는 보이지 않는 빙산과 같은 큰 문제가 두 가지나 있었는데, 하나는 언어의 장벽이었다. 히브리파 유대인은 그래도 어느 정도는 헬라어로 소통할 수 있었지만, 헬라파 유대인은 아람어로 소통할 수 없었다.

언어의 장벽도 넘기 어려운 문제였지만, 또 다른 문제는 문화의 차이였다. 히브리파 유대인은 유대교의 전통인 성전과 율법을 중시하는 삶을 오랫동안 고수해 왔다. 그러나 헬라파 유대인은 *디아스포라*의 삶을 살면서 자신도 의식하지 못하는 사이에 그들이 사는 지역의 문화에 젖게 되었다. 다른 나라의 문화에 노출된 헬라파 유대인은 타문화에 대해 융통성을 갖게 되었으나, 히브리파 유대인은 여전히 융통성이 부족한 유대문화에 찌들어 있었다.

그처럼 수면 아래 잠겨있던 차이점이 마침내 구제 문제 때문에 밖으로 드러나게 된 것이다. 그러니까 그 갈등과 원망은 단순히 구제 문제만은 아니었다. 그것은 언어와 문화의 차이가 폭발한 분출구에 지나지 않았다. 사도들은 그 문제의 심각성을 간과하지 않고, 즉각적으로 그 문제를 해결하지 않으면 안 된다는 것을 인식했다. 그들은 곧바로 '모든 제자를 불렀다' (6:2). 물론 '모든 제자'는 예루살렘 교회에 속한 모든 그리스도인을 가리키지 않았다.

벌써 만 명이 훨씬 넘은 교인들을 한 자리에 불러 모으는 것은 가능한 일이 아니었다. 그러므로 '모든 제자'는 틀림없이 사도들이 특별히 훈련하고 키우는 중간 지도자들이었을 것이다. 실제로 그들이 '성령과 지혜가 충만하여 칭찬받는 사람 일곱을 선택하여' 집사로 삼았다는 것은 그 중간 지도자들도 성령과 지혜가 충만한 사람들이었다는 것을 함축한다. 일곱 명의 선택을 사도들이 직접 하지 않고 그들에게 맡긴 것은 사도들이 그들을 그만큼 신뢰했다는 뜻이다.

2. 디딤돌 – 위임 (6:4-6)

열두 사도는 그동안 얼마나 바빴는지 모른다. 복음을 전하랴, 병자들을 고치랴, 귀신들린 자들로부터 귀신을 쫓아내랴, 감옥에 가랴, 기도하랴, 하나님의 말씀을 가르치랴, 중간 지도자들을 훈련하랴, 참으로 바빴다. 거기다가 과부들의 구제까지 맡아서 양식을 나누어주었다. 그런데 헬라파와 히브리파의 갈등으로 인해 그 구제의 사역을 다른 집사들에게 위임하게 된 것이다. 사도들은 더 많은 시간과 열정을 기도와 말씀 사역에 전념할 수 있게 되었다.

일곱 집사에게 그 일을 위임하므로, 예루살렘교회는 어마어마하게 도약하게 되었다. 사도들이 아무리 성령 충만과 능력이 넘쳐나도 그들만으로는 한계가 있을 수밖에 없었다. 그들은 물론 그들을 대신해서 기적도 행하고, 말씀도 가르치고, 복음도 전할 지도자들을 선별해서 많은 사역을 위임했다. 헬라파 유대인과 히브리파 유대인 사이에서 갈등이라는 걸림돌이 없었다면 결단코 가능하지 않은 *위임*이라는 디딤돌로 바꾸지 못했을 것이다.

사도들이 주저하지 않고 일곱 집사에게 위임할 수 있었던 이유가 몇 가지 있다. 첫째는 역할 분담을 위해서였다. 그들이 모든 것을 할 수 없다는 큰 자각이 있었기에 가능했다. 그들에게 주어진 본래의 역할, 곧 '기도하는 일과 말씀 사역'에 전념하기로 다짐했다. 그들이 그처럼 중요한 사역에 전념하니까 예루살렘교회는 끊임없이 부흥에 부흥을 거듭할 수 있었다. 그러므로 헬라파 유대인과 히브리파 유대인의 갈등도 하나님이 허용하신 은혜였다.

그렇게 위임할 수 있었던 둘째 이유는 그들의 주님이신 예수 그리스도의 모델 때문이었다. 그분은 문자 그대로 성자 하나님으로 모든 것을 스스로 하실 수 있는 전능한 분이셨다. 그러나 그분은 혼자 다 하시지 않고 열두 사도를 훈련하시고, 전도와 기적의 사역을 위임하신 분이셨다. 그분은 마지막까지도 '네가 나를 사랑하면, 내 양을 먹이라'고 엄중한 위임의 명령을 주신 분이다 (요 21:5). 그분은 12명이라는 소그룹의 사도들을 훈련하시고 사역을 위임하셨다.

사도들도 그분의 본을 따라 제자들을 훈련하고, 그리고 때가 되자 그들에게 사역을 위임하였다. 위임은 예수 그리스도의 방법이고 또 모세의 방법이었다. 모세도 이스라엘 백성을 광야를 지나 가나안 땅으로 인도할 때, 조장, 십부장, 오십부장, 백부장, 천부장 등을 세워 그들에게 많은 것을 위임했다 (출 18:21, 신 1:15). 모세는 이스라엘에서 가장 걸출한 지도자였지만, 혼자 할 수 있는 것은 상당히 제한적이었다. 그도 경험을 통해 위임의 중요성을 깨달았다.

3. 디딤돌 – 지도자 배출 (6:5, 8-17)

사도들의 제안을 기쁘게 받은 중간 지도자 격인 제자들은 일곱 사람을 천거했는데, 그들은 "…믿음과 성령이 충만한 사람 스데반과 또 빌립과 브로고로와 니가노르와 디몬과 바메나와 유대교에 입교했던 안디옥 사람 니골라를 택하여 사도들 앞에 세우니, 사도들이 기도하고 그들에게 안수하였다" (6:5-6). 사도들도 일곱 사람을 지명할 수도 있었으나 전적으로 제자들에게 위임했고, 그들은 위임받은 대로 선택하자 사도들은 그들에게 안수했다.

그렇게 해서 예루살렘교회는 중간 지도자 일곱을 배출했는데, 앞에서 나온 바나바를 비롯한 소수의 사람이 지도자로 우뚝 서게 되었다. 그런데 놀랍게도 그 일곱 집사는 모두 헬라파 유대인이었다. 헬라파 과부들도 무척이나 만족했을 것이다. 그 일곱 집사 가운데 특히 스데반과 빌립은 탁월한 설교자요, 전도자요, 기적을 행한 능력의 사람들이었다. 특히 스데반은 변증적 설교를 통해 사도행전의 저자인 누가로 그 설교를 상세히 기록하게 했다 (행 7장).

빌립은 성령의 구체적인 인도를 받는 훌륭한 지도자로 사마리아에서 복음을 전파했는데, 그 복음은 말로만 전해진 것이 아니라 능력과 신유의 역사를 동반한 것이었다. 유대인들이 그렇게 싫어하던 사마리아로 가서 복음을 전한 빌립은 훌륭한 영적 지도자였다. 그뿐 아니라, 성령의 지시를 받아서 '에디오피아 여왕 간다게의 모든 국고를 맡은' 높은 장관을 예수 그리스도 앞으로 인도하는 엄청난 개인 전도자이기도 했다 (행 8장).

사도행전 6장에는 집사라는 단어가 나오지 않는데도, 일곱 집사라고 한 이유가 있다. 첫째는 전통적으로 그들을 집사라고 인정하기 때문이다. 둘째는 간접적이지만 집사의 뜻을 함축하는 단어가 6장에 세 번이나 나온다. 1절에서 '구제'는 헬라어로 *디아코니아*(διακονία)이고, 2절에서 '접대를 일삼다'라는 동사는 헬라어로 *디아코네오*(διακονέω)이고, 4절에서 '말씀 사역'의 '사역'도 헬라어로 디아코니아이다.

이 단어가 명사이든 동사이든 집사를 뜻하는 *디아코노스*(διάκονος)와 어원이 같다. 그러니까 사도행전의 저자인 누가는 의도적으로 집사의 뜻을 내포하고 있는 그 단어를 세 번씩이나 사용하면서, 이 장에서 마침내 일곱 집사가 탄생한다는 사실을 염두에 둔 것 같다. 누가는 동시에 '안디옥 사람 니골라'라고 하면서 안디옥이란 장소를 명기한 것은 앞으로 그곳에서 세계 선교의 시발점이 된다는 사실을 염두에 두었음이 틀림없다.

4. 디딤돌 — 간접적인 선교 훈련 (6:1)

예루살렘교회는 지금까지 그곳에 거주하는 순수한 유대인들로 구성되어 있었다. 그런데 교회가 급속도로 성장하면서 헬라파 유대인들이 가세하여 언어적으로나 문화적으로 이질적인 사람들과 함께 신앙공동체를 이루었다. 위에서 이미 언급한 것처럼, 그 신앙공동체는 필연적으로 서로의 다름이 드러났고, 그리고 갈등과 원망이 일어났다. 만일 사도들이 즉각적으로 대처하지 않았다면 그 교회는 분열의 씨를 안고 갈 수밖에 없었을 것이다.

성자 하나님은 예루살렘교회의 첫 구성원 120명에게 "예루살렘과 온 유대와 사마리아와 땅 끝까지 이르러 내 증인이 되리라"고 분명히 명령하셨다. 그러나 예루살렘교회에 속한 사도들과 그리스도인들은 그 명령에 순종하면서도 예루살렘 밖으로 나가지 못하고 있었다. 실제로 사도들은 감옥을 들락거리면서 한편 파도 물결 같은 박해에 부딪히고 있었고, 또 한편 능력의 복음으로 많은 사람을 교회로 영입하느라고 눈코 뜰 시간조차 없을 지경이었다.

그러나 그런 명령을 주신 주님은 제자들이 그 명령에 순종하여 복음을 들고 예루살렘 밖으로 보낼 준비를 차곡차곡하고 계셨다. 헬라파 유대인들과 히브리파 유대인들의 갈등은 이미 언급한 대로, 언어와 문화의 차이가 그 근저에 깔려있었다. 예루살렘의 신앙공동체는 그 차이를 극복할 뿐 아니라, 하나가 되는 영성을 유지해야만 했다. 그리고 사도들의 즉각적이고도 탁월한 결정으로 그 차이점은 확실히 해결되었다.

언어와 문화의 차이를 뛰어넘는 경험과 훈련을 받지 못했다면, 예루살렘교회는 결단코 그 도시 밖으로 나가지 못했을 것이다. 실제로 그 훈련 때문에 빌립은 문화와 종교가 다른 사마리아로 가서 복음을 전할 수 있었다. 그뿐 아니라, 문화는 물론 지역도 다른 아프리카 사람에게 조금도 주저하지 않고 다가가서 복음을 전할 수 있었다. 헬라파와 히브리파 유대인의 갈등과 원망은 교회의 걸림돌이었지만, 그것이 그처럼 놀라운 디딤돌이 될 줄 누가 알았겠는가?

5. 디딤돌 – 스데반 (6:8-15)

이미 위에서 언급한 것처럼, 걸림돌로 인해 일곱 집사가 탄생했다. 오순절에 성령이 강림하셔서 교회를 창설하신 이래 세운 최초의 집사들이었다. 그 집사들 가운데는 스데반이 있었는데, 그는 '믿음과 성령이 충만한 사람'이라고 소개되었다 (6:5). 비록 그가 사도는 아니었지만, '성령이 충만한' 베드로처럼 똑같이 성령 충만했다. 두말할 필요도 없이, 베드로가 기적을 일으키면서 능력으로 전도한 것은 성령의 역사로 인해 가능했다.

그렇다면 '성령이 충만한' 스데반은 기적을 행하며 능력 있게 전도할 수 없었겠는가? 물론 있었다! 베드로 사도를 사용하신 같은 성령 때문이다. 스데반에 대한 누가의 묘사를 보자. "스데반이 은혜와 권능이 충만하여 큰 기사와 표적을 민간에 행하니" (6:8). 그는 사도가 아니었지만, 사도들 안에 내재하신 똑같은 성령이 그 안에 내재하셨다. 그러므로 그도 사도들처럼 똑같이 '기사와 표적'을 행할 수 있었다.

주님은 사도라는 직분 때문에 기적을 일으키시고, 집사라는 직분 때문에 못 일으키시는 그런 분이 아니다. 심지어는 예수 그리스도가 성령의 능력으로 많은 기적과 권능을 행하신 것과도 차이가 없다. 그 이유는 간단한데, 그분과 함께하신 성령이 스데반과도 함께하셨기 때문이다. 기적과 능력 행사를 논할진대, 스데반은 예수님과 베드로 사도와 같은 선상에 있었다. 그리고 예수님처럼 스데반도 회당에서 전도하기 시작했다.

그가 들어간 회당은 '자유민들'로 구성되어 있었는데, 로마의 포로로 잡혀갔다가 자유를 찾은 사람들이었다. 그들 중에는 '구레네인, 알렉산드리아인, 길리기아와 아시아에서 온 사람들'도 있었는데, 스데반은 그들과 논쟁하게 되었다 (6:9). 그들이 논쟁에서 스데반을 이길 수 없자 거짓 증인들을 세워 거짓 증언으로 고발하게 해서, 스데반을 공회로 잡아 왔다 (6:12). 두세 증인이 없으면 공회도 스데반을 죽일 수 없기에 거짓 증인들을 세운 것이었다 (신 19:15).

거짓 증언으로 인해 공회에 잡혀 온 스데반은 참으로 위대한 집사였다. 예수 그리스도도 거짓 증언으로 인해 공회에서 심판을 받으셨다. 그뿐 아니라, 그분의 수제자인 베드로도 거짓 증언으로 인해 공회에서 심문을 받았다. 그 후에 일어난 일이지만, 주님이 이방인 전도를 통해 하나님 나라의 확장에 크게 이바지한 바울 사도도 거짓 증언으로 인해 공회에서 심문을 받았다. 스데반은 기적을 일으키는 데도, 공회에서 심판을 받는데도, 그들과 같은 선상에 있었다.

베드로는 공회에서 두 번씩이나 심문을 받았고, 바울도 공회에서 몇 번씩이나 심문을 받았지만, 그들은 그 공회에서 처형 판결은 받지 않았다. 그러나 예수 그리스도는 처형 판결을 받고 마침내 십자가에서 죽으셨다. 그런데 스데반도 그분처럼 공회에서 처형 판결을 받아서 돌에 맞아 죽었다. 결국, 스데반은 예수 그리스도의 발자취를 그대로 따른 순교자였다. 그런 이유로 그가 돌에 맞아 죽었을 때 예수님은 '하나님 우편에 *서서*' 스데반을 영접하신 것 같다.

예수 그리스도는 지상에서 모든 사역을 마치고 승천하셔서 하나님 우편에 앉으셨는데, 그렇게 앉으신 이유는 그분이 사역을 마치고 쉬게 되셨다는 뜻이다. 물론 권능의 우편에서 대제사장으로 교회와 성도들을 중보하고 계신다. 그리고 교회의 시대가 끝나면 다시 재림하실 터인데, 그때까지는 앉아 계신다. 그런데 단 한 번 하나님 우편에서 서신 적이 있는데, 그때는 저 위대한 스데반이 순교할 때였다. 스데반은 그렇게 환영받을 자격이 있는 집사였다.

천국의 확장

사도행전의 저자인 누가는 그 책 벽두^{劈頭}에서 성자 하나님이 부활과 승천 사이 40일 동안 '하나님 나라의 일을 말씀하셨다'고 하면서, 그분의 주제가 하나님의 나라, 곧 천국임을 분명히 밝혔다. 누가는 그 책 말미^{末尾}에서도 바울 사도가 셋집에서 이태 동안 하나님의 나라를 전파했다고 서술했다. 결국, 사도행전의 내용은 처음부터 끝까지 하나님의 나라, 곧 천국의 확장이 주제였다. 그런데 누가는 사도행전에서 천국 확장의 내용을 여섯 번이나 언급했다.

첫 번째 언급은 사도행전 6장에 포함되어 있는데, 말씀으로 직접 확인하자. "'하나님의 말씀'이 점점 왕성하여 예루살렘에 있는 제자의 수가 더 심히 많아지고, 허다한 제사장의 무리도 이 도에 복종하니라"(행 6:7). 사도행전의 처음 다섯 장은 교회를 통해 하나님의 나라가 어떻게 시작되었으며, 또 어떻게 그 기초가 튼튼하게 세워졌는지에 대해 묘사하고 있다. 그러나 6장 7절의 말씀은 그 하나님의 나라가 어떻게 확장되는지 알려준다.

천국의 확장에서 중요한 도구는 "하나님의 말씀"이다. 그런 이유로 누가는 '하나님의 말씀이 점점 왕성해졌다'고 묘사했다. 사도들이 '말씀 사역에 힘쓰니' (6:4) 그 말씀이 갈수록 왕성해진 것이다. '왕성했다'는 표현은 하나님의 말씀이 널리 퍼지고, 영향력이 커지고, 더 많은 사람에게 전파되는 현상을 묘사한 것이다. 그 결과 '예루살렘에 있는 제자의 수가 더 심히 많아졌을' 뿐 아니라, '허다한 제사장의 무리도 이 도에 복종했다.'

하나님의 나라는 하나님의 통치를 뜻한다. 하나님은 믿는 사람들이 순종하여 성령으로 충만하면, 그들을 통치의 도구로 사용하신다. 그러므로 하나님 나라의 확장은 믿는 사람의 수가 증가하는 것에 비례한다. 그리고 믿는 사람이 증가하려면, 당연히 전도하는 사람이 있어야 한다. 전도자의 무기는 한마디로 말해서 방법이 아니라, "하나님의 말씀"이다. 물론 그 말씀을 아무렇게나 전하면 안 되기에, 적절한 방법도 필요하지만 말이다.

그렇게 하나님의 말씀이 왕성하여 예루살렘에 그리스도인들이 '심히 많아졌을 때'는 성자 하나님이신 예수 그리스도가 부활하신 후 대략 5년 후였다. 그러니까 주후 30년부터 35년 사이에 부활의 사건과 오순절의 역사와 교회의 시작과 성장 및 스데반의 순교가 있었다. 그처럼 중대한 역사가 여러 가지로 일어났던 중요한 5년이었다. 그리고 누가는 마침내 그 천국의 확장을 6장 7절에서 처음으로 언급했기에, 그 말씀은 너무나 중요하다.

스데반이 순교한 후에도 성령 하나님은 사도들과 제자들을 통해 많은 역사를 일으키셨다. 그중에 대표적인 것은 사마리아 전도이며, 또 무엇보다도 기독교 역사에서 큰 획을 그은 사람인 사울의 회심이 있었다. 그가 이방인의 사도가 된 사실은 널리 알려진 것이다. 그의 회심에 버금가는 중요한 회심이 또 있는데, 그것은 고넬료 가정의 회심이었다. 그 회심이 중요한 이유는 그가 최초의 이방인 회심자였기 때문이다. 그런 역사는 35년과 40년 사이에 일어났다.

그 5년의 기간에 일어난 역사는 천국 확장에 엄청나게 이바지한 것들이었다. 누가는 그렇게 중요한 역사가 일어난 천국 확장에 대해 놓치지 않고 기록했는데, 그것은 사도행전에서 두 번째로 묘사한 천국 확장에 대한 것이었다. "그리하여 온 유대와 갈릴리와 사마리아 교회가 평안하여 든든히 서 가고, 주를 경외함과 성령의 위로로 진행하여 수가 더 많아지니라"(9:31). 하나님의 나라가 온 유대는 물론 갈릴리와 사마리아까지 확장되었다는 기쁜 소식이었다.

세 번째 언급은 사도행전 12장에 들어있는데, 그 말씀을 보자. "하나님의 말씀은 흥왕하여 더하더라"(12:24). 이 언급은 두 번째 언급 이후 5년 사이에 기록된 말씀이다. 그 기간인 40년에서 45년 사이에도 엄청난 역사가 있었는데, 베드로가 감옥에 갇혔다가 풀려난 역사, 헤롯이 벌레에 먹혀 죽은 일, 안디옥교회의 시작과 성장, 안디옥교회의 첫째 지도자인 바나바와 마지막 지도자인 사울의 준비 등 수많은 역사와 주님의 인도하심이 있었다.

주후 45년과 50년의 5년 사이에도 기독교 역사^{歷史}에서 뺄 수 없는 중요한 역사^{役事}가 있었다. 무엇보다도 중요한 역사는 바나바와 바울이 제1차 전도 여행을 떠난 사실이다. 만일 그런 전도와 선교의 시작이 없었다면, 성자 하나님의 명령, "예루살렘과 온 유대와 사마리아와 땅 끝까지 이르러 내 증인이 되리라"는 분부는 물거품이 되었을 것이다. 누가가 언급한 네 번째 기록을 보자. "이에 여러 교회가 믿음이 더 굳건해지고 수가 날마다 늘어가니라"(16:5).

누가가 다섯 번째로 표현한 말씀도 의미가 깊다. "이와 같이 주의 말씀이 힘이 있어 흥왕하여 세력을 얻으니라" (19:20). 그 말씀이 의미가 깊은 이유는 바울 사도가 주후 50에서 55년의 5년 중에 제2, 제3차 전도 여행을 단행했기 때문이다. 특히 바울 사도는 에베소에서 2년간 능력의 말씀을 전하면서 많은 기적도 일으켰고, 많은 사람을 믿게 했다. 얼마나 말씀이 힘이 있었던지 '아시아에 사는 자는 유대인이나 헬라인이나 다 주의 말씀을 들었다' (19:10).

여섯 번째이자 마지막으로 누가가 천국 확장에 대해 언급한 것은 바울 사도가 로마에서 영어[囚]의 몸이었을 때였다. 그 말씀을 보자, "*하나님의 나라*를 전파하며 주 예수 그리스도에 관한 모든 것을 담대하게 거침없이 가르치더라" (28:31). 주후 55년에서 60년의 5년 사이에 바울 사도는 죄수의 몸으로 로마까지 가게 되었다. 그러나 그사이에 그는 많은 유대인과 정치 지도자들, 곧 벨릭스, 베스도, 아그립바 등에게 복음을 전했다.

누가는 바울 사도가 죄수의 몸으로도 "하나님의 나라를 전파하며…담대하게 거침없이 가르쳤다"고 기록했다. 바울 사도는 순교로 세상에 있지 않았지만, 하나님의 나라는 중단없이 확장되고 확장되었다. 누가는 사도행전에서 이처럼 천국 확장에 대한 말씀을 5년마다 한 번씩 삽입하였다. 사도행전은 5년×6번=30년 기간에 천국이 어떻게 확장되었는지를 보여주는 매우 중요한 책이다. 그리고 사도행전에서 천국의 확장이라는 안목으로 여섯 번이나 기록한 누가는 훌륭하다.

6장

스데반의 순교

스데반의 설교는 성경에 기록된 설교 중 가장 긴 것으로, 자그마치 52절의 분량이었다. 누가는 그 설교를 꼼꼼하게 기록했다. 두말할 필요도 없이 스데반은 성령이 충만한 가운데서 설교했고, 누가는 성령의 감동으로 그 설교를 처음부터 끝까지 상세히 기록했다. "모든 성경은 하나님의 감동으로 된 것으로 교훈과 책망과 바르게 함과 의로 교육하기에 유익하니, 이는 하나님의 사람으로 온전하게 하며 모든 선한 일을 행할 능력을 갖추게 하려 함이라"(딤후 3:16-17).

스데반이 그 설교를 하도록 유도한 사람은 대제사장이었다. 그는 스데반에게 이렇게 물었다; "이것이 사실이냐"(행 7:1)? 이 질문에서 '이것'은 거짓 증인들이 스데반을 공회에 거짓으로 고발한 내용인데, 다음과 같다. "거짓 증인들을 세우니 이르되 이 사람이 이 거룩한 곳과 율법을 거슬러 말하기를 마지 아니하는도다. 그의 말에 이 나사렛 예수가 이 곳을 헐고 또 모세가 우리에게 전하여 준 규례를 고치겠다 함을 우리가 들었노라"(6:13-14).

거짓 증인들의 고발은 결국 두 가지였는데, 하나는 성전에 관한 거짓 증언이고 다른 하나는 율법에 관한 거짓 증언이었다. 이 두 가지 거짓 증언은 유대인의 정통 신앙에 대한 거부이자 동시에 도전이었다. 유대인에게 성전과 율법은 그들의 삶이자 동시에 신앙이었다. 유대인은 율법을 깨뜨리기보다는 차라리 백번 죽는 게 훨씬 더 좋다고까지 공언한 사람들이다. 거짓 증인들은 유대인이 믿고 의지하는 핵심적인 두 가지로 스데반을 고발했다.

1. 족장들 (7:2-16)

스데반의 설교는 아브라함을 인용하면서 시작했는데, 유대인이라면 누구도 아브라함과 족장들을 거부할 수 없기 때문이다. 실제로 아브라함과 이삭과 야곱은 이스라엘의 거룩한 뿌리이다. 따라서 그 후손도 거룩하다고 믿는데, 뿌리가 거룩하면 당연히 가지도 거룩하기 때문이다 (롬 11:16). 하나님은 뿌리 중의 뿌리인 아브라함을 부르시면서 그와 언약을 맺으셨다. 그 언약은 자손이 별처럼 많아질 것과 그들이 거할 땅에 대한 약속이었다 (창 15장).

그 언약의 보증으로 아브라함과 그 자손은 할례를 받아야 했는데, 그 할례는 언약의 증표였다. 하나님은 자손에 대한 언약을 이루어나가셨는데, 첫 단계로 아브라함에게 아들 이삭을 주셨고, 둘째 단계로 이삭에게 야곱을 주셨고, 셋째 단계로 야곱에게 열두 아들을 주셨다. 하나님께서 "그 후손이 다른 땅에서 나그네가 되리니, 그 땅 사람들이 종으로 삼아 사백 년 동안을 괴롭게 하리라"고 예언하신 대로, 그 후손은 애굽에서 종이 되었다 (7:6).

아브라함의 후손이 애굽의 종이 된 연유도 밝혔는데, 요셉이 형들에 의해 애굽으로 팔려 갔기 때문이다. 그때 큰 흉년이 들었는데, 요셉의 지혜로 그 흉년을 어렵지 않게 극복했다. 그런데 그 흉년으로 인하여 요셉의 형들과 야곱이 애굽으로 내려오게 되었다. 그렇게 해서 그들은 애굽에서 살게 되었는데, "요셉을 알지 못하는 새 임금이 애굽의 왕이 되었다" (7:18). 그 왕은 교활하게 이스라엘 백성을 부려 먹었고, 또 몰살시키려고까지 했다.

2. 모세 (7:17-43)

스데반은 공회원들과 유대인이 잘 아는 모세를 언급하면서 설교를 이어갔다. 그는 모세의 생애를 40년씩 셋으로 나누어 설교했다. 첫 40년은 기적적으로 바로의 딸에게 입양되어 궁궐의 모든 학문과 전술을 익히는 특권을 가졌다. 그가 나이 40이 되었을 때, 그는 동족을 구원하기 위해 발 벗고 나섰는데, 그것은 순전히 인간적인 생각과 방법이었다. 그가 이스라엘 사람을 압제하는 애굽 사람을 죽였는데, 그의 백성이 자신을 그들의 속량자로 여기리라고 믿었다.

그러나 그 살인으로 인해 그는 애굽에서 도망한 도피자가 되어 미디안 광야에서 쓸쓸하게 삶을 살아가는 처지가 되었다. 그는 양 몇 마리를 치면서 사막에서 풀을 찾아다니는 처량한 세월을 보내고 있었다. 40은 시험의 숫자인데, 모세는 그렇게 미디안 광야에서 온갖 수모와 고뇌를 맛보면서 40년의 시험을 거쳤다. 마침내 40년이 어느새 훌쩍 지나갔다. 스데반은 모세의 그 40년에 대해선 별로 언급하지 않았는데, 언급할 만한 것이 별로 없었기 때문이다.

그렇게 40년이 지났을 때, 아브라함과 이삭과 야곱과 언약을 맺으신 하나님이 그 언약을 이루기 위해 모세에게 나타나셨다. 떨기나무가 불꽃 중에도 타서 없어지지 않는 것을 보았다. 미디안 광야라는 불꽃과 같은 곳에서도 타서 없어지지 않는 모세를 불러서, 애굽의 종이라는 불꽃과 같은 삶에서도 타서 없어지지 않는 이스라엘백성을 구원해 내라고 모세를 부르셨다. 그때부터 모세는 그 불꽃같이 한편 애굽을 심판하고 또 한편 이스라엘을 구원해 냈다.

모세는 그때부터 '홍해와 광야에서 40년간 기사와 표적을 행했는데'(7:36), 언약의 하나님께서 그에게 언약의 말씀인 십계명과 율법을 주셨다. 스데반이 이렇게 모세를 상세히 묘사한 것은 그 자신도 모세를 믿을 뿐 아니라, 모세를 통해 하나님이 주신 율법을 의도적으로 깨뜨리지 않았다는 사실을 변증하기 위함이었다. 그것은 거짓 증인들이 고발한 두 번째 내용으로, 오히려 그 모세를 대적하고 율법을 깨뜨린 사람들은 유대인이었다고 역공했다.

그 사실을 증명하기 위해 스데반은 두 가지를 상기시켰는데, 하나는 최초의 대제사장인 아론이 금송아지를 만들고 '그 우상 앞에 제사하면서 자기 손으로 만든 것을 기뻐했다'는 것이다(7:41). 둘은 하나님이 이스라엘 백성을 심판하시고 바벨론으로 옮기셨는데, 그 원인은 그들이 '몰록의 장막과 신 레판의 별을 받들었기' 때문이었다(7:43). 스데반은 그런 우상 숭배의 행위를 규탄하면서 선지자 아모스의 글을 인용했다(암 5:25 이하).

3. 장막과 성전 (7:44-50)

　지금까지 스데반은 모세의 율법을 어겼다는 거짓 증인들의 잘못된 증언에 대해 유대인이 너무나 잘 아는 구약의 말씀을 토대로 변증했다. 그 변증은 너무나 분명하고 막강해서 누구도 반론할 수 있는 여지가 조금도 없었다. 스데반은 거기에서 중단하지 않고 첫 번째 거짓 증언인 '거룩한 곳', 곧 성전을 거슬러 말한다는 고발에 대해 변증하기 시작했다. 그는 그 변증을 위해 두 가지 역사적인 사실을 상기시켰다.

　첫째는 모세를 통해 만들어진 장막이었다. 그 장막은 이스라엘 백성이 광야에 있을 때 하나님이 모세에게 보여주신 대로 만든 '증거의 장막'이었다 (7:44). 모세가 죽은 후에도 여호수아가 약속의 땅인 가나안에 들어갈 때도 그 장막을 가지고 들어갔다. 그 장막은 하나님의 임재를 상징하는 귀중한 성막으로, 이스라엘 백성이 한결같이 섬기는 것이었다. 그 장막은 다윗 왕 때까지 계속 존재했는데, 다윗은 '하나님의 처소'를 건축하기를 원했다.

　그러나 하나님은 다윗에게 성전 건축을 허락하지 아니하시고, 그의 아들 솔로몬에게 허락하셨다. 그 결과 솔로몬은 그 당시 이방인들조차 그 앞에 무릎을 꿇게 할 만큼 화려하고 빛나는 성전을 지었다는 사실은, 유대인과 공회원이라면 너무나도 잘 아는 사실이었다. 그러나 스데반은 그 하나님을 성전과 같은 사람이 만든 곳에 계시는 작디작은 분이 아니라고 설파했다. '지극히 높으신 이는 손으로 지은 곳에 계시지 아니하신다'고 했다 (7:48).

　그렇게 선포한 후 스데반은 이사야 66장을 인용했다: "주께서 이르시되, '하늘은 나의 보좌요 땅은 나의 발등상이니, 너희가 나를 위하여 무슨 집을 짓겠으며 나의 안식할 처소가 어디냐? 이 모든 것이 다 내 손으로 지은 것이 아니냐?'" (사 66:1-2, 행 7:49-50). 이 변증은 스데반이 '거룩한 곳, 곧 성전을 거슬러 말한다'는 거짓 증언에 대한 것이었다. 그러나 불행하게도 그 증언 때문에 스데반은 잘못된 정죄에서 풀려나지 못했다.

4. 스데반의 도전 (7:51-53)

만일 스데반이 이처럼 변증만 하고 설교를 끝냈다면, 그는 결단코 하나님의 종이 아니었을 것이다. 그렇지만 그는 하나님의 종이었다! 그는 종답게 성령이 지시하시는 대로 선포했다. 그가 그렇게 외치는 순간부터는 변증자가 아니라 선포자였다. 그는 그 선포로 인해 어떤 일이 그에게 생길지 개의치 않았다. 그 순간부터 그는 설교자라기보다는 선지자였다. 선지자는 본대로 그리고 들은 대로 선포하면서 자신에 대해서는 초연한 사람이다.

그의 외침을 들어보자: "목이 곧고 마음과 귀에 할례를 받지 못한 사람들아! 너희도 너희 조상과 같이 항상 성령을 거스르는도다" (7:51). 그들이 '목이 곧고'라는 책망은 일찍이 하나님께서 금송아지를 만들고 그 우상에게 절하던 이스라엘 백성을 책망하신 하나님의 엄중한 책망이었다 (출 33:5). 그뿐 아니라, 그들이 육신적으로는 할례를 받았으나, 마음과 귀는 할례를 받지 못한 이방인과 같은 부류의 사람들이라고 날카롭게 지적했다.

스데반은 이어서 이스라엘 백성은 과거나 현재나 똑같이 선지자들을 박해하는 자들이라고 선언했다. 그들의 가장 큰 죄는 '의인이 오시리라고 예고한 자들을 죽였을 뿐 아니라, 너희는 그 의인을 잡아준 자요 살인한 자'로, 예수 그리스도를 죽였다는 것이다 (7:52). 이 선언은 과거에는 앞으로 오실 의인, 곧 메시야를 예고한 자들을 죽였을 뿐 아니라, 현재에는 그 메시야가 오시자 조금도 주저하지 않고 그분도 죽였다는 것이다.

스데반의 도전은 공회원들과 거기에 모인 사람들의 가슴을 깊이 후벼팠다. 그들은 율법을 지킨답시고 '율법의 마침'이신 예수 그리스도를 죽였다 (롬 10:4). 그뿐 아니라, 그들은 장막과 성전의 성취인 참 성전이신 예수 그리스도를 죽였다 (요 2:21). 그들은 영적으로 할례받지 못하고도 (7:51) 선지자들을 죽인 살인자들일 뿐 아니라 (7:52), 율법을 지키지 못한 죄인들인데 (7:53). 의인인 예수 그리스도를 죽인 죄인 중의 죄인이었다.

5. 스데반의 순교 (7:54-60)

스데반이 선지자처럼 그들의 살인죄를 지적하자, 공회와 유대인들은 '마음에 찔려 이를 갈았다' (7:54). 그때 "스데반이 성령 충만하여 하늘을 우러러 주목하여 하나님의 영광과 및 예수께서 하나님 우편에 서신 것을 보고, 말하되, '보라 하늘이 열리고 인자가 하나님 우편에 서신 것을 보노라'"고 외쳤다 (7:55-56). 그 외침이 마지막 도화선이 되어 그들은 스데반을 죽이기로 작정하고 그를 '성 밖으로 내쳤다' (7:58).

마치 주님이 "이제부터는 인자가 하나님의 권능의 우편에 앉아 있으리라"는 말씀이 도화선이 되어 공회와 유대인들이 그분을 십자가에 못 박도록 판결한 것처럼 말이다 (눅 22:69). 스데반은 마지막 순간까지도 주님의 발자취를 그대로 따랐다. 스데반은 주님이 하나님의 우편에 서신 것을 보았는데, 그분은 십중팔구 스데반을 돌로 쳐서 죽이는 죄인들을 심판하실 재판관으로 서서 계셨던 것 같다.

그런데 주님이나 스데반이나 똑같이 "인자"를 언급했는데, '주님은 *인자*로서 하나님의 권능의 우편에 앉을 것'을 말씀하셨다. 스데반은 '하늘이 열리고 *인자*가 하나님 우편에 서신 것'을 보았다. 주님이 앉으셨다고 하신 것은 '구원의 완성'을 강조하고, 스데반이 서신 *인자*를 보았다는 것은 '최후의 심판'을 함축하는 표현이었다. 그런데 주님과 스데반이 둘 다 "인자"를 언급한 것은 공회와 유대인들이 마지막 때에 받을 심판을 염두에 둔 종말론적인 표현이기도 했다.

공회는 정치적인 죄인을 정죄할 수 없으나, 종교적인 죄인에게는 돌로 쳐 죽이는 권한이 있었다. 공회 법에 따르면, 죄인은 옷을 벗기고 언덕에서 밀어 떨어지게 한 후 죽을 때까지 돌을 던져서 죽였다. 제일 먼저 돌을 던지는 사람은 증인인데 (신 17:7), 만일 그의 증언이 거짓으로 판명되면, 그 거짓 증인도 옷을 벗기고 돌로 쳐서 죽였다 (신 19:19). 스데반을 모함한 거짓 증인들은 주님이 "인자"로 오실 때, 그렇게 심판받을 것이다.

스데반은 죽으면서 주님처럼 '주 예수여 내 영혼을 받으시옵소서!'라고 기도했다 (7:59, 눅 23:46). 그뿐 아니라, 주님처럼 그에게 돌을 던지는 악인들을 위해서도 기도했다; '주여, 이 죄를 그들에게 돌리지 마옵소서!' (7:60, 눅 23:34). 어떤 의인도 그처럼 억울한 누명으로 죽을 때, 주님처럼 죽은 사람은 없었다. 사도들이나 선지자들도 그렇게 죽지 못했다. 오로지 스데반뿐이었는데, 그를 위해서 그분이 하나님 우편에 서신 것은 당연하지 않은가?

6. 순교의 영향 (7:60)

왜 전능하신 하나님은 '믿음과 성령이 충만한' 스데반을 오래 사용하지 않으시고 빨리 순교하도록 허용하셨는가? 만일 그가 사역을 계속할 수 있었으면, 그로 인해 하나님의 나라가 훨씬 더 확장되지 않았겠는가? 딱 한 번 변증적 설교를 하고 죽는다는 것은 본인도 너무나 억울하고, 예루살렘교회도 너무나 애석하지 않았겠는가? 무엇보다도 하나님이 그렇게 충만한 인물로 만들어놓으신 후, 그렇게 일찍 데려가시는 것은 하나님께도 손해가 아닌가?

그러나 전지전능하신 하나님은 당신의 지혜와 능력으로 스데반을 가장 적절하게 사용하셨음이 틀림없다. 하나님은 그렇게 준비된 종을 아무 이유 없이 그냥 죽게 하시는 분이 아니기 때문이다. 실제로 스데반이 그렇게 빨리 순교하므로, 하나님은 당신의 나라 확장에 어마어마한 전환점을 마련하셨다. 다시 말해서, 스데반의 순교는 하나님의 뜻이었고, 그 뜻대로 스데반은 순종하면서 일찍 죽었는데, 죽었다고 하지 않고 '잔다'고 하므로 깰 것을 전제前提했다.

스데반이 일찍 '잠이 든' 영향력은 필설로 표현하기 어려울 정도로 컸다. 그 영향력에는 두말할 필요도 없이 소극적인 것도 있고 적극적인 것도 있다. 먼저, 적극적인 것부터 차례로 알아보자. 가장 이해하기 쉬운 결과는 사울의 회심이다. 베드로를 비롯한 사도들이 공회에서 재판을 받을 때, 바리새인인 가말리엘이 증인으로 나섰다. 스데반이 재판을 받을 때는 바리새인인 사울이었다. 가말리엘은 베드로를 위해 변론했으나, 사울은 스데반의 죽음을 당연시했다.

베드로를 위해 변론한 가말리엘이 회심하여 예수 그리스도의 제자가 되었다는 말은 어디에서도 찾을 수 없다. 비록 그는 베드로를 위해 엄청나게 중요한 변론을 하여 그와 사도들이 풀려나게 했지만, 정작 본인은 죄와 율법의 굴레에서 풀려나지 못했다. 반면, 사울은 처음엔 스데반에 대해 부정적으로 반응하여 그의 죽음을 당연시했지만, 스데반의 기도——'이 죄를 그들에게 돌리지 마옵소서!'——의 응답으로 어느 날 놀랍게 부활하신 주님을 만났다.

적극적인 영향 두 번째는 하나님 나라의 확장이다. 스데반이 순교할 때까지는 예루살렘에 있는 유대인에게만 복음이 전해졌다. 그러나 스데반이 죽자, 오만과 살기가 등등해진 유대인들은 예루살렘에 있는 신앙인들을 박해하기 시작했다. 그들의 박해가 절정에 이르자 사도들 외에는 모두 예루살렘을 떠났다. 그들은 흩어지면서 어디를 가든지 그들의 예수 그리스도를 전했다. 스데반의 순교를 전환점으로 '온 유대와 사마리아'로 증인들이 퍼져나갔다.

스데반의 순교는 소극적으로도 영향력을 발휘했다. 실제로 예루살렘의 공회가 스데반을 죽이자 예수 그리스도의 복음이 유대인들에게 *민족적*으로 전해지는 것은 끝났다. 물론 하나님은 여전히 유대인들을 사랑하여 구원하시기를 원하셨지만, 스데반의 순교 이후에는 개인적으로나 아니면 소수의 유대인이 회심했다. 예를 들면, 바울 사도는 어디를 가든지 먼저 유대인의 회당에 가서 복음을 전했고, 소수의 유대인이 회심했다.

유대인의 *민족적 구원*은 스데반의 죽음과 더불어 영원히 사라지는 듯했다. 그러나 하나님이 선택하신 특별한 민족인 이스라엘을 하나님은 영원히 버리지 않으시고 어느 날 민족적으로 회개하고 주님께로 돌아오게 하실 것이다. 그때는 먼 훗날에 펼쳐질 천년 왕국 때이다. 그 기간 중 엄청난 박해를 견디다 못해 유대인들이 뭉쳐서 박해자들에게 대항할 터인데, 그 싸움을 '아마겟돈 전쟁'이라고 한다 (계 16:16).

그러나 그들의 반항적인 전쟁은 인간적인 동기에서 시작되었다. 그들은 철두철미하게 패배를 당하면서 하나님께 울부짖을 것이다. 그때 하나님이 그들에게 회개하는 심령을 허락하시고 그들이 *민족적으로* 주님께로 돌아오게 하실 것이다 (슥 12:10). 그때부터 그들은 제사장 나라의 역할을 감당하면서 세상 방방곡곡을 찾아다니며, 그들의 구주시요 메시야이신 예수 그리스도를 전할 것이다. 그때까지는 스데반이 죽은 후, *민족적 구원*은 없을 것이다.

순교와 선교

스데반은 예루살렘교회의 첫 일곱 집사 중 하나로, "은혜와 권능이 충만하여 큰 기사와 표적을 민간에 행한", 베드로 사도에 견줄만한 능력의 종이었다 (행 6:8). 그와 함께 집사가 된 빌립은 사마리아에서 많은 사람을 믿음으로 인도했고, 에디오피아의 높은 관리에게 복음을 전했고, 그의 가정에서 바울 사도를 영접하여 머무르게도 했다 (8:5, 35, 21:8). 그러나 빌립 못지않게 성령으로 충만한 스데반은 딱 한 번 설교하고 돌에 맞아 죽었다 (7:58).

그러나 예수 그리스도가 제자들에게 부탁하신 지상명령이 실현되는데 절대적인 역할을 감당한 사람이 바로 스데반이었다. 스데반의 역할을 알아보기 위해서 그분의 명령을 다시 인용하지 않을 수 없다. "오직 성령이 너희에게 임하시면 너희가 권능을 받고, 예루살렘과 온 유대와 사마리아와 땅 끝까지 이르러 내 증인이 되리라 하시니라" (1:8). 그런데 제자들에게 약속대로 성령이 임하시어 권능을 받았지만, 그들은 여전히 예루살렘에만 머무르고 있었다.

그분의 제자들은 예루살렘에서 능력의 전도를 통해 많은 유대인에게 그들의 메시야인 예수 그리스도를 받아들이게 하고 있었다. 제자들은 그런 성령의 역사에 대해 감사하고 있었을 것이다. 그 이유는 간단한데, 예루살렘이 신앙과 율법의 중심지라고 굳게 믿고 있었기 때문이다. 비록 제자들이 예수 그리스도로부터 3년간이나 교육과 훈련을 받았지만, 그들의 몸에 깊이 베인 유대의 문화와 종교를 넘어서지 못하고 있었다. 그들의 종교를 대변하는 말씀을 보자.

"…이사야가 받은 바 유다와 예루살렘에 관한 말씀이라. 말일에 여호와의 전의 산이 모든 산 꼭대기에 굳게 설 것이요, 모든 작은 산 위에 뛰어나리니 만방이 그리로 모여들 것이라. 많은 백성이 가며 이르기를, '오라, 우리가 여호와의 산에 오르며 야곱의 하나님의 전에 이르자; 그가 그의 길을 우리에게 가르치실 것이라. 우리가 그 길로 행하리라 하리니; 이는 율법이 시온에서부터 나올 것이요, 여호와의 말씀이 예루살렘에서부터 나올 것임이니라'" (사 2:1-3).

유대인 제자들은 예루살렘을 떠나지 않았는데, 구원받기를 원하는 사람들이 그곳으로 몰려오리라고 믿었기 때문이다. 그런 선교는 한마디로 "와서 보라"인데, 전문적인 용어로는 "구심적求心的 선교"centripetal mission이다. 그들이 그렇게 믿은 첫 번째 이유는 위에서 인용한 것처럼, 선지자를 통해 하나님의 방법이 전해졌기 때문이다. 두 번째는 율법이 예루살렘에서 나온다고 믿었기 때문이다. 세 번째는 하나님이 계신 성전이 그곳에 있었기 때문이다.

그런데 스데반의 설교에는 그 하나님이 좁디좁은 성전에 갇혀있는 분이 아니실 뿐 아니라, 하늘과 땅이라는 제한된 공간에 갇혀있지 않고 세상 어디에나 계신 분이라는 놀랍고도 놀라운 선포가 포함되어 있었다. "그러나 지극히 높으신 이는 손으로 지은 곳에 계시지 아니하나니…이 모든 것이 다 내 손으로 지은 것이 아니냐" (7:48,

50)? 그런 스데반의 선포는 예루살렘에 갇혀있던 제자들에게 엄청난 충격과 깨달음을 안겨주었을 것이다.

예루살렘은 선민選民의 도시인데, 스데반의 선포대로라면 그들의 하나님은 이방인의 하나님도 되신다는 것이다. 따라서 그들에게 하나님의 사랑과 능력을 전하려면 그들에게 가야 한다는 엄청난 도전도 되었고, 동시에 제자들의 눈이 번쩍 떠졌을 것이다. 스데반이 성령이 충만해서 그처럼 선포한 내용이 이루어지기라도 하듯, '예루살렘에 있는 교회에 큰 박해가 일어났고' (8:1), 사도들을 제외하고는 모두 유대와 사마리아로 흩어졌다.

그들은 '두루 다니며 복음을 전했다' (8:4). 그들의 전도는 거기에서 그치지 않았다! 누가의 기록을 인용해 보자. "그 때에 스데반의 일로 일어난 환난으로 말미암아 흩어진 자들이 베니게와 구브로와 안디옥까지 이르러 유대인에게만 말씀을 전하는데, 그 중에 구브로와 구레네 몇 사람이 안디옥에 이르러 헬라인에게도 말하여 주 예수를 전파하니, 주의 손이 그들과 함께 하시매 수많은 사람들이 믿고 주께 돌아오더라" (11:19-21).

헬라파 유대인인 스데반의 순교로 인해 많은 이방인이 예수 그리스도를 믿는 놀라운 역사가 생겼다. 그 이방인들에게 유대인들이 찾아가서 복음을 전했기 때문이었다. 그렇다! 스데반의 순교로 인해 유대인 그리스도인들은 이방인을 찾아가기 시작했는데, 그것은 선교의 대전환점이었다! "와서 보라"가 아니라, "가서 전하라"가 되었다. 전문적인 용어로는 "원심적遠心的 선교"centrifugal mission인데, 그런 전환점의 원인遠因도 역시 스데반의 순교였다.

스데반의 순교는 직접적이든 간접적이든 이처럼 많은 결실을 가져왔는데, 그중 하나는 안디옥교회의 탄생이었다. 앞으로 보겠지만, 안디옥교회는 이방인의 교회로서 세계 선교를 시작한 교회였다. 그 교회를 기점으로 바나바와 바울이 전도 여행을 시작했다. 세 번씩이나 진행된 전도 여행은 모두 안디옥교회에서 출발했으며, 마침내 로마까지 복음을 전하게 되었다. 스데반의 순교는 '온 유대와 사마리아와 땅 끝까지' 복음을 전하게 한 기폭제였다.

스데반의 죽음을 마땅히 여긴 사람 중에는 사울도 있었다 (8:1). 그때 어느 누가 사울도 어느 날 스데반처럼 순교의 자리에 들어가리라고 생각했겠는가? 두말할 필요도 없이, "증인"은 보고 들은 것을 있는 그대로 전하는 사람이다. 스데반은 그의 주님을 "증언"하다 순교를 당했고, 어느 날 사울도 그가 만난 주님의 "증인"으로 살다가 마침내 순교를 당했다. 그런 이유로 "증인"은 "순교자"의 뜻도 되기에, 헬라어로는 같은 단어인 *마르투스*(μάρτυς)이다.

스데반은 자신의 주님을 "증언"한 "증인"이었다. 그리고 그 "증인"의 다른 뜻대로 순교자가 되어 목숨을 잃었다. 스데반은 초대교회의 첫 순교자였는데, 결단코 목숨만 잃고 끝난 것은 아니었다. 그의 순교를 통해 주님의 지상명령을 실현할 수 있도록 문을 활짝 연 위대한 순종의 종이었다. 스데반의 설교와 순교가 없었다면, 이방인의 구원은 참으로 어려웠을 것이다. 하나님이 스데반으로 최초의 순교자가 되도록 허락하신 뜻은 깊고도 신비하다!

7장

징검다리

성자 하나님이신 예수 그리스도는 "예루살렘과 온 유대와 사마리아와 땅 끝까지 이르러 내 증인이 되리라"고 분부하셨다 (행 1:8). 두 말할 필요도 없이 예루살렘과 온 유대에는 순수한 유대인이 사는 곳이나, "땅 끝"은 이방인이 사는 곳이다. 그분의 제자들은 필연적으로 이방인들을 찾아가서 복음을 전해야 하는 궁극적인 사명 아래 있었다. 그러나 그렇게 오랫동안 율법적인 전통에 얽매여 살던 제자들이 이방인에게로 직접 간다는 것은 거의 불가능했다.

그것이 얼마나 어려운지 베드로가 이방인인 고넬료에게 가라는 지시를 받고 주저하며 율법적인 이유를 댄 사실을 보아서도 분명하다 (10:14). 주님도 그런 율법적인 장벽을 아시기에 유대인과 이방인 사이에 사마리아인을 중간에 넣으신 것이 분명하다. 사마리아인은 유대인의 핏줄과 이방인의 핏줄을 가진 혼혈인이었다. 물론 주님은 사마리아인도 구원하시기를 원하셨다. 그러니까 그들의 구원과 동시에 유대인과 이방인 사이의 징검다리로 사용하시려는 목적이었다.

결국, 사도행전 8장은 유대인의 복음화와 이방인의 복음화 중간에 자리하여 징검다리 역할을 감당한 사마리아 전도를 묘사했다. 그렇다면 왜 에디오피아의 간다게 여왕의 국고를 맡은 내시를 등장시켰는가? 그도 역시 징검다리의 역할 때문이었다. 스바 여왕 때부터 에디오피아는 유대교를 인정한 나라였다. 그녀는 솔로몬의 지혜를 듣고자 많은 예물을 가지고 유대 나라를 찾아왔고 (왕상 10장, 눅 11:31), 일설에 의하면 솔로몬 사이에 아들을 가졌다.

자연스럽게 에디오피아에는 스바 여왕과 왕이 된 그 아들의 영향으로 유대교가 제법 번창했고, 유대교에 입교한 사람도 꽤 많았을 것이다. 그 가운데 간다게 여왕의 국고를 맡은 높은 지위에 있는 사람도 있었다. 율법에 따르면 내시는 유대교에 정식으로 입교할 수 없었다 (신 23:1). 십중팔구 그 내시는 유대교에 입교한 부모에서 태어났기에, 태어나면서 이미 유대교인이었을 것이다. 그렇지 않다면 그가 절기를 지키러 예루살렘까지 와서 이사야를 읽었겠는가?

1. *디아스포라* (διασπορά) (8:1-4)

스데반의 순교가 도화선이 되어 '예루살렘에 있는 교회에 큰 박해'가 일어났다. 그 박해를 피해 '사도 외에는 다 유대와 사마리아 모든 땅으로 흩어졌는데' (8:1), 그들은 신앙과 교제의 상징인 예루살렘을 떠났다. 그들이 '사마리아 모든 땅'으로 흩어졌기에, 사마리아에는 유대인들로 바글바글했다. 한편, 유대의 풍속에 따라 '경건한 사람들이 스데반을 장사하고, 위하여 크게 울었다' (8:2). 슬픔의 날인 그날에 사람들은 울고, 장사하고, 투옥되고, 흩어졌다 (8:3).

'흩어지다'는 단어는 헬라어로 *디아스피로* (διασπείρω)인데, '널리 씨를 뿌리다'의 뜻이다. 밭에 씨를 뿌리면 그 씨는 죽지만, 죽으므로 뿌리가 생기고 싹이 나서 열매를 맺는다. 예루살렘에서 재물을 나누며, 기도하며, 말씀을 배우며, 예배를 드리면서 자유와 사랑을 누리던 그리스도인들이 그곳을 떠나서 탐탁하게 여기지 않던 사마리아 각처로 흩어졌다. 그들은 사마리아라는 밭에 뿌려진 복음의 씨앗이었다.

그리스도인들은 고향을 떠나서 죽음이나 마찬가지인 *디아스포라*의 삶을 시작하였다. 비록 외적으로는 죽음과 같은 삶이었지만 내적으로는 환경과 상관없는 평안과 기쁨이 있었는데, 주님의 약속 때문이었다. "나로 말미암아 너희를 욕하고 박해하고 거짓으로 너희를 거슬러 모든 악한 말을 할 때에는 너희에게 복이 있나니, 기뻐하고 즐거워하라; 하늘에서 너희의 상이 큼이라. 너희 전에 있던 선지자들도 이같이 박해하였느니라"(마 5:11-12).

그들은 환경을 초월해서 '기쁨'을 주신 그들의 주님을 전하지 않을 수 없었다. "그 흩어진 사람들이 두루 다니며 복음의 말씀을 전했다"(8:4). 결국, 예루살렘에서 안주하던 그리스도인들이 큰 박해로 사마리아로 흩어진 것은 '예루살렘과 온 유대와 사마리아…에 이르러 내 증인이 되라'는 성자 하나님의 분부를 이루기 위한 성부 하나님의 방법이었다. 흩어진 그리스도인들이 탐탁하게 여기지 않던 사마리아인에게 복음을 전하게 한 것은 성령 하나님의 역사였다.

스데반의 순교 때문에 그리스도인들이 '흩어졌다'는 표현이 사도행전에서 세 번 나오는데, 두 번은 8장에서이고, 한 번은 11장에서이다. "그 때에 스데반의 일로 일어난 환난으로 말미암아 흩어진 자들이 베니게와 구브로와 안디옥까지 이르러 유대인에게만 말씀을 전하는데, 그 중에 구브로와 구레네 몇 사람이 안디옥에 이르러 헬라인에게도 말하여 주 예수를 전파하니, 주의 손이 그들과 함께 하시매 수많은 사람들이 믿고 주께 돌아오더라"(11:19-21).

결국, 스데반이 일찍 순교하여 죽은 것은 하나님의 뜻이었다. 그의 죽음을 계기로 복음이 사마리아는 물론 이방인의 지역으로 파고 들어가는 역사가 있었다. 베니게와 구브로와 안디옥은 이방인이 사는 곳이었다. 그 지역 가운데는 안디옥도 있었다. 후에 안디옥은 세계 선교의 전진 기지가 되어, 이곳을 중심으로 아시아는 물론 유럽으로 복음이 편만하게 그리고 능력 있게 전파되었다. 하나님의 높고도 높은 고귀한 뜻을 이루는 방법은 신비롭지만 완전하다!

2. 징검다리-사마리아인 (8:5-25)

유대인 그리스도인들이 사마리아 여기저기에서 복음의 말씀을 전했는데, 그곳에 혜성같이 나타난 빌립이 있었다. 그는 스데반과 더불어 집사가 된 일곱 사람 중 하나였다. 스데반이 '기사와 표적'을 행하면서 능력의 복음을 전한 것처럼 (7:8), 빌립도 말로만 전하지 않고 그 복음을 뒷받침해 주는 표적을 행했다. 누가는 빌립의 전도를 '말'과 '행함'으로 요약했다. "무리가 빌립의 말도 듣고 행하는 표적도 보고 한 마음으로 그가 하는 말을 따르더라"(8:6).

만일 그런 행함이 따르지 않았다면, 사마리아인들은 유대인들이 전하는 복음을 쉽게 받아들이지 못했을 것이다. 그가 행한 표적을 보자: "많은 사람에게 붙었던 더러운 귀신들이 크게 소리를 지르며 나가고 또 많은 중풍병자와 못 걷는 사람이 나으니, 그 성에 큰 기쁨이 있더라”(8:7-8). 베드로를 통해 앉은뱅이를 일으키신 성령은 이번에는 빌립을 통해 그가 행한 것 못지않은 기적을 일으켰다. 천국의 확장을 위해 베드로와 빌립이 같은 방법으로 사용되었다.

얼마나 역사가 컸던지 마술로 사람들을 놀라게 한 시몬이라는 마술사도 그 도에 복종했다. 그렇게 힘있게 전해진 복음의 말씀으로 인하여 세례를 받은 자가 많이 생겼다. 누가는 그 사실을 이렇게 묘사했다: “빌립이 하나님 나라와 및 예수 그리스도의 이름에 관하여 전도함을 그들이 믿고 남녀가 다 세례를 받으니, 시몬도 믿고 세례를 받은 후에 전심으로 빌립을 따라다니며, 그 나타나는 표적과 큰 능력을 보고 놀라니라”(8:12).

비록 많은 사마리아인이 믿고 세례를 받았지만, 성령의 임재는 경험하지 못했다. 그들을 돕기 위해 예루살렘교회는 베드로와 요한을 보내어 믿고 세례를 받은 사람들을 위해 안수하며 기도해주었다. 그렇게 할 때 사마리아인들도 성령을 받아 거듭난 그리스도인이 된 것이다. 그 모든 과정을 지켜본 사람 중 가장 혁혁한 마음의 변화를 일으킨 사람은 베드로였다. 성령이 사마리아인에게도 임하시다니! 그 경험이 징검다리가 되어 그는 이방인에게도 갈 수 있었다.

베드로가 이방인인 고넬료에게 가기 전에 사마리아인들에게 복음을 전했는데, 그 이유는 두말할 필요도 없이 그로 사마리아를 거쳐서 이방인에게로 들어가게 하기 위함이었다. 누가는 베드로가 사마리아에서 전도한 사실을 빼놓지 않고 기록했다. “두 사도가 주의 말씀을 증언하여 말한 후, 예루살렘으로 돌아갈새 사마리아인의 여러 마을에서 복음을 전하니라”(8:25). 사마리아로 흩어진 그리스도인들과 빌립이 활짝 열었던 복음의 문으로 베드로와 요한도 들어갔다.

베드로가 사마리아를 방문했을 때 에피소드가 있었는데, 그것은 마술사였던 시몬 때문에 일어난 일이었다. 시몬은 시몬(베드로의 원명)의 안수와 기도로 성령을 받는 역사를 보고 그도 돈으로 그 능력을 사려고 했다. 그 시몬은 시몬으로부터 호되게 혼이 났는데, 성령의 역사와 임재는 결단코 돈으로 살 수 있는 것이 아니었기 때문이다. 그것은 하나님의 은혜로만 가능한 역사였다. 그날 그것은 시몬에게는 물론 모든 그리스도인에게 교훈이 되었다 (8:24).

사마리아에서 일어난 엄청난 전도의 열매는 전에도 한 번 있었다. 예수님이 유대를 떠나 갈릴리로 가실 때 사마리아를 통과하셨다. 그 당시 유대인은 그 길로 가지 않고 주로 예루살렘에서 여리고로 내려가서 요단강을 따라 갈릴리로 올라갔다. 그렇게 하면 사마리아인들도 피할 수 있으며, 강변을 따라가면서 물과 과일을 쉽게 구할 수 있었기 때문이다. 예수님은 제자들을 데리시고 아무 설명도 없이 사마리아를 거쳐서 갈릴리로 올라가기로 하셨다 (요 4:3).

그 목적은 너무나 분명했는데, 사마리아인들을 구원하시기 위함이었다. 그분이 직접 가시지 않으면 사마리아인들은 구원받기가 거의 불가능했다. 그분이 공생애를 시작하시면서 갈릴리에서 '가르치시며, 천국 복음을 전하시며, 많은 병자를 고쳐주셨다' (마 4:23). 그 소문이 퍼짐에 따라 각처에서 사람들이 몰려왔는데, 그들이 온 지역을 보면 다음과 같다: "갈릴리와 데가볼리와 예루살렘과 유대와 요단강 건너편에서 수많은 무리가 따르니라" (마 4:25).

그 당시 이스라엘은 유대, 사마리아, 갈릴리, 데가볼리 및 강 건너편인 베뢰아로 구성되었다. 그런데 사마리아에서 예수님에게 나아온 사람은 하나도 없었는데, 그 이유는 그들이 감히 유대인들의 지역으로 오지 못했기 때문이다. 예수님은 사마리아 사람들의 구원을 위해 사랑으로 햇볕 쏟아지는 먼 거리를 무릅쓰고 그곳을 찾아가셨고, 그 결과 '많은 사마리아 사람들이 예수를 믿었다' (요 4:39). 예수님의 본을 따라 빌립도 그곳에서 복음을 전했다.

3. 징검다리 — 에디오피아인 (8:26-40)

사마리아에서 많은 사람이 회개하고, 믿고, 세례를 받고, 성령을 받는 부흥의 역사가 일어나고 있었는데, 주의 사자는 빌립에게 예루살렘을 거쳐 광야 길을 지나 가사까지 가라고 지시하셨다 (8:26). 인간적으로는 그곳에서 부흥의 역사를 더 누리길 원했겠지만, 빌립은 순종하여 조금도 지체하지 않고 즉시 움직였다. 그런데 빌립이 상상도 하지 못한 사람을 만나게 되었는데, 그 사람은 '에디오피아인으로 여왕 간다게의 모든 국고를 맡은' 지체 높은 관리였다 (8:27).

간다게는 군주 또는 여왕의 뜻으로 이름 대신 부르는 칭호이다. 그 고급 관리가 수레를 타고 멀고도 먼 예루살렘으로 오는데 적어도 두 달은 걸렸을 것이다. 그런 사실은 두 가지를 알려주는데, 첫째는 유대교에 대한 그의 신앙심이 참으로 깊었다는 것이다. 둘째는 그에게 상당한 재력이 있었다는 것이다. 재력이 없었다면 그 당시 구하기 어려운 구약성경과 수레를 소유할 수 없었을 것이다. 성령 하나님은 그 사람을 구원하시기 위해 그 시각에 빌립을 보내셨다.

그 내시는 수레 위에서도 이사야를 읽고 있을 만큼 신앙을 추구하는 사람이었다. 빌립은 그 내시가 그 순간 골몰하게 읽고 있는 관심사에 질문을 던지면서 접근했다. 빌립의 질문은 간단명료했다: "읽는 것을 깨닫느냐" (8:30)? 그렇게 시작된 대화로 이사야에 기록된 예수 그리스도에 대한 예언을 풀어주면서 복음을 전했다 (8:32-35). 복음을 들은 내시의 반응은 적극적일 뿐 아니라 성경적이었는데, 세례를 받겠다고 자청했기 때문이다 (8:36).

빌립은 그의 믿음을 확인하기 위해 이렇게 말했다: "네가 마음을 온전히 하여 믿으면 가하니라." 그 말에 그 내시는 이렇게 대답하므로 그의 믿음을 확실히 고백했다. "내가 예수 그리스도께서 하나님의 아들인 줄 믿노라" (8:37; 어떤 사본에). 그의 신앙고백을 받아들인 후 '빌립과 내시가 둘 다 물에 내려가 빌립이 세례를 베풀었다' (8:38). 그 후 빌립은 아소도로 가서 여러 성에서 복음을 전한 후 가이사랴로 갔다 (8:40). 그 내시는 넘쳐나는 기쁨으로 길을 갔다 (8:39).

에디오피아의 여왕 간다게의 국고를 맡은 내시는 이미 언급한 대로 유대교에 입교한 사람이었다. 그는 이방인이지만 유대교를 신봉한 사람이었다. 사마리아 사람들은 유대인도 되고 이방인도 되는 중간자였다. 그런 까닭에 사도행전 8장은 유대인 전도에서 이방인 전도로 옮겨가기 위한 징검다리였다. 이처럼 중요한 역할을 감당하기 위하여 성자 하나님은 그분의 명령에 사마리아를 삽입했고, 성령 하나님은 사마리아와 에디오피아 내시에게 복음을 전하게 하셨다.

사도행전 8장은 비극으로 시작되었다. 사울은 스데반의 죽음을 마땅하게 여겼고, 경건한 그리스도인들은 크게 울면서 스데반을 장사했다. 또 교회에 큰 박해가 일어나서 그리스도인들은 고향을 떠나 흩어졌다. 그러나 그 장의 결말은 놀라울 뿐이다! 사마리아인들이 대거 예수 그리스도를 믿고 받아들였고, 성령을 선물로 받았다. 그뿐 아니라, 그렇게 멀리서 온 에디오피아의 국고를 맡은 관리인 내시도 빌립의 개인 전도로 구원받고 기쁨으로 돌아갔다. 죽음으로 시작된 장이 생명으로 끝을 맺었다!

베드로와 요한

예루살렘교회는 사마리아에서 믿고 세례를 받은 사람들을 위해 베드로와 요한을 보냈는데, 그 목적은 그들이 성령을 받게 하기 위해서였다. 말씀으로 확인하자: "예루살렘에 있는 사도들이 사마리아도 하나님의 말씀을 받았다 함을 듣고 베드로와 요한을 보내매, 그들이 내려가서 그들을 위하여 성령 받기를 기도하니…이에 두 사도가 그들에게 안수하매 성령을 받는지라"(행 8:14-15, 17). 그런데 베드로와 요한 두 사도를 함께 보낸 특별한 이유라도 있는가?

유대인에게는 둘 내지 세 명의 증인을 세우는 것이 율법이자 그들의 관습이었다. 율법을 어긴 자를 죽일 때 그렇게 증인을 세워야 했다. "죽일 자를 두 *사람이나 세 사람*의 증언으로 죽일 것이요…"(신 17:6). 그처럼 증인의 중요성을 강조하기 위해 모세는 이렇게 반복해서 명령했다. "사람의 모든 악에 관하여 또한 모든 죄에 관하여는 한 증인으로만 정할 것이 아니요, 두 증인의 입으로나 또는 *세 증인*의 입으로 그 사건을 확정할 것이며"(신 19:15).

그런 가르침에 따라 예수님도 제자들을 전도하라고 보내실 때 둘씩 보내셨고(막 6:7), 교회에서 문제를 일으키는 사람을 징계할 때도 두세 증인으로 증언하게 하셨다. "네 형제가 죄를 범하거든 가서 너와 그 사람과만 상대하여 권고하라; 만일 들으면 네가 네 형제를 얻은 것이요, 만일 듣지 않거든 한두 사람을 데리고 가서 두세 증인의 입으로 말마다 확증하게 하라" (마 18:15-16). 그런 것이 유대의 관습이 되어 호불호를 막론하고 두세 증인으로 결정했다.

예수님도 중요한 사역에는 세 명의 제자와 동행하셨는데, 곧 베드로와 요한과 야고보였다. 야이로의 딸을 살리실 때도 그 제자들과 함께 가셨고 (막 5:37), 변화산에도 함께 가셨고 (마 17:1), 겟세마네 동산에도 데리고 가셨다 (막 14:33). 사도행전에서는 특히 베드로와 요한이 함께 사역하는 사실이 부각되었는데, 함께 기도하려고 성전으로 가다가 나면서부터 걷지 못하는 앉은뱅이를 함께 일으켰다 (행 3:1-10). 그 둘은 공회 앞에서 담대하게 말하기도 했다 (4:13).

야고보가 순교하여 헤롯에게 죽임을 당한 후부터는 두말할 필요도 없이 베드로와 요한이 함께하는 횟수가 더 많아졌다. 예를 들면, 예수님이 붙잡혀서 대제사장에게로 끌려가셨을 때, 그들은 그 대제사장의 집안으로 함께 들어갔다 (요 18:15). 그뿐 아니라, 그들의 주님이 십자가에서 죽은 후 다시 살아나셨다는 소식을 듣고 베드로와 요한은 무덤으로 함께 달려갔다 (요 20:4). 그리고 요한은 무덤 밖에 있었으나, 베드로는 무덤 안으로 들어갔다 (요 20:5-6).

마침내 빌립이 사마리아에서 많은 전도의 열매를 얻었다는 소식을 전해 들은 예루살렘교회의 사도들이 이 두 사람, 곧 베드로와 요한을 보냈다. 베드로는 예수님의 수제자이고, 요한은 그분이 가장 사랑하시는 제자였다. 그런 두 사도를 파송하므로 사마리아교회도 예루살렘교회와 똑같이 사도들의 가르침과 권위 아래 하나가 될 수 있었다. 비록 문화와 종교적 전통은 달랐지만, 그리스도 예수 안에서 하나가 되었다는 놀라운 증거였다.

오랫동안 서로 앙숙이었던 유대인과 사마리아인이 이처럼 하나가 되었다는 사실은 복음 안에 잠재된 엄청난 능력을 말해준다. 그복음의 능력은 두 가지인데, 하나는 유대인이나 사마리아인이나 그들을 위해서 십자가에서 죽으셨다 부활하신 예수 그리스도의 구속적 사랑이다. 둘은 회개하고 믿은 사람들에게 인종과 신분의 고하와 문화의 차이를 뛰어넘어 임하신 성령의 내주이다. 그것이 성령의 민주화이고 우주화이다!

그런데 복음의 능력은 사마리아의 그리스도인에게만 나타난 것이 아니다. 그들을 위해 예루살렘교회의 파송을 받은 두 사람에게도 역시 똑같은 능력이었다. 베드로는 그의 주님을 세 번씩이나 부인했던 사람이었다. 그러나 주님의 사랑과 성령의 임재로 송두리째 바뀌었다. 요한은 어떤가? 한 번은 주님과 제자들이 사마리아를 지나게 되었는데, 사마리아 사람들이 그들을 배척했다. 그러자 요한은 그의 형제 야고보와 더불어 날카롭게 반응하였다.

그들의 반응을 인용해 보자, "예수께서 예루살렘을 향하여 가시기 때문에 그들[사마리아인]이 받아들이지 아니 하는지라. 제자 야고보와 요한이 이를 보고 이르되, '주여, 우리가 불을 명하여 하늘로부터 내려 저들을 멸하라 하기를 원하시나이까?'"(눅 9:53-54). 그런 반응은 그들 속에 잠재해 있던 사마리아인들에 대한 경멸감이 기회를 타서 밖으로 분출한 것에 지나지 않았다. 그렇게 무서운 심판을 운운하던 요한이 사마리아로 기꺼이 갔던 것이다!

그렇게 가서 사마리아인들이 성령을 받기 위해 안수기도를 해주

다니, 얼마나 놀라운 변화인가! 확실히 복음에는 능력이 있는데; 먼저는 전하는 자를 변화시키고, 그다음엔 그렇게 변화된 전도자들을 통해 사마리아인들을 변화시켰다. 베드로와 요한은 비록 그들이 변화하는데 멀고도 긴 여정을 거쳐야 했지만, 일단 오순절 날에 성령의 충만을 받아 변화한 후부터는 그 복음의 능력을 즉각적으로 그리고 주저하지 않고 발휘했다.

베드로라는 이름은 바위 또는 돌이라는 뜻인데, 예수님은 그를 만난 순간 그의 이름을 시몬에서 돌이라고 바꾸셨다 (요 1:42). 그의 주님이신 예수 그리스도는 '이 반석 위에 내 교회를 세우겠다'고 선언하셨다 (마 16:18). '반석'은 흔들리지 않는 영적 권위를 나타낸다. 그러므로 사도 베드로는 사마리아교회를 돌같이 든든한 기초를 쌓기 위하여 주님이 위임하신 그의 권위를 한껏 사용했음이 틀림없다.

반면, 사도 요한은 그의 주님이 '사랑하시는 제자'였다 (요 21:20). 그는 예수님의 '품에 의지하여 누울' 만큼 주님을 사랑했으며, 주님도 그를 사랑하셨다 (요 13:23). 그는 열두 제자 가운데 가장 사랑이 많은 사랑의 사도로 알려져 있다. 그는 사마리아에 가서 그 사랑을 마음껏 전하므로, 그 교회가 든든히 세워지도록 큰 역할을 감당했을 것이다. 결국, 예루살렘교회가 베드로와 요한을 파송한 것은 사도의 권위와 사랑으로 사마리아교회를 세우기 위함이었다.

Exploring Acts

8장

이방인의 사도

성자 하나님의 중요한, 그리고 핵심적인 말씀을 다시 인용하자: "오직 성령이 너희에게 임하시면, 너희가 권능을 받고 예루살렘과 온 유대와 사마리아와 땅 끝까지 이르러 내 증인이 되리라." (행 1:8) 그분이 그렇게 말씀하신 궁극적인 목적은 '땅 끝'에 있는 사람들을 구원하시기 위해서였다. 그런데 사도행전의 전개를 살펴보면, 오순절에 성령이 강림하신 후, 얼마 지나지도 않아서 '땅 끝'에 있는 이방인들의 구원을 위해 차곡차곡 준비하고 있다는 것을 읽을 수 있다.

헬라파 과부들이 구제에 빠지므로 갈등했는데, 그것은 하나님이 허용해서 일어난 세계 선교를 향한 첫걸음이었다. 그 갈등의 결과 성령으로 권능을 받은 스데반과 빌립이 지도자로 전면에 등장하게 되었다. 권능으로 복음을 전한 스데반이 순교를 당한 것도 이방인을 위한 놀라운 하나님의 섭리였다. 그 결과 예루살렘에 갇혀서 '땅 끝'을 보지 못했던 그리스도인들이 사마리아로 그리고 베니게와 구브로와 안디옥으로 흩어져서 복음을 전했기 때문이다 (11:19-20).

그처럼 '땅 끝'의 전도가 시작되자 성부 하나님은 그 전도를 확장하시려고 두 가지 큰 역사를 이루셨다. 하나는 베드로를 통해 이방인인 고넬료와 그의 가족이 그리스도에게로 인도된 역사였다. 둘은 스데반의 죽음을 당연시했던 사울이 부활하신 예수 그리스도를 만나서 180도 바뀐 역사였다. 스데반이 죽으면서 '주여, 이 죄를 저들에게 돌리지 마옵소서'라고 올린 기도의 응답이었다 (7:60). 사울의 회심이 중요한 것은 그가 이방인의 사도가 되었기 때문이다.

1. 사울의 회심 (9:1-9)

그 당시에는 유대인들 사이에서 메시야에 대한 기대가 점증漸增하고 있었다. 세례 요한의 사역으로 인해 사람들이 '네가 누구냐?'라고 묻자, '나는 그리스도가 아니라'고 대답한 것을 보아도 분명하다 (요 1:19-20). 거기다가 예수라는 분이 나타나서 병자들을 고치시며, 귀신들린 자들에게서 귀신을 쫓아내시며, 많은 기적을 행하셨다. 유대인들은 전전긍긍하면서도 그들이 그렇게 오랫동안 기다리던 메시야가 곧 오실지도 모른다는 생각에 사로잡혀 있었다.

만일 메시야가 조만간 오신다면 그분을 맞이할 준비를 해야만 했다. 바리새인인 사울이 준비하는 방법은 두말할 필요도 없이 모세의 율법을 더욱 철저하게 지키는 것이었다. 사울은 그 율법을 지키기 위하여, 율법의 배신자들을 죽인 아론의 손자이며 엘르아살의 아들인 제사장 비느하스를 염두에 두었을지도 모른다. 비느하스는 일곱 번째 계명을 어기고 미디안 여인과 음행한 이스라엘의 지도자와 그 여인을 창으로 찔러 죽였다 (민 25:8).

그런데 그렇게 사람을 둘씩이나 잔인하게 죽인 비느하스를 하나님이 칭찬하시며 영원한 제사장의 직분을 주겠다는 복을 주셨다.

"…비느하스가 내 질투심으로 질투하여 이스라엘 자손 중에서 내 노를 돌이켜서 내 질투심으로 그들을 소멸하지 않게 하였도다. 그러므로 말하라; 내가 그에게 내 평화의 언약을 주리니, 그와 그의 후손에게 영원한 제사장 직분의 언약이라. 그가 그의 하나님을 위하여 질투하여 이스라엘 자손을 속죄하였음이니라" (민 25:11-13).

사울에게 모세의 율법을 '어긴' 스데반의 죽음은 너무나 당연했다. 그는 그것으로 만족하지 않았다. 그는 나사렛 예수라는 이단에 빠져서 우상을 섬기는 자들을 내버려 둘 수 없었다. 그는 '주의 제자들에 대하여 여전히 위협과 살기가 등등했다' (9:1). '등등했다'는 표현의 헬라어로는 '숨을 내쉬다'인 *에파네오*(ἐμπνέω)이다. 한순간이라도 숨을 쉬지 않으면 죽는 것처럼, 사울은 한순간도 '우상 숭배자들'에 대해 '위협과 살기'를 품지 않은 적이 없었다.

'위협과 살기'는 이미 예루살렘에서 큰 효과를 거두었는데, 많은 그리스도인이 이미 예루살렘을 떠났기 때문이다. 그 사실에 만족한 대제사장은 흩어져서 다메섹까지 도망간 '우상 숭배자들'을 체포할 수 있는 공문을 사울에게 주었다. 모세의 율법을 지키기 위해 스데반을 주저하지 않고 돌로 쳐서 죽인 유대인들과, 그 죽음을 당연시할 뿐 아니라 다메섹까지 쫓아가서 그들을 잡아 오겠다는 사울은, 스스로 율법의 수행자라는 자부심으로 꽉 차 있었다.

다메섹이 가까웠을 때 갑자기 빛이 비치고 소리가 들렸다. 마치 이스라엘 백성에게 임하신 하나님이 큰 빛과 소리로 임하신 것처럼 말이다 (출 19장). 그리고 오순절 날에 소리와 빛으로 임하신 성령처럼 말이다. 이스라엘 백성이 시내산에서 경험한 하나님의 빛과 소리로 그들의 미래를 영원히 바꾼 것처럼, 그리고 빛과 소리로 임하신 성령으로 인하여 120명의 성도들의 삶이 영원히 바뀐 것처럼, 사울의 생애와 사역도 그 소리와 빛으로 영원히 바뀌었다.

사울은 그리스도인들을 박해하는 것이 모세의 율법을 따르면서 하나님의 뜻에 순종하는 것이라고 확신했는데, 그 '소리'는 그 확신과 반대였다; "사울아, 사울아, 네가 어찌하여 나를 박해하느냐" (9:4)? 사울은 '나를 박해하느냐?'에서 '나'가 누군지 확인하지 않으면 안 되었다. "주여 누구시니이까" (9:5)? 사울은 그때까지 예수님에 대한 이야기는 들었지만, 보거나 만나거나 박해한 적이 없었다. 그런데 제자들을 박해하는 것은 그분을 박해하는 것이라고 하셨다.

사울은 그 순간 부활하신 예수 그리스도를 만난 것이었다! 그는 후에 이렇게 간증하면서 부활하신 주님이 자기에게 보이셨다고 했다. "맨 나중에 만삭되지 못하여 난 자 같은 내게도 보이셨느니라" (고전 15:8). 그렇게 사울이 주님을 만나면서 그에게 엄청난 일이 일어났는데, 그것은 '눈은 떴으나 아무 것도 보지 못한' 것이었다. 그처럼 놀라운 사건을 짧게 묘사하면서 누가는 '보지 못한다'는 표현을 세 번씩이나 반복했다 (9:7-9).

물론 삼 일 후 아나니아의 기도와 안수로 다시 보게 되었지만, 그 어두움의 삼일은 사울의 인생과 사역을 완전히 바꾸었다. 그는 율법을 지킨답시고, 그 율법이 예언한 메시야에 대해 전혀 보지 못했었다. 그러나 이제 그는 그 메시야에 대해서 눈을 떴다. 하나님의 뜻을 이행한답시고 광분한 모든 생각과 행동이 실제로는 하나님을 대적했다는 사실에도 눈을 떴다. 그렇게 영적으로 눈 뜬 경험을 통해 사울은 하나님의 뜻을 올바르게 알게 되었다.

사울이 또 눈을 뜨게 된 것은 예수 그리스도와 그분의 제자들이 하나라는 사실이다. 제자들을 박해했는데, 주님을 박해했다는 꾸짖음으로 그분과 제자들은 떼려야 뗄 수 없는 불가분의 관계라는 것도 알게 되었다. 후에 사울은 그분이 머리이고 제자들이 몸이라는 유기적 관계를 깨닫고 가르치는 계기가 되었을 것이다. 또 눈을 뜨게 된 것이 있는데, 그것은 지금부터 그가 박해하던 예수 그리스도의 증인이 되어 제2의 스데반이 되어야 한다는 것이다.

2. 사울의 사명 (9:10-19a)

왜 성자 하나님은 사울을 그처럼 극적으로 만나셨는가? 그분에게는 분명한 목적이 있었는데, 그것은 '땅 끝', 곧 이방인의 구원을 위해서였다. 주님이 당신의 종인 아나니아에게 하신 말씀을 인용하면서 설명해 보자. "…이 사람은 내 이름을 *이방인*과 임금들과 이스라엘 자손들에게 전하기 위하여 택한 나의 그릇이라"(9:15). 이방인을 개나 돼지처럼 여기던 골수파 바리새인에게 그 이방인에게 복음을 전하도록 부르셨다는 획기적인 말씀이다.

사울은 후에 법정에서 그를 잡아 죽이려는 유대인들에게 증언하면서, 그에게 나타나신 부활의 주님이 '내가 너를 멀리 *이방인*에게로 보내리라 하셨다'고 외쳤다(22:21). 그 증언은 주님이 아나니아에게 하신 말씀과 일치했다. 주님은 처음부터 당신의 분부, 곧 '땅 끝까지 이르러 내 증인이 되리라'는 약속을 이루기 위한 도구로 사용하시려고 사울을 그렇게 획기적으로 만나 주신 것이다. 이방인의 구원은 처음부터 성부 하나님의 뜻이었기 때문이다.

물론 그처럼 엄청난 사명을 인간적으로는 결단코 성취할 수 없겠다. 그러므로 성부 하나님은 아나니아를 통해 성령 충만이란 놀라운 경험을 하게 하셨다. "아나니아가 떠나 그 집에 들어가서 그에게 안수하여 이르되, '형제 사울아, 주 곧 네가 오는 길에서 나타나셨던 예수께서 나를 보내어 너로 다시 보게 하시고 *성령으로 충만하게 하신다*'" (9:17). 그러니까 사울은 부활하신 주님을 만난 후 삼 일 후에 성령으로 충만함을 받는 엄청난 경험을 하였다.

그렇다! 성부 하나님의 뜻에 따라 성자 하나님의 분부를 이행할 수 있도록 예수 그리스도는 그를 만나 주셨고, 또 성령으로 충만하게 하셨다. 그렇게 이중적으로 은혜를 퍼부어주신 목적은 이미 언급한 대로 이방인에게 복음을 전하게 하기 위함이었다. 그는 후에 이렇게 간증했다. "그의 아들을 *이방에 전하기 위하여* 그를 내 속에 나타내시기를 기뻐하셨다" (갈 1:16). 그뿐 아니라, 그는 주저하지 않고 자신이 '이방인의 사도'라고 선언했다 (갈 2:8).

사울을 그렇게 이방인의 사도로 부르신 주님은 그 사도직을 수행할 수 있는 능력도 주셨는데, 그것을 위하여 성령으로 충만하게 하셨다. 그뿐 아니라, 그 직에 맞는 말씀도 허락하셨는데, 그것을 위해 주님은 그를 셋째 하늘로 데리고 가서서 '말로 표현할 수 없는 말'을 듣게 하셨다 (고후 12:12-14). 사도직을 수행하기 위해 그처럼 적극적인 은혜도 있지만, 소극적인 은혜도 있는데 그것은 주님을 위하여 고난을 받게 된다는 것이다 (9:16).

성부 하나님은 사울이 성자 하나님의 분부를 수행할 수 있도록 세 가지를 주셨다. 그리고 아나니아가 그에게 안수하며 기도해줄 때, '사울의 눈에서 비늘 같은 것이 벗어져 다시 보게 되었다' (9:18). 이제부터 새로워진 안목으로 율법과 그리스도와 세계를 보면서 차원 높은 삶과 사역으로 옮겨갈 것인데, 관문이 하나 더 남아 있었다. 그것은 세례였는데, 그 세례를 통해 그는 주님과 하나가 되었을 뿐 아니라, 동시에 새로운 신앙공동체의 일원이 된 것이다 (9:18).

3. 사울의 변화 (19b-30)

부활하신 그리스도 예수와의 만남은 사울의 사고와 언행을 완전히 바꾸어 놓았다. 그의 변화는 여러 가지인데, 말씀에 근거해서 몇 가지만 추려보자. 첫 번째 변화는 그리스도인들과의 교제였다. 그가 '위협과 살기가 등등하여' 잡으려던 다메섹의 그리스도인들로부터 사랑을 받았다. 그에게 사랑을 먼저 보여준 사람은 아나니아였다. 그는 사울을 찾아와서 '형제 사울아!'라고 부르면서 구주이신 예수 그리스도 안에서 형제가 된 사실을 알려주었다 (9:17).

틀림없이 아나니아의 소개로 다른 그리스도인들도 만났을 것이다. 그들은 삼일씩이나 '먹지도 마시지도 아니한' 사울을 위하여 식탁을 마련했을 것이다 (9:9). "음식을 먹으매 강건하여지니라"는 말씀이 함축하고 있는 것은 그리스도인들이 정성껏 음식을 차렸다는 것이다. 사울이 음식을 만들 수도 없었고, 그렇다고 다른 바리새인들이 준비하지도 않았을 것이다 (9:19). 얼마나 정겨운 식탁의 교제였겠는가? 차린 자들이나 먹는 자나 오가는 정이 넘쳤을 것이다.

사울의 교제를 묘사한 말씀을 인용해 보자: "사울이 다메섹에 있는 제자들과 함께 며칠 있을새" (9:19b). 그는 새롭게 교제하게 된 그리스도인들과 며칠을 함께 지냈다. 그렇게 미워하던 사람들이 그를 돌보면서 함께 숙식을 나누었다는 사실은 같은 주님을 모신 형제들 사이에서만 가능한 것이었다. 그들은 서로를 위해 기도했을 것이고, 주님의 이야기로 꽃을 피웠을 것이다. 그와 같은 내적 교제는 반드시 밖으로 발산하게 되어 있었다.

밖으로의 발산이 사울의 두 번째 변화였다. 그는 "즉시로 각 회당에서 예수가 하나님의 아들이심을 전파했다" (9:20). 회당은 사울에게는 친정과 같은 곳이었다. 그는 그 문화를 너무나 잘 알고 있었으며, 따라서 회당마다 찾아다녔다. 그 목적은 분명했는데, 율법주의자들이 우상이라고 여기면서 박해하던 예수 그리스도가 '하나님의 아들'이라고 전파했을 뿐 아니라, 그분이 그리스도, 곧 메시야라고 증언했다 (9:22).

율법주의자들의 반응은 '다 놀라워한' 것이었다 (9:21). 그러나 놀라움은 점차 미움으로 변화되었고, 마침내 사울을 죽이기로 공모하기에 이르렀다 (9:23). 사울이 잡아 투옥하고 또 죽이려 했던 그리스도인들이 이번에는 사울을 살렸다. 그들은 '밤에 사울을 광주리에 담아 성벽에서 달아 내렸다' (9:25). 그런 탈출이 가능했던 것은 그곳의 그리스도인들이 그곳의 정황을 너무나 잘 알고 있었기 때문이다. 거기다 그리스도의 사랑까지 있었기 때문이었다!

사울이 스데반의 죽음을 인정했던 예루살렘으로, 또 그 죽음을 계기로 큰 박해를 일으킨 예루살렘으로, 돌아가는데 이번에는 거꾸로 그곳에 있는 그리스도인들과 사귀려고 갔다. 얼마나 혁혁한 변화인가! (9:26). 그곳의 그리스도인들이 사울을 두려워하면서 회피했으나, 사도들로부터 훈련과 인정을 받은 바나바의 중재로 그들

사이에 있던 장벽이 무너졌다. 바나바는 사울이 주님을 어떻게 만났으며, 또 어떻게 예수 그리스도를 담대히 전했는지를 전했다 (9:27).

사울이 예루살렘에서도 '주 예수의 이름으로 담대히 말하고, 헬라파 유대인들과 함께 말하며 변론했다' (9:29a). 결과는 다메섹에서처럼 똑같이 율법주의자들이 사울을 죽이려고 힘썼다 (9:29b). 이번에도 역시 "형제들이 알고 가이사랴로 데리고 내려가서 다소로 보냈다" (9:30). 그리스도인들이 사울을 안내했을 뿐 아니라, 틀림없이 여비도 마련해주었을 것이다. 하나님도 그런 교제를 기뻐하시고, 교회마다 든든해지며 많은 사람이 돌아오게 하셨다 (9:31).

4. 베드로의 사역 (9:32-43)

사도행전의 저자인 누가는 이방인을 위한 전도의 문이 열리기 시작할 때 그것을 확정하고 확대하기 위해 성자 하나님이 만나 주신 '이방인의 사도'의 회심을 삽입했다. 그렇게 엄청난 역사를 삽입이라고 표현한 것은 아직도 베드로의 사역이 끝나지 않았기 때문이다. 성자 하나님으로부터 천국 열쇠를 받은 베드로는 그 열쇠로 천국의 문을 활짝 열 때까지는 그가 사도행전의 주인공이다. 그리고 그가 천국의 문을 연 마지막 단계는 이방인의 회심이었다.

베드로가 이방인 고넬료를 회심시키기 전에 두 가지 기적을 베풀었는데, 하나는 애니아의 중풍병을 낫게 한 것이고, 둘은 죽은 도르가를 살려낸 것이다. 베드로는 복음을 전하면서 '사방을 두루 다니다가 룻다'로 내려갔다 (9:32). 룻다에는 8년이나 중풍병으로 고생하는 애니아가 있었다. 베드로가 "예수 그리스도께서 너를 낫게 하시니, 일어나 네 자리를 정돈하라"고 하니, 즉시 병에서 벗어났다. 그로 인해 룻다와 사론의 많은 사람이 '주께로 돌아왔다' (9:34-35).

룻다에서 16km 떨어진 욥바에 도르가라는 여제자가 병들어 죽었다. 마침 룻다에 있던 베드로가 불려 왔는데, 그들은 베드로가 룻다에서 큰 기적을 일으킨 소식을 들었을 것이다. 베드로는 도착하는 대로 그 시체가 있는 다락방으로 올라갔다. 그리고 "무릎을 꿇고 기도하고 돌이켜 시체를 향하여 이르되, '다비다야 일어나라' 하니, 그가 눈을 떠 베드로를 보고 일어나 앉았다" (9:40). 도르가는 헬라식 이름이고 다비다는 히브리식 이름으로 그 뜻은 노루이다.

이 시점에서 두 가지를 언급하지 않으면 안 되는데, 하나는 베드로의 여정이다. 그는 유대인들의 교회가 있는 곳만 다녔는데, 룻다와 욥바는 유대인들이 사는 지역이었다. 또 하나는 베드로가 도르가의 시체가 있는 다락방으로 올라갔는데, 그것은 부정한 행위였다. 율법에 의하면 "사람의 시체를 만진 자는 이레 동안 부정하게" 되었다 (민 19:11). 그러나 베드로는 그런 율법을 어기고 시체에 접근했는데, 그 이유는 도르가가 살아날 것을 믿었기 때문이다.

그와 같은 하나님의 크신 역사를 전해 들은 욥바 사람들의 반응도 컸다. "온 욥바 사람이 알고 많은 사람이 주를 믿더라" (9:42). 그 후 "베드로가 욥바에 여러 날 있어 시몬이라 하는 무두장이의 집에서 머물렀다" (9:43). '무두장이'는 동물의 가죽을 벗긴 후 부드럽게 가공하는 사람인데, 부정한 동물과도 접촉해야 하기에 유대인들은 율법상 부정한 직업으로 여겼다. 그런데 베드로는 그런 직업을 가진 시몬의 집에 머무르고 있었다.

어쩌면 후에 성부 하나님이 베드로에게 '각종 네 발 가진 짐승과 기는 것과 공중에 나는 것들을…잡아 먹어라'는 명령을 이행할 수 있도록 준비시켰는지도 모르겠다 (10:12-13). 그뿐 아니라, 그 무두장이의 이름이 시몬인데, 그것은 베드로의 본명과도 같았다. 다시 말해서 시몬 베드로가 시몬 무두장이의 집에서 머무르다가 하나님의 부르심을 받고 고넬료와 그의 가족에게 복음을 전하게 되었다. 그들은 베드로가 전도한 최초의 이방인이었다.

기적

사도행전 9장에 의하면 베드로는 기적을 두 번 일으켰는데, 하나는 8년 된 중풍병자인 애니아를 낫게 한 것이고, 둘은 죽은 도르가를 살린 것이다. 사도행전에는 여러 가지 기적이 묘사되었는데, 대부분 베드로와 바울을 통해서 성령 하나님이 역사하신 것들이었다. 베드로는 위에 언급한 두 가지 외에도 많은 기적을 행했다. 말씀으로 확인해 보면 다음과 같다: 아나니아아 삽비라의 거짓말을 즉시 발견했고 (행 5:3), 쇠사슬이 풀리고 쇠문이 열렸다 (12:10).

그뿐 아니라, "…베드로가 지날 때에 혹 그의 그림자라도 누구에게 덮일까 바라고, 예루살렘 부근의 수많은 사람들도 모여 병든 사람과 더러운 귀신에게 괴로움을 받는 사람을 데리고 와서 다 나음을 얻었다" (5:15-16). 과연 이런 기적들은 전무후무한 것들이었다. 그런데 가장 의미 깊은 기적은 무엇보다도 미문에 앉아 있던 앉은뱅이를 일으킨 기적이었다. 그 기적은 베드로가 성령의 충만을 받은 후 제일 먼저 일으킨 기적이었는데, 그 후 많은 기적이 따랐다.

바울 사도도 못지않게 많은 기적을 행했다. 그는 박수 엘루마의 눈을 멀게 했고 (13:11), 앉은뱅이를 일으켰고 (14:10), 점치는 여인에게서 귀신을 쫓아냈고 (16:18), 손수건이나 앞치마로 병자를 치료하며 귀신도 쫓아냈고 (19:12), 죽은 유두고를 살렸고 (20:10), 독사에게 물려도 해를 입지 않았으며 (28:5), 보블리오의 부친이 고생하던 열병과 이질을 고쳐주었다 (28:8). 그와 같은 모든 기적은 성령 하나님이 베드로는 물론 바울과 함께하신 증거였다.

그렇다면 왜 성령 하나님은 그들을 통해 그처럼 많은 기적을 일으키게 하셨는가? 그 목적도 분명한데, 그들이 전하는 메시지가 성부 하나님에게서 온 것이라는 사실을 뒷받침하기 위해서였다. 죄인들을 향한 하나님의 메시지는 대부분 그들의 구원을 위한 것이었다. 베드로와 바울이 복음의 말씀을 전할 당시에는 교회가 시작된 지 얼마 되지 않았을 때였다. 우상에 찌든 세상 사람들이 하나님의 아들이신 예수 그리스도의 메시지를 쉽게 받아들일 이유가 없었다.

성부 하나님은 그들이 구주이신 성자 하나님을 전할 때, 성령 하나님을 통해 그 말씀을 확증하기 위해 기적을 일으키셨다. 주님의 말씀을 베드로와 바울이 전할 때 하나님도 함께하시며 역사하셨다는 말이다. 그 사실을 확인하는 말씀을 보자: "…이 구원은 처음에 주로 말씀하신 바요, 들은 자들이 우리에게 확증한 바니, 하나님도 표적들과 기사들과 여러 가지 능력과 및 자기의 뜻을 따라 성령이 나누어 주신 것으로써 그들과 함께 증언하셨느니라" (히 2:3-4).

성부 하나님은 인류의 역사에서 시시때때로 기적을 일으키시는데, 그 기적을 통해 위로는 하나님이 영광을 받으시고, 아래로는 그리스도인들이 더 깊이 헌신하게 되고, 죄인들은 성자 하나님이신 예수 그리스도께로 돌아온다. 물론 그런 기적들은 베드로와 바울과 같은 종들을 통해 일어났는데, 두말할 필요도 없이 성령 하나님이 그들을 사용하신 것이다. 그렇다면 중요한 질문이 생기는데, 주님의 메시지를 전할 때마다 하나님은 기적을 일으키시는가?

물론 아니다! 하나님의 말씀인 성경에 의하면 하나님이 기적을 많이 일으키신 시대가 네 번 있었다. 첫째는 모세와 여호수아의 시대였는데, 모세는 이스라엘 백성을 애굽에서 건져낸 후 광야를 40년이나 걸려서 통과하게 했다. 여호수아는 그처럼 긴 광야의 여정이 끝난 후 그 백성을 인도하여 약속의 땅인 가나안으로 들어갔다. 하나님이 모세와 여호수아를 통해 많은 기적을 일으키셨는데, 그들의 메시지가 하나님의 것이라는 사실을 확증하기 위해서였다.

하나님이 기적을 많이 일으키신 둘째는 엘리야와 엘리사의 시대였다. 그 시대는 사악한 아합 왕과 그의 아내 이세벨이 하나님을 등지고 바알 신을 섬겼는데, 바알의 선지자를 자그마치 850명이나 세웠다 (왕상 16장). 그 시대는 영적으로 암울한 시대로서 하나님의 종들은 그 왕과 이세벨을 피하여 여기저기 흩어져서 숨어 살았다. 이스라엘 나라 전체가 우상 숭배의 나라로 전락할 수 있는 영적 위기의 때였다.

하나님은 그것을 허락하지 않으시고 엘리야와 엘리사를 세워 그 나라를 바알이라는 우상 숭배로부터 구원해 내셨다. 그처럼 큰 구원을 위해 하나님은 그 두 선지자에게 능력을 주셔서 그들의 메시지가 하나님의 메시지라는 사실을 확증해 주셨는데, 그 확증이 바로 기적이었다. 셋째는 다니엘의 시대였는데, 비록 유다가 바벨론에 의하여 멸망했지만, 그분이 역사와 국가의 흥망성쇠를 통치하시는 전능하신 하나님이시라는 사실을 확증하기 위해서 기적들을 일으키셨다.

넷째는 예수님과 그 제자들의 시대였다. 그분은 초라한 가정에서 태어난 초라한 신분의 목수였다. 그런데 그분이 하나님의 아들이라는 선언은 인간적으로 받아들일 수 없을 뿐 아니라, 그렇게 선언한 사람은 돌에 맞아 죽어야 했다. 그렇지만 아무도 그분을 정죄하거나 돌로 칠 수 없었던 이유는 그분이 일으키신 기적들 때문이었다. 사복음서에 기록된 그분이 일으킨 기적은 자그마치 37가지나 되었고, 그 외의 것도 부지기수였다 (요 21:25).

예수 그리스도의 제자인 베드로와 바울도 그분의 도움을 받으면서 그리고 그분의 명령을 수행하면서, 성령 하나님의 도움을 받아 기적을 일으켰다. 그들이 일으킨 기적은 그들의 메시지를 확증했다. 그 대표적인 실례가 사도행전 3장에 묘사된 대로, 앉은뱅이를 일으킨 기적이었다. 그 기적으로 인해 그 앉은뱅이가 믿은 것은 물론 남자만도 5,000명이나 믿게 되었다. 결국, '말과 행위'가 같이 한 역사였다 (롬 15:18).

전도인 *케루그마*(κήρυγμα)와 은사인 *카리스마*(χάρισμα)는 원칙적으로 함께 역사한다. 복음은 메시지이고 은사는 그것을 확증하는 방편이기 때문이다. 그렇다고 복음을 전할 때마다 기적을 기대할 수 없는데, 이미 언급한 대로 네 시대에 집중적으로 일어난 기적을 모방하려는 시도이기 때문이다. 어떤 학자는 성경 전체에서 모든 기적과 시간을 합산하면, 평균 40년에 한 번씩 기적이 일어났다고 한다. 물론 하나님은 언제나 기적을 일으키실 수 있지만 말이다.

Exploring Acts

9장

첫 이방인의 회심

성부 하나님은 아담과 하와를 창조하실 때부터 그들의 후손도 역시 마음에 품으셨다. 그분의 사랑은 편애와 편견 없이 모든 인간에게 무조건적이다. 그런 사랑이 가장 생생하게 표현된 것은 그 아들의 죽음이었다. 그분의 죽음은 편애와 편견 없이 모든 사람을 위한 희생이었다. "그는 우리 죄를 위한 화목 제물이니 우리만 위할 뿐 아니요, 온 세상의 죄를 위하심이라" (요일 2:2). 그런 구속적 죽음을 사람들에게 전하도록 역사하시는 분은 성령 하나님이시었다.

비록 이스라엘 백성은 하나님이 그들을 편애하신다는 편견에 사로잡혀서 이방인들을 무시하고 경멸했지만, 하나님의 마음heart은 태초부터 변함이 없으셨다. 성부 하나님에게는 이스라엘 백성이든 이방인이든 똑같이 하나님의 사랑과 숨결로 창조된 존귀한 피조물이었다. 이스라엘 백성과 이방인 사이에 세워놓은 높고 높은 장벽을 허물게 하신 하나님의 도구는 바로 이스라엘 백성 중 하나인 베드로였다. 그들이 세운 장벽을 그들이 허물어야 했기 때문이다.

그뿐 아니라, 이방인의 복음화를 위해 성부 하나님이 선택하신 그릇도 역시 이스라엘 백성에게 속한 바울이었다. 바울은 누구 못지않게 철두철미한 유대인이었다. 그는 유대인인 사실을 자랑하는 사람들에게 이렇게 증언한 바 있다: "그들이 히브리인이냐? 나도 그러하며, 그들이 이스라엘인이냐? 나도 그러하며, 그들이 아브라함의 후손이냐? 나도 그러하며, 그들이 그리스도의 일꾼이냐? 정신없는 말을 하거니와 나는 더욱 그러하도다" (고후 11:22-23).

성부 하나님의 뜻과 그 뜻을 이루는 방법은 놀랍고도 신기할 뿐이다. 이방인 전도를 위해 바울에게 능력을 주어 사용하시기 전에, 그분은 베드로를 통해 이방인 전도의 문을 활짝 열게 하셨다. 일단 열어야 바울이라도 그 문으로 들어가서 이방인에게 전도할 수 있기 때문이다. 그 문은 다름 아닌 고넬료와 그 가족의 전도였다. 그처럼 철문과 같은 단단한 문을 열 수 있도록 성자 하나님은 베드로에게 천국 열쇠를 주셨다. 얼마나 신비롭고도 놀라운 방법인가!

1. 고넬료 (행 10:1-8)

고넬료는 '이달리야 부대라 하는 군대의 백부장이었다' (10:1). 그 백부장은 이스라엘에서 두 번째로 큰 도시인 가이사랴에 주둔하고 있었다. 가이사랴는 항구 도시인데, 헤롯은 그곳에 궁전을 지으면서 그 궁의 이름을 헤롯 궁전이라고 했다. 그뿐 아니라 헤롯은 그 작은 항구를 거대한 항구로 탈바꿈시키고, 그 도시를 로마 황제의 이름인 가이사랴로 명명^{命名}했다. 그렇게 중요한 항구 도시에 로마 군대가 주둔하고 있었다.

그 군대에 백부장이 있었는데, 그가 바로 고넬료였다. 그 당시 백부장은 평균적으로 60명에서 80명의 군인을 통솔하는 지휘관이었다. 백부장은 로마 군대의 중요한 지휘관인데, 로마 군대의 뼈대가 되는 일선 지휘관이었다. 백부장은 무엇보다도 '꾸준하고 신중한 자세'를 갖춰야 했다. 그는 아무 생각 없이 저돌적으로 적진을 향해 돌진해서는 아니 되며, 위기에 처하면 그 자리를 지키면서 목숨까지 내놓을 수 있어야 했다.

로마 군대의 백부장 고넬료는 지배자의 위치에서 피지배자인 유대인들을 감시하는 자리에 있었지만, 교만하지 않고 오히려 겸손한 진리 추구자였던 것 같다. 그렇지 않았다면, 지배 계급에 속한 그가 피지배 계급의 사람들이 신앙하는 하나님을 경외하지 않았을 것이다. 그에 대한 누가의 묘사는 이렇다: "그가 경건하여 온 집안과 더불어 *하나님을 경외하며* 백성을 많이 구제하고 하나님께 항상 기도하더니" (10:2).

비록 그가 유대교에 입교하지는 않았지만, 그래도 하나님을 경외하는 이방인이었다. 유대교에 입교하면 적어도 두 가지를 해야 하는데, 하나는 할례를 받아야 하고 또 하나는 안식일을 지키면서 회당에 출석해야 한다. 고넬료는 그런 종교적 의식에 연루되지는 않았지만, 그래도 유대교에서 중요하게 여기는 두 가지를 이행했다. 그 두 가지는 기도와 구제였다! 기도는 위로 하나님께 올리는 신앙 행위이고, 구제는 아래로 어려운 사람을 돕는 신앙 행위였다.

고넬료가 아직 예수 그리스도를 개인적으로 만나서 구원받지 못했지만, 그는 경건하여 위와 옆을 아우르면서 십자가의 의미를 제법 깨닫고 실천한 삶을 영위한 것 같다. 황제 숭배를 비롯한 다신교 속에서 살았던 그는 그런 우상 숭배자들의 부도덕한 삶에 염증을 느꼈음이 틀림없다. 그런데 가이사랴에 주둔하면서 유일신을 믿는 유대인들의 높은 도덕적 삶에 감동되어 그들의 하나님께 기도하며, 그들의 종교 행위인 구제에도 힘썼던 것 같다.

유대인이 기도하는 시간에 그도 기도했는데, 그때는 제 구 시쯤 되었을 때다. 그 시간은 예수 그리스도가 십자가에서 '다 이루었다'고 하시면서 돌아가셨던 그 시간이었다 (요 19:30). '다 이루었다'는 단어는 죄의 값을 다 치렀다는 뜻을 포함하고 있다. 바로 그 시간에 고넬료가 기도할 때 환상을 보게 되었다. 환상 중에 임한 하나님의 사자는 그의 신앙 행위, 곧 '기도와 구제'가 하나님께 상달되어 기억하신 바 되었다고 하면서 구원의 방법을 제시했다 (10:3-4).

누가는 고넬료의 신앙 행위, 곧 기도와 구제를 세 번씩이나 반복했는데, 그것은 그만큼 중요하다는 뜻이다 (10:2, 4, 31). 그로 구원에 이르게 하는 놀라운 준비과정이었다. 그는 그 사자로부터 베드로를 데려오라는 음성을 듣자, 이렇게 반응했다. '주여, 무슨 일이니이까' (10:4)? 부활하신 주님이 사울에게 임하셨을 때 그는 '주여, 누구시니이까?'라고 질문했다 (9:5). 사울은 그에게 임하신 분의 정체성에 대해 질문했으나, 고넬료는 그에게 일어난 사건에 대해 질문했다.

하나님의 사자가 알려준 구원의 방법은 욥바에 무두장이 시몬의 집에 유숙하는 시몬 베드로를 초청해 오라는 것이다. 고넬료는 한 순간도 지체하지 않고 하인 둘과 경건한 부하를 택하여 욥바로 보냈다. 물론 그 부하는 하인들이 모셔올 베드로를 보호하기 위하여 딸려 보낸 것이다. 고넬료는 신앙심도 제법 깊었지만, 그 못지않게 사려 깊은 사람이었다. 그는 하인들에게 무조건 명령만 한 것이 아니라, 그가 환상에서 들은 모든 것을 전부 설명해 주었다.

2. 삼중적 인도 (10:9-23)

사울의 회심은 기독교의 역사를 바꾼 획기적인 사건이었으며, 고넬료의 회심도 못지않게 획기적인 사건이었다. 사울의 회심을 위해 주님이 그에게뿐 아니라 아나니아에게도 환상 중에 임하셨다. 마찬가지로, 고넬료의 회심을 위해 주님은 세 번씩이나 환상 가운데서 말씀하셨다. 한 번은 고넬료에게 말씀하셨고 (10:3), 두 번은 베드로에게 말씀하셨다 (10:10, 19). 고넬료의 구주이신 성자 하나님을 소개하기 위해 성부 하나님과 성령 하나님이 임하셨다.

베드로는 제 육 시에 기도했는데, 그때도 역시 유대인의 기도시간이었다. 베드로가 그 시간에 기도한 이유도 분명했는데, 그 시간은 예수 그리스도가 십자가에 달린 동안 온 세상이 온통 캄캄해진 시간이었다. 그분이 세상의 모든 시커먼 죄악을 짊어지시고 심판을 받으셨다. 그분의 수제자인 베드로는 당연히 그 시간에 무두장이 시몬의 집 지붕에서 기도하고 있었다. 그때는 마침 점심시간이어서 베드로는 시장했고, 당연히 음식을 생각했을 것이다 (10:10).

그런데 먹거리가 그의 앞에 나타났는데, 그 먹거리는 '큰 보자기 같은 것에 들어있는 각종 네 발 가진 짐승과 기는 것과 공중에 나는 것들'이었다 (10:12). 그 동물 중에는 정한 것도 있고 부정한 것도 있었는데, 부정한 것들과 함께 있으면 정한 것들조차도 부정하게 여겨졌다. 그런데 이스라엘 백성은 그들의 음식은 이방인의 것과 달라야 했다. 더군다나 생명과 다름없는 음식이기에 그들의 음식은 이방인의 음식과는 달라야 했다 (레 11장).

그때 베드로는 이런 소리를 들었다. "베드로야, 일어나 잡아 먹어라" (10:13). 유대인은 부정한 동물을 먹느니 차라리 죽음을 택할 정도였다. 그런데 베드로에게 그 부정한 동물을 잡아먹으라는 지시에 즉각적으로 항의했다. "주여, 그럴 수 없나이다. 속되고 깨끗하지 아니한 것을 내가 결코 먹지 아니하였나이다" (10:14). 레위기 11장에 열거된 부정한 동물은 이방인을 가리키기도 했다. 베드로는 그 동물들을 부정하다고 여겼으나, 하나님은 깨끗하다고 하셨다.

이스라엘 백성은 이방인을 부정한 동물 정도로 여겼으나, 창조주 하나님은 이방인도 똑같이 사랑하여 구원하시기를 원하셨다. 그분의 선언은 다음과 같았다: "하나님께서 깨끗하게 하신 것을 네가 속되다 하지 말라" (10:15). 그 말씀이 세 번 있고 나서 그 그릇이 하늘로 올라갔다 (10:16). 하나님이 베드로에게 가르치신 것은 유대인이나 이방인이나 예수 그리스도를 믿으면 똑같이 하늘나라로 가게 된다는 엄청난 예시例示였다.

그때, 바로 그때 고넬료가 보낸 일행이 당도하여 물었다. '베드로라 하는 시몬이 여기 유숙하느냐' (10:18)? 그때, 바로 그때 성령이 임하셔서 말씀하셨다. "두 사람이 너를 찾으니 일어나 내려가 의심하지말고 함께 가라, 내가 그들을 보내었느니라" (10:19-20). 성자이신 예수 그리스도가 이루신 구속을 위하여 성부 하나님과 성령 하나님이 총동원하시어 최초의 이방인 구원을 위해 역사하시고 있었다.

3. 구원의 메시지 (10:24-43)

마침내 베드로와 그 일행이 고넬료의 집에 도착했을 때, 그 집에는 고넬료의 식구는 물론 '그의 친척과 가까운 친구들'이 기다리고 있었다 (10:24). 베드로의 첫 번째 메시지는 이방인도 '속되거나 부정하지 않다'는 선언이었다. 그의 말을 직접 들어보자: "유대인으로서 이방인과 교제하며 가까이 하는 것이 위법인 줄은 너희도 알거니와, 하나님께서 내게 지시하사 아무도 속되다 하거나 깨끗하지 않다 하지 말라 하시기로" (10:28).

베드로가 이런 선언을 이방인들 앞에서 할 수 있다는 것은 그의 안목이 주님의 안목으로 바뀌었다는 것을 말해준다. 그때까지는 이방인을 인간 아닌 인간으로 여겼는데, 이제부터는 하나님이 그들을 사랑하시고 받아주시는 것처럼, 그도 이방인들을 사랑하고 받아주겠다고 선언한 셈이었다. 베드로의 안목이 그처럼 변화되지 않았다면, 고넬료와 그의 일행은 결단코 구원받지 못했을 것이다. 전도자의 변화를 통해 피전도자도 변화되었다.

베드로의 메시지는 다음과 같이 분해할 수 있다. 첫째, 성부 하나님은 유대인이나 이방인이나 구분하지 않으시고 ('사람의 외모를 보지 아니하시고'), "각 나라 중 하나님을 경외하며 의를 행하는 사람은 다 받으시는 줄 깨달았도다" (10:35). 이 표현에서 '각 나라'를 눈여겨보자. '각'은 '모든'을 뜻하는 *파스*(πᾶς)의 복수형이고, '나라'는 '이방인'을 뜻하는 *에트노스*(ἔθνος)이다. 그러니까 베드로는 고넬료뿐 아니라, 모든 이방인이 구원받을 수 있다는 선포였다.

둘째, 성자 하나님은 세례 요한 후에 임하셔서 갈릴리에서 시작하여 온 유대에서 '화평의 복음'을 전하셨다. 성부 하나님이 그분에게 '성령과 능력을 기름 붓듯 하셨으며', 따라서 그 능력으로 선한 일은 물론 '마귀에게 눌린 모든 사람을 고치셨다' (10:38). 그리고 마침내 그분은 '나무에 달려 죽임을 당하셨으나, 성부 하나님이 사흘 만에 그분을 죽은 자 가운데서 다시 살리셨다 (10:39-40). 그 죽음과 부활은 성자 하나님의 지상 사역에서 절정이었다.

셋째, 그렇게 부활하신 성자 하나님은 사도들에게 ('우리에게') 명령을 주셨는데, 그 명령이 바로 '지상명령'이었다. 그 사도들은 특히 두 가지를 증언해야 했는데, 하나는 마지막 때에 모든 죄인이 재판장이신 그분으로부터 심판을 받는다는 사실이다 (10:42). 둘은 그렇지만 아무도 그 심판을 받을 필요가 없다는 것인데, 그 이유는 십자가에서 죽으셨다가 부활하신 구주를 믿으면 누구든지 죄 사함을 받기 때문이다 (10:43).

그렇게 죄인들을 사하시고 구원하시는 성자 하나님은 '만유의 주' 이시며 (10:36), '기름 부음을 받은 메시야'이시다 (10:38). 그뿐 아니라, 그분은 죽음과 부활의 관문을 통과하신 분이시며 (10:39-40), 어느 날 '살아 있는 자와 죽은 자'를 심판하실 재판장이시다 (10:42). 마지막으로 그분은 '그를 믿는 사람들이 다 그의 이름을 힘입어 죄 사함을 받게 하시는' 용서의 주님이시다 (10:43). 베드로는 그런 주님을 고넬료와 그곳에 모인 사람들에게 전했다.

4. 첫 이방인 회심 (10:44-48)

베드로가 그렇게 성자 하나님을 전할 때 성령 하나님이 역사하셨다. '성령이 말씀 듣는 모든 사람에게 내려오셨던' 것이다 (10:44). 고넬료와 거기에 모여있던 사람들이 성령을 받자 한결같이 '방언을

말하며 하나님 높임을 욥바에서 온 사람들과 베드로가 들었다'
(10:46). "베드로와 함께 온 할례 받은 신자들이 이방인들에게도 성
령 부어 주심으로 말미암아 놀랐다" (10:45). 이 묘사에서 '할례 받
은 신자들'이란 표현에 눈여겨보자.

그때까지 유대인들은 이방인이 구원을 얻어 성령을 받기 위해서
는 반드시 먼저 유대교에 입교해야 한다고 믿었다. 두말할 필요도
없이 유대교에 입교하면 제일 먼저 할례를 받아야 한다. 그 할례는
하나님과 언약을 맺었다는 증표로 그렇게 할 때 언약의 백성이 된
다고 굳게 믿었다. 그런데 이게 무슨 일인가? 할례도 받지 않은 이
방인들이 성령을 받아 언약의 백성이 되다니, 도무지 믿기 어려운
정황이었다.

그들이 간과한 사실은 언약의 백성이 되기 위해 율법과 할례를 통
해도 될 수 없다는 것이었다. 이미 이스라엘 백성은 율법과 할례를
받으므로 언약의 백성이 되었지만, 그 언약이 깨어진 사실은 이스
라엘의 역사가 증명하고도 남았다. 그 결과 하나님은 새 언약을 약
속하셨는데, 곧 성령의 내주로 언약의 백성이 된다는 사실이었다
(렘 31:31-33). 그러니까 고넬료와 그 일행은 옛 언약에 의해서가 아
니라, 새 언약 때문에 언약의 백성이 된 것이다.

그렇게 언약의 백성이 되면 반드시 신앙공동체에 들어가야 하는
데, 세례라는 방법을 통해서이다. 사울이 부활하신 주님을 만난 후
세례를 통해 신앙공동체의 일원이 된 것처럼, 고넬료와 그 일행도
역시 세례를 통해 신앙공동체의 일원이 되지 않으면 안 되었다. 베
드로는 즉시 그들에게 세례를 베풀었다. "이에 베드로가 이르되 이
사람들이 우리와 같이 성령을 받았으니, 누가 능히 물로 세례 베풂

을 금하리요! 하고" 명하여 예수 그리스도의 이름으로 세례를 베풀게 했다 (10:47-48).

5. 예루살렘교회의 반응 (11:1-18)

사울의 회심이 얼마나 중요한지 사도행전의 저자인 누가는 그의 회심 이야기를 세 번에 걸쳐서 자세하게 묘사했다 (9, 22, 26). 그런데 그 못지않게 중요한 첫 이방인인 고넬료의 회심도 역시 세 번에 걸쳐서 묘사했다. 첫 번째 묘사는 두말할 필요도 없이 고넬료가 환상 중에 하나님의 사자로부터 지시를 받고 베드로를 초청한 경우이다. 그 결과 고넬료는 첫 이방인 회심자가 되었고, 베드로는 이방인을 최초로 그리스도께로 인도한 전도자가 되었다.

두 번째 묘사는 예루살렘교회의 사도들과 형제들, 특히 할례받은 그리스도인들이 베드로를 비난한 때였다. 그들의 비난을 들어보자. "네가 무할례자의 집에 들어가 함께 먹었다 하니" (11:3). 그들은 베드로에게 왜 예수 그리스도의 복음을 이방인들에게 전했느냐고 따지지 않았다. 왜 이방인들에게 세례를 베풀게 했느냐고도 따지지도 않았다. 그들이 따지고 비난한 것은 유대인인 베드로가 '이방인의 집에 들어갔을' 뿐 아니라 그들과 '함께 먹으면서' 식탁의 교제를 한 것이었다.

이전에 빌립이 사마리아에서 복음을 전하므로 많은 사람이 회개하고 믿자, 예루살렘교회는 조금도 따지거나 비난하지 않고 즉시 베드로와 요한을 보내어 사마리아에서 믿은 자들이 성령을 받게 했다. 빌립은 전도했지만, 사마리아 사람들의 집에 들어갔거나 함께 먹지 않았기에 문제가 되지 않았다. 그러나 베드로는 빌립처럼 메시지 때문에 문제를 일으킨 것이 아니라, 이방인의 집에 들어가서 함께 먹은 것 때문에 비난을 받았다.

예루살렘교회에서 할례받은 그리스도인들은 복음의 메시지보다는 그들이 전통적으로 지켜온 습관을 더 중요하게 여기는 오류를 범했다. 물론 베드로는 성자 하나님의 수제자로서 그들에게 훈계하면서 따질 수도 있었다. 그러나 그는 겸손하게 그가 어떻게 고넬료 가정에 가게 된 경위를 차곡차곡 설명했으며, 그 설명 때문에 비난의 문제가 해결되었다. 베드로는 전도할 때나 변명할 때도 성령으로 충만함을 받은 것이 분명했다.

베드로의 결론은 아주 중요했다: "내가 주의 말씀에 요한은 물로 세례를 베풀었으나 너희는 성령으로 세례를 받으리라 하신 것이 생각났노라. 그런즉 하나님이 우리가 주 예수 그리스도를 믿을 때에 주신 것과 같은 선물을 그들에게도 주셨으니, 내가 누구이기에 하나님을 능히 막겠느냐 하더라"(11:16-17). 베드로를 비난하던 할례받은 그리스도인들도 잠잠하여 하나님께 영광을 돌리면서 말했다. "그러면 하나님께서 이방인에게도 생명 얻는 회개를 주셨도다 하니라"(11:18).

세 번째 묘사는 예루살렘에서였다. 이방인도 할례를 받지 않으면 구원받을 수 없다는 주장이 나왔다. 그래서 할례가 구원의 필수적인 전제인지 아닌지를 논의하기 위해 지도자들이 모였다. 고넬료와 그의 가정에 복음을 전한 베드로가 일어나서 그의 경험담을 토대로 구원을 위해 할례가 필요하지 않다고 논박했다(15:6-11). "…하나님이 우리에게와 같이 그들에게도 성령을 주셨다!"고 하면서 베드로는 고넬료의 회심을 세 번째로 증언하였다.

레마

베드로가 고넬료에게 복음을 전한 경험을 유대인 그리스도인들과 나누면서 이렇게 말했다: "그가 너와 네 온 집이 구원 받을 말씀을 네게 *이르리라* 함을 보았다 하거늘, 내가 말을 *시작할* 때에 성령이 그들에게 임하시기를 처음 우리에게 하신 것과 같이 하는지라. 내가 주의 *말씀*에 요한은 물로 세례를 베풀었으나, 너희는 성령으로 세례를 받으리라 하신 것이 생각났노라" (행 11:14-16). 이 경험담에는 '말하다'는 동사와 '말씀'이 각각 두 번씩 나온다.

한글로 '이르리라'와 '말을 시작하다'의 헬라어는 *랄레오*(λαλέω)로서 말하는 행위를 강조하는 동사이다. 반면에 '말씀'의 원어는 *레마*(ρῆμα)인데, 사도행전의 저자인 누가는 베드로의 경험담을 기록하면서 *레마*를 두 번 사용했다. 이 단어는 로고스(λόγος)와 같은 뜻으로 사용될 때도 없잖아 있다. 그러나 엄격하게 분류하면 로고스는 전해진 말씀의 내용을 뜻하고, *레마*는 그 내용을 전하는 행위를 가리킨다.

"그[베드로]가 너와 네 온 집이 구원 받을 말씀을 네게 이르리라"에서 '말씀'은 베드로가 고넬료와 그 일행에게 입을 열어 전하는 행위를 강조한다. 또 "내가 주의 *말씀*에 요한은 물로 세례를 베풀었으나" (11:16a)에서도 주님이 말씀하신 행위를 뜻한다. 누가는 베드로의 경험담을 이렇게 묘사했다. "베드로가 이 말을 할 때에, 성령이 *말씀* 듣는 모든 사람에게 내려오시니" (10:44). 누가는 이 인용문에서 *레마*와 로고스를 동시에 사용했다.

'이 말을 할 때에'에서 '말'은 *레마*인데, 베드로가 입을 열어 말하는 행위를 강조한 것이다. 그러나 '말씀 듣는 모든 사람'에서 '말씀'은 말하는 행위가 아니라, 베드로가 말한 내용이다. 그 내용은 구체적으로 10장 34절에서 43절에 기록된 것으로, 복음의 핵심이다. 그러니까 베드로가 입을 열어서 말하는데(*레마*), 말하는 내용은 복음이었다(로고스). 다시 말해서 그가 입을 열어 로고스, 곧 복음을 말할(*레마*) 때, 성령이 '모든 사람에게 내려오신' 것이다.

신약성경에서 *레마*가 70번 나오는데, 그중에서 누가는 21번이나 사용했다. 그는 사도행전에서도 14번이나 사용했는데, 다음과 같다: 2:14, 5:20, 32, 6:11, 13, 10:22, 37, 44, 11:14, 16, 13:42, 16:38, 26:25, 28:25. *레마*가 사용된 말씀을 분석해 보면, 기록된 보편적인 말씀이라기보다는 어떤 개인이 말한 것이나, 아니면 그 개인이 말하는 행위를 가리킨다. 로고스가 메시지 전체를 가리킨다면, *레마*는 그 순간에 전해지는 말을 가리킨다.

누가가 그의 복음서에서 사용한 *레마*를 인용해 보자. 가브리엘 천사가 마리아에게 아들을 잉태하게 하겠다고 하자, 남자를 모르는데 어떻게 잉태할 수 있느냐는 반문에 그 천사는 이렇게 대답했다. "대저 하나님의 모든 *말씀*은 능하지 못하심이 없느니라" (눅 1:37). 여기에서 '말씀'은 하나님이 그 천사를 통해 개인적으로 그리고 인격적으로 하신 말씀으로 *레마*이다. 그에 대한 마리아의 대답도 *레마*였다: "주의 여종이오니 말씀대로 내게 이루어지이다"(눅 1:38).

하나님이 인간을 사랑하신다는 메시지는 로고스인데, 그 말씀이 개개인에게 전달되고 또 적용되는 말씀은 *레마*이다. 그러니까 구원의 시작은 각 개인에게 전해지는 *레마*이다. "그러면 무엇을 말하느냐? 말씀이 네게 가까워 네 입에 있으며 네 마음에 있다 하였으니 곧 우리가 전파하는 믿음의 말씀이라"(롬 10:8). 이 말씀에서 두 번 사용된 말씀은 모두 *레마*이다. 그 구원의 말씀이 가까이 있을 뿐 아니라, 그 말씀이 전해지면 구원도 가까워진다.

그 이유는 그리스도의 말씀이 구원의 방편이기 때문이다. "그러므로 믿음은 들음에서 나며, 들음은 그리스도의 *말씀*으로 말미암았느니라"(롬 10:17). 그분의 말씀, 곧 *레마*를 들을 때 믿음이 생긴다는 것이다. 결국, 개개인에게 전해진 *레마*를 듣고 믿음으로 반응하면, 구원받는 말씀이 된다. 말씀에는 영원 전부터 있는 로고스가 있으며 (the Written Word), 살아 있는 말씀이신 그리스도가 있고 (the Living Word), 그리고 전해진 말씀, 곧 *레마* 등 세 가지가 있다.

아무리 말씀이 깊고 깊어도 그 말씀이 각 개인에게 전해지지 않으면 구원받을 수 없다. 그러므로 복음을 전하고 또 들음에서 *레마*는 말할 수 없이 중요하다. 베드로 사도의 증언을 들어보자. "오직 주의 *말씀*은 세세토록 있도다 하였으니, 너희에게 전한 복음이 곧 이 *말씀*이니라"(벧전 1:25). 두 번 나오는 '말씀'은 다 레마인데, 앞의 말씀은 하나님의 입에서 이사야에게 주어진 *레마*이고 (사 40:8), 뒤에 나오는 말씀은 '너희에게' 인격적으로 전해진 *레마*이다.

*레마*로 구원받은 그리스도인은 어쩔 수 없이 영적 싸움에 연루되

는데, 그때도 *레마*로 이겨야 한다. 그 싸움에서 이기는 방법을 바울 사도는 이렇게 말했다. "우리의 씨름은 혈과 육을 상대하는 것이 아니요, 통치자들과 권세들과 이 어둠의 세상 주관자들과 하늘에 있는 악의 영들을 상대함이라…구원의 투구와 성령의 검 곧 하나님의 *말씀*을 가지라" (엡 6:13, 17). 그렇게 싸움에 연루되면서 기록된 말씀이 아니라, 개인에게 전해진 *레마*로 이길 수 있다는 것이다.

그리스도인은 당연히 거룩한 삶을 영위해야 하는데, 그것이 주님을 닮는 삶이기 때문이다. 그렇다면 어떻게 거룩한 삶을 영위할 수 있는가? 그 방법도 역시 각자에게 말씀하시는 *레마*이다. "이는 곧 물로 씻어 *말씀*으로 깨끗하게 하사 거룩하게 하시고, 자기 앞에 영광스러운 교회로 세우사 티나 주름 잡힌 것이나 이런 것들이 없이 거룩하고 흠이 없게 하려 하심이라" (엡 5:26-27). 여기에서도 '말씀'은 *레마*이며, 그렇게 임한 말씀으로 깨끗하고 거룩하게 된다.

고넬료에게 복음을 전한 베드로는 마지막 때에 대해서도 언급하면서 거룩한 삶을 추구하라고 한다 (벧후 3:2-7). 다시 말해서, 주님의 재림을 기다리며 경건하게 살아야 한다. 물론 주님의 재림을 조롱하는 자들이 있지만 말이다. 그렇지만 고넬료를 포함한 모든 그리스도인은 말씀, 곧 *레마*를 기억하면서 준비해야 한다. "곧 거룩한 선지자들이 예언한 *말씀*과 주 되신 구주께서 너희의 사도들로 말미암아 명하신 것을 기억하게 하려 하노라" (벧후 3:2).

Exploring Acts

10장

안디옥교회

예루살렘교회에서 할례받은 유대인 그리스도인들이 베드로가 "무할례자의 집에 들어가 함께 먹었다"고 비난하자 (행 11:3), 그는 차례차례 그의 경험을 나누었다. 그 경험담의 결론이 너무나 중요하기에 다시 인용해 보자: "그런즉 하나님이 우리가 주 예수 그리스도를 믿을 때에 주신 것과 같은 선물을 그들에게도 주셨으니, 내가 누구이기에 하나님을 능히 막겠느냐" (11:17)? 성령의 선물이 할례자나 무할례자에게나 똑같이 구별하지 않고 주어졌다는 선포였다.

그러자 비난하던 자들이 다음과 같이 반응했다. "그들이 이 말을 듣고 잠잠하여 하나님께 영광을 돌려 이르되, '그러면 하나님께서 이방인에게도 생명 얻는 회개를 주셨도다' 하니라" (11:18). 이 반응에서 몇 가지를 볼 수 있는데, 첫째 그들의 비난이 쏙 들어갔다. 둘째, 그들도 하나님께 영광을 돌렸다. 그들은 고넬료와 그 가족의 회심은 전적으로 하나님의 은혜요 역사였다는 사실을 인정했다.

셋째, '하나님께서 이방인에게도 생명 얻는 회개를 주셨다'고 선언했다. 이 선언은 복음의 확장에서 말할 수 없이 중요한 것이었다. 그 이유는 예루살렘교회가 공적으로 이방인의 회심을 승인한 선언이었기 때문이다. 지금까지는 '생명을 얻는 회개'는 유대인에게만 주어지는 특권으로 여겼는데, 그들의 안목이 '땅 끝'을 향해 공적으로 열리게 되었다. 예루살렘교회는 그때부터 이방인 전도를 인정할뿐 아니라 적극적으로 후원하는 계기가 되었다.

1. 안디옥 (11:19-21)

안디옥은 *디아스포라*의 유대인과 이방인 전도의 매개가 된 중요한 도시였다. 예루살렘에 큰 박해가 일어나자, 그리스도인들이 안디옥까지 쫓겨갔는데, 그 거리는 자그마치 550km나 되었다. 예루살렘에 안주하던 그리스도인들이 외세에 의해 안전지대comfort zone를 떠날 수밖에 없었다. 그러나 이미 언급한 대로 그리스도인들은 박해를 피해 쫓기면서도 그들이 경험한 놀라운 구원을 전하지 않을 수 없었다.

그들은 베니게와 구브로와 안디옥까지 갔다. 또 그 말씀을 인용하자: "그 때에 스데반의 일로 일어난 환난으로 말미암아 흩어진 자들이 베니게와 구브로와 안디옥까지 이르러 유대인에게만 말씀을 전했다" (11:19). 베니게는 지중해 연안에 있는 해변이고, 거기에서 북쪽 내륙에 안디옥이 자리하며, 구브로는 안디옥에서 200km쯤 떨어진 섬이다. 그렇게 광범위한 지역에서 그리스도인들은 그들의 고난은 아랑곳하지 않고 *디아스포라* 유대인에게 복음을 전했다.

그들이 그렇게 넓은 지역에서 복음을 전하고 있을 때, 안디옥에서 특별한 역사가 일어났다. 안디옥은 그 당시 로마제국에서 로마와 알렉산드리아 다음으로 세 번째 큰 국제도시였다. 그곳에는 여러 나라 사람이 섞여 살고 있었는데, 그중에는 헬라인이 제법 많았던 것 같다. 그렇게 퍼져서 전도하던 사람들 가운데는 구브로와 구레네 그리스도인들도 있었다. 그들이 안디옥으로 가서 전도했는데, 하나님께서 풍성한 열매를 허락하셨다.

구레네는 안디옥에서 1,200km가 넘는 곳인데, 그곳의 그리스도인들은 안디옥까지 와서 전도할 만큼 열정적이었다. "그 중에 구브로와 구레네 몇 사람이 안디옥에 이르러 헬라인에게도 말하여 주 예수를 전파하니, 주의 손이 그들과 함께하시매 수많은 사람들이 믿고 주께 돌아오더라" (11:20-21). 후에는 안디옥교회가 성자 하나님이 부탁하신 '땅 끝까지 이르러 내 증인이 되라'는 명령에 순종하여 이방인들에게 복음을 전할 수 있게 한 전진 기지가 되었다.

그처럼 귀중한 역할을 하라고 하나님은 안디옥에서 수많은 사람이 '믿고 주께로 돌아오게' 하셨나 보다. 안디옥교회가 복음을 널리 전한 결과 각처에 이방인교회들이 세워졌다. 자연스럽게 안디옥교회는 그렇게 세워진 이방인교회들과 예루살렘교회를 연결한 연결고리가 되었다. 그런데 두 교회는 너무나 중요하다. 예루살렘교회는 모든 교회의 어머니 교회이며, 안디옥교회는 넓고도 넓은 세상으로 복음을 퍼져 나가게 해서 많은 자녀 교회를 세운 교회였다.

예루살렘은 지극히 중요한 도시이다. 그 도시가 중요한 이유가 많지만, 무엇보다도 그곳에서 교회의 머리이신 성자 하나님이 피를 흘리며 죽으신 곳이기 때문이다. 그러니까 예루살렘교회는 그분의 피 위에 세워진 교회였다. 안디옥교회도 역시 피 위에 세워진 교회라고 할 수 있는데, 스데반이 흘린 순교의 피로 인해 흩어진 그리스도인들이 전도해서 세운 교회이기 때문이다 (11:19). 그처럼 피 위에 세워진 교회는 어떤 권세도 무너뜨리지 못한다 (마 16:18).

2. 바나바 (11:22-25)

사마리아에서 빌립을 통하여 믿는 자들이 많이 생기자, 예루살 렘교회는 즉시 베드로와 요한을 보낸 바 있었다. 그런데 이번에는 안디옥에서 많은 헬라인이 복음을 듣고 예수 그리스도를 그들의 구 주로 받아들였다. 이번에도 예루살렘교회는 안디옥에서 갓 믿은 그 리스도인들을 돕기 위해 지도자를 파송했다. 비록 예루살렘교회가 유대인 중심이었지만, 그래도 성령으로 충만한 교회였기에 새롭게 믿은 신자들을 돕고자 하는 뜨거운 마음을 가지고 있었다.

사마리아에는 사도들인 베드로와 요한을 보냈는데, 이번에는 사 도가 아닌 사람을 보냈다. 그 이유는 분명했는데, 사도들은 사마리 아에서 믿는 자들을 위해 안수기도를 해준 후 곧바로 그곳을 떠났 다. 물론 예루살렘으로 돌아오는 길에 사마리아의 여러 마을에서 복음을 전했지만 말이다 (8:25). 그렇다! 사도들은 최초의 교회인 예 루살렘교회로 돌아와야만 했다. 이번에는 돌아오지 않아도 되는 바 나바를 보내어 그곳에서 정착하여 사역을 감당하게 했다.

사도들이 바나바를 택해서 보낸 이유라도 있는가? 물론 있다! 바 나바는 사도들에게서 훈련을 철저하게 받았기에 그들을 대신할 수 있는 역량이 있었다. 그뿐 아니라, 바나바는 안디옥에서 가까운 구 브로 사람이므로 그곳의 상황을 누구보다 잘 아는 사람이었다. 그 가 예루살렘교회에서 훈련을 받을 때, 레위인이었는데도 어느 지파에 속한지도 알 수 없는 사도들에게 절대적으로 굴복했다. 그는 밭을 판 돈으로 자신이 구제하지 않고 사도들에게 맡겼다 (4:37).

그뿐 아니라 바나바라는 이름은 '위로자의 아들'이란 뜻인데, 위로는 사도들을 위로했을 뿐 아니라, 아래로는 많은 사람을 위로했음이 틀림없다. 그렇지 않다면 사도들이 그의 본명인 요셉을 놔두고 '바나바'라고 부르지 않았을 것이다. 바나바는 섬길 줄 아는 훈련생이었는데, 그런 훈련을 거쳐 참다운 지도자가 될 수 있었다. 한마디로 말해서, 바나바는 섬길 줄 아는 지도자였다. 그는 '섬기러 오셨다'고 선언하신 예수 그리스도를 빼닮은 지도자였다 (막 10:45).

사도들이 바나바가 '착한 사람'일 뿐 아니라, '성령과 믿음이 충만한' 그리스도인이라는 것도 참작했을 것이다 (11:24). 사도들이 그렇게 인격적으로나 신앙적으로 준비된 바나바를 선택하여 안디옥교회로 파송한 것은 너무나 당연했다. 사마리아로 갔던 베드로와 요한은 단기 선교사처럼 돌아왔지만, 바나바는 장기 선교사로 안디옥에서 죽을 때까지 체류하기 위해 파송되었다. 그는 사도행전에 명시된 대로, 최초의 교회인 예루살렘교회가 파송한 최초의 선교사였다.

바나바라는 지도자가 안디옥교회에 부임하자, 교회는 그의 지도력 밑에서 폭발적으로 성장하기 시작했다: "이에 큰 무리가 주께 더하여지더라" (11:24). 섬기는 지도자 바나바는 교회를 더 잘 섬기기 위해 다소로 찾아가서 사울을 안디옥교회로 초청했다. 그 거리는 150km나 되어 걸어서 오가려면 적어도 7일 내지 10일이 걸렸다. 사울의 깊은 학문과 영성을 익히 아는 바나바는 주저하지 않고 그를 데리고 와서 폭발적으로 성장하는 교회를 섬기게 했다 (11:25-26).

사울의 해박한 성경 지식과 깊고도 깊은 영성을 마음껏 활용하여 안디옥교회를 든든하게 세우겠다는 일념만으로 바나바는 그를 초청했다. 사울은 그에게 임하신 부활의 주님을 직접 뵈었을 뿐 아니라, 셋째 하늘까지 가서 하나님으로부터 '말로 표현할 수 없는 말'을 들은 체험자였다 (고후 12:4). 그러나 그의 고향 다소에서 어떤 현격한 가르침이나 기적을 베풀지 못하고 잠잠히 기다리던 참이었는데, 그에게 기회를 준 사람은 섬기는 지도자 바나바였다!

후에 바나바는 사울과 함께 전도 여행을 하면서 복음을 전했다. 주님이 그들을 통해 강하게 역사하실 때, 그들의 수종자인 요한 마가가 그들을 떠나갔다. 다음 전도 여행을 위하여 사울이 거부한 마가를 버리지 않고 끝까지 섬긴 사람은 다름 아닌 바나바였다 (15:39). 그의 섬김을 통해 마가는 깊이 회개했고, 주님께 헌신했음이 틀림없다. 그렇지 않다면 후에 사울이 마가를 동역자로서 '나의 일에 유익하다'고 했으며 (딤후 4:11), 심지어 마가복음을 기록했겠는가?

3. 그리스도인 (11:26)

바나바와 사울은 안디옥교회에서 '일 년간 큰 무리를 가르쳤는데, 제자들이 안디옥에서 비로소 그리스도인이라 일컬음을 받게 되었다.' 안디옥에서는 예루살렘에서처럼 그리스도인에게 박해는 없었지만, 그렇다고 환영받은 것도 아니었다. 그 증거가 바로 '그리스도인'이었다. 그리스도를 따르는 사람들을 그렇게 부르면서 사람들은 그리스도인들을 조롱했는데, 후에는 그 표현이 그리스도인들에게는 자부심의 상징이 되었다.

그리스도인은 헬라어로 *크리스띠아노스*(Χριστιανός)인데, 그 당시 로마 사람들은 헬라어와 유사한 *크리스띠아누스*Christianus라는 라틴말로 사용하면서 그리스도인을 조롱했다. 이 라틴말의 복수형은 그리스도인을 더 잘 묘사하는데, *크리스띠아니*Christiani이다. 로마 사람들은 그들과 정치적으로 상반되는 정당에 속한 사람들도 비슷하게 불렀는데, 예를 들면, *폼페이* 당원들은 폼페이의 복수형인 *폼페이이*Pompeii로 불렸다.

그러니까 '그리스도인'이란 표현은 어떤 특정한 종교나 단체에 속한 사람을 가리키는 것이 아니라, 구체적으로 그리스도를 따르는 자를 가리킨다. 그런데 '그리스도'는 메시야, 곧 기름 부음을 받은 분이다. 결국, 그리스도인은 선지자요, 제사장이요, 왕이신 그리스도를 따르는 그분의 제자라는 말이다. 그런 까닭에 세월이 흐르면서 그 칭호는 오히려 영광의 칭호가 되어, 그리스도인은 그 칭호를 자랑스럽게 여겼다.

그리스도인들이 그렇게 조롱을 받기 시작한 지 20년도 채 지나지 않아서 (정확히는 16-17년 후), 아그립바 왕은 그를 포함한 많은 사람 앞에서 사울이 간증하자, 이렇게 반응했다. "네가 적은 말로 나를 권하여 *그리스도인*이 되게 하려 하는도다" (26:28). 그렇게 짧은 기간에 조롱의 단어가 영광의 단어가 되었다는 사실은 쉽게 두 가지를 추측할 수 있다. 하나는 그리스도인들이 널리 복음을 전했다는 것이고, 둘은 그들의 삶이 탁월하게 뛰어났다는 것이다.

대략 같은 시기에 베드로는 고난받고 있는 그리스도인들을 위해 위로의 말을 주었다. "만일 *그리스도인*으로 고난을 받으면 부끄러워하지 말고 도리어 그 이름으로 하나님께 영광을 돌리라" (벧전 4:16). 고난 중에도 떳떳하며, '하나님께 영광을 돌릴 수' 있는 세 가지 이유가 있었다. 하나는 그들이 주님의 고난에 동참하기 때문이고, 둘은 고난 중에 '영광의 영'이 함께 하시기 때문이고 (벧전 4:14), 셋은 그 고난 너머에 있는 기쁨 때문이다 (벧전 4:13).

4. 베드로 (12:1-25)

성자 하나님의 분부, 곧 "예루살렘과 온 유대와 사마리아와 땅 끝까지 이르러 내 증인이 되라"는 말씀이 지금까지 많은 박해와 어려움 중에도 차곡차곡 진행되었다. 그리고 마침내 '땅 끝', 곧 이방인 전도가 이루어져서 안디옥교회까지 세워졌다. 앞으로 그 교회는 문자 그대로 '땅 끝'으로 전도자들을 보내어 세상의 구주이신 예수 그리스도를 전하게 할 것이다. 그리고 그 중심에는 사울이 있었는데, 후에 그 히브리식 이름이 로마식 이름인 바울로 불리었다.

이방인 전도의 문을 연 하나님의 도구는 베드로였다. 그는 주님으로부터 받은 '천국의 열쇠'로 유대인은 물론, 사마리아인과 이방인을 위하여 복음의 문을 활짝 열었다. 복음의 확장이 주제인 사도행전에 의하면, 베드로의 역할은 거기까지였다. 이제부터는 그에게서 바통을 물려받은 바울이 세상을 휘젓고 다니면서 복음을 이방인들에게 편만하게 전하도록 성부 하나님이 계획하셨다. 성자 하나님이 성령으로 충만한 바울이라는 도구를 통해서 널리 전해졌다.

사도행전 12장은 베드로가 더는 세계 복음화의 주인공이 아니라는 사실을 알려주는 놀라운 장이다. 그렇다고 하나님이 그를 완전히 저버리신 것도 아니었다. 12장에 따르면, 헤롯이 야고보를 죽인 후에 베드로도 죽이기로 작정했다 (12:2-3). 베드로는 쇠사슬에 매여 죽음을 기다리고 있었고, 예루살렘교회는 그를 위해 간절히 기도하고 있었다. 전능하신 하나님은 그들의 기도를 응답하시고, 놀라운 방법으로 베드로를 감옥에서 끌어내셨다.

지금까지 예루살렘에 큰 박해가 일어났어도 사도들은 교회를 지켰는데, 이번에는 베드로도 박해를 견디지 못하고 '다른 곳으로 갔다' (12:17). '다른 곳'의 이름이 없는 것은 베드로의 생명을 보존하기 위해서였다. 그때부터 베드로의 거취는 전혀 기록되지 않고 있다. 그가 감옥에서 탈출한 때는 주후 44년경인데, 그 후 5년이 지나서 이방인으로 구원받은 사람들의 할례 문제를 논의하기 위해 모인 예루살렘 회의에 베드로는 다시 주요 인물로 등장했다 (15:7-11).

사도행전 12장은 죽음으로 시작해서 죽음으로 끝나는 장이다. 제일 먼저 헤롯이 사도 야고보를 칼로 죽였다 (12:2). 그 사실을 아시는 하나님은 그 헤롯을 '쳐서 벌레에게 먹혀 죽게' 하셨다 (12:23). 헤롯이 그처럼 무자비하게 주님의 사도인 야고보도 죽이고, 감옥에서 베드로를 지키던 파수꾼들을 죽였지만, 공의의 하나님은 사람의 손을 대지 않고 다른 방법으로 그를 죽게 하셨다. 그러니까 사도행전 12장에는 처음에도 죽음이고, 중간에도 죽음이고, 마지막에도 죽음이었다.

그처럼 연쇄적인 죽음 가운데서도 죽음을 코앞에 둔 베드로는 천사를 통해 기적적으로 살았다. 그 이유는 쉽게 찾을 수 있는데, 첫째로 그가 지금까지 '천국의 열쇠'로 교회의 문들을 활짝 연 공로 때문이었다. 둘째는 그가 예루살렘 회의에서 이방인 그리스도인에게 할례를 행할 수 없다는 놀라운 가르침을 위해서였다. 만일 그의 간증과 설명이 없었다면, 그래서 이방인도 구원받은 후, 할례를 받아야 한다고 결정했다면, 그 치명상은 말로 다 할 수 없을 것이다.

그뿐 아니다! 베드로는 감옥에서 탈출한 후, 근 20년이 지나서 귀중한 서신을 두 편이나 세상에 내놓았다. 그동안 주님과 깊이 교제하고 또 묵상하면서 성령의 감동으로 그 서신들을 기록했다. 그것들이 기독교와 그리스도인들에게 미친 영향은 어떤 말과 글로도 다 설명할 수 없는데, 몇 가지만 간단하게 제시해 보자. 그 당시 많은 그리스도인이 고난은 물론 죽음까지 당하고 있었는데, 그들에게 위로와 격려가 되는 말씀이었다 (벧전 4:12-16).

그다음 그리스도인이 '왕 같은 제사장'이라고 선언하므로, 그 정체성을 높이 올렸다 (벧전 2:9). 실제로 마르틴 루터Martin Luther는 그 가르침을 종교개혁의 삼대 표지 중 하나로 삼았다. 마지막으로, 베드로는 마지막 때에 있을 심판의 모습을 적나라하게 묘사했다. 마지막 때에 세상은 '뜨거운 불에 풀어진다'고 선언하므로, 종말론의 참상을 알려주었다 (벧후 3:10). 그 가운데서도 그리스도인은 '새 하늘과 새 땅'을 보게 될 것도 가르쳐주었다 (벧후 3:13).

두 교회

사도행전은 크게 두 부분으로 나눌 수 있는데 1-12장과 13-28 장이다. 첫째 부분에서 하나님이 주된 도구로 사용하신 사람은 베드로였던 반면, 둘째 부분에서 하나님이 전적으로 사용하신 도구는 바울이었다. 성자 하나님의 구속적 죽음과 부활을 전하도록 성부 하나님은 이 두 사람에게 성령으로 충만하게 하신 후 마음껏 사용하셨다. 그러나 그들에게 뜨거운 교제와 후원을 아끼지 않는 교제권이 없었다면 그렇게 크게 사용될 수 없었을지도 모른다.

베드로의 교제권은 예루살렘교회였고, 바울의 교제권은 안디옥교회였다. 베드로와 요한이 예루살렘교회에서 파송을 받아 사마리아를 찾은 적이 있었다. 그들은 그곳에서 사역을 끝내고 예루살렘으로 돌아왔다. 하나님의 말씀으로 확인하자: "두 사도가 주의 말씀을 증언하여 말한 후 예루살렘으로 돌아갈새, 사마리아인의 여러 마을에서 복음을 전하니라" (행 8:25). 물론 돌아오는 길에 사마리아의 '여러 마을에서 복음을 전했지만' 결국 예루살렘으로 돌아왔다.

예루살렘교회는 베드로와 요한을 사마리아로 보내기만 한 것은 아니었을 것이다. 무엇보다도 그들을 위해 열심히 기도했을 것이다. 그뿐 아니라, 그들이 오가는 데 드는 비용도 부담했을 것이다. 베드로와 요한은 예루살렘으로 돌아와서 두말할 필요도 없이 그들의 사역과 여행에 대해서 나누었을 것이다. 특히 사마리아에서 빌립의 전도를 통해서 믿은 사람들을 위해 안수하며 기도해줄 때 그들에게 성령이 임하신 역사를 나누면서 기쁨을 함께 누렸을 것이다.

예루살렘은 오랫동안 성전과 유대교의 중심지였다. 그런 까닭에 예루살렘교회는 유대인이었다가 회심한 그리스도인들로 구성되었다. 비록 그들이 이방인을 경시하면서 모든 율법의 시작인 할례를 강조했지만, 그래도 마음을 넓혀서 베드로와 요한을 사마리아로 보냈다. 그들이 베드로와 요한의 보고를 들으면서 점차 마음이 넓어졌음이 틀림없다. 그렇지 않았다면 이방인으로 구성된 안디옥교회에 바나바를 보내지 않았을 것이다.

예루살렘교회는 비록 이방인에 대해서는 마음이 넓지 못했지만, 그들 가운데서는 교제가 참으로 깊고도 깊었다. 그들은 물건을 통용했고, 어려움이 생기면 합심해서 기도했다. 한 예를 들면, 베드로가 감옥에 갇혔을 때 그들은 마가의 집에 모여 열심히 기도했다. 그렇다! 하나님이 베드로를 크게 사용하신 이유 가운데 하나는 예루살렘교회의 교제가 있었기 때문이었다. 삶과 재물을 나누는 교제야말로 그들이 한 몸에 붙어있는 지체들이기에 가능했다.

하나님은 바울도 귀하게 사용하셨는데, 그가 성령으로 충만했기 때문이다 (9:17). 그렇다고 그가 혼자서 그렇게 거대한 사역을 할 수는 없었다. 그에게도 없어서는 아니 될 교제권이 있었는데, 바로 안디옥교회였다. 안디옥교회는 바나바의 탁월한 지도력으로 처음부터 교제권이 형성되었다: "안디옥 교회에 선지자들과 교사들이 있으니 곧 바나바와 니게르라 하는 시므온과 구레네 사람 루기오와 분봉 왕 헤롯의 젖동생 마나엔과 및 사울이라" (13:1).

그 다섯 명의 지도자는 서로 끈끈한 교제를 나누면서 지도력을 발휘했다. 그들은 함께 기도했고, 함께 금식했고, 함께 성령의 음성을 들었다 (13:2-3). 성령의 지시에 따르면, 제일 지도자인 바나바와 마지막으로 가세한 지도자 사울을 더 큰 사역을 위해 보내라는 것이다. 그들이 일 년간 함께 가르치는 동안, 지도자들의 숫자는 다섯이지만 하나처럼 성령의 음성을 함께 들었다. 얼마나 놀라운 교제인가!

안디옥교회는 예루살렘교회와는 달리 주로 이방인들로 구성된 이방인교회였다. 그 교회를 위해 하나님은 유대인인 바나바와 사울을 내보내시고, 남은 이방인 세 사람이 그 교회를 지도하게 하셨다. 얼마나 놀라운 하나님의 방법인가! 유대인 지도자들은 선교에 매진하라고 보내셨는데, 그것은 처음부터 하나님의 뜻이었다. 하나님이 이스라엘을 선민으로 택하신 주된 목적은 그들이 이방인들에게 하나님의 사랑과 능력을 전하게 하기 위함이었다 (출 19:5-6).

성자 하나님이 희생하신 목적 가운데는 '교제'가 포함되어 있다. 그것도 말씀으로 확인하자: "우리가 보고 들은 바를 너희에게도 전함은 너희로 우리와 *사귐*이 있게 하려 함이니, 우리의 *사귐*은 아버지와 그의 아들 예수 그리스도와 더불어 누림이라" (요일 1:3). 그리스도인이 위로 삼위 하나님과 교제하게 되면, 필연적으로 다른 그리스도인과도 교제해야 한다. 이 말씀에서 '우리'는 요한을 비롯한 사도들인데, 그리스도인은 그들과도 교제한다는 것이다.

바울은 전도하기 위하여 더 많은 위험을 감수하면서 많은 사람을 그리스도께로 인도했다. 그러나 거의 예외 없이 그는 안디옥교회로 돌아와서 하나님이 자기를 통해 역사하신 것들을 일일이 나누었다. 한 예를 들어보자: "거기서 배 타고 안디옥에 이르니 이 곳은 두 사도가 이룬 그 일을 위하여 전에 하나님의 은혜에 부탁하던 곳이라. 그들이 이르러 교회를 모아 하나님이 함께 행하신 모든 일과 이방인들에게 믿음의 문을 여신 것을 보고하고" (14:26-27).

'교제'는 성자 하나님의 몸에 붙은 지체들이 나누는 것이며 (고전 12:12). 그뿐 아니라, 성령 하나님이 하나로 만드신 것을 누리는 것이다 (엡 4:3-4). 달리 표현하면, '교제'는 신약시대의 특징 중 하나이다. 구약시대에는 종적으로 위에서부터 아래로 내려오는 교제였으나, 신약시대에는 횡적으로 '형제자매가 되어 옆으로 나누는 교제'이다. 성령이 오순절에 임하자 예루살렘교회는 "…사도의 가르침을 받아 서로 *교제*하고 떡을 떼며 오로지 기도하기를 힘쓰니라" (2:42).

이 묘사에서 구약시대에 없던 것이 삽입되었는데, 그것은 '교제'였다. 누가는 그 '교제'의 모습을 묘사했다 (2:44-47). 예루살렘교회와 안디옥교회에 있는 뜨거운 교제로 인해, 사역으로 생긴 피곤도 씻고, 사랑도 나누며, 전도 보고도 하며, 서로를 위해 뜨겁게 기도할 수 있었다. 그 교제권으로 말미암아 베드로와 바울은 하나님의 나라 확장에 그렇게 크게 이바지한 것이다. 그처럼 위대한 전도자들을 배출한 예루살렘교회와 안디옥교회는 참으로 위대하다!

11장

제1차 전도 여행

1. 바나바의 지도력 (행 13:1-3)

바나바의 탁월한 지도력으로 안디옥교회는 성장에 성장을 거듭했는데, 그 교회에 지도자들도 늘어났다. 누가는 그들의 이름을 열거했다: "안디옥 교회에 선지자들과 교사들이 있으니, 곧 바나바와 니게르라 하는 시므온과 구레네 사람 루기오와 분봉 왕 헤롯의 젖동생 마나엔과 및 사울이라" (13:1). 이들 다섯 지도자 중 3명은 이방인이었는데, 시므온은 흑인이고, 루기오는 구레네라는 먼 곳에서 온 사람이고, 마나엔은 헤롯과 함께 같은 젖을 먹은 사람이었다.

그 지도자들에게 맡겨진 중차대한 책임을 잘 감당할 수 있도록 그들은 금식 기도를 했다. 두말할 필요도 없이 그 기도는 수석 지도자 바나바의 인도로 시작되었을 것인데, 그가 예루살렘교회에서 훈련받을 때 기도의 실제와 능력을 경험했기 때문이다. 바나바는 경건한 레위인으로 오순절 절기 동안 예루살렘에 있었던 것이 분명하다. 자연스럽게 그는 친척인 마리아의 집에 머물렀을 것이다. 그 집은 바나바와 같은 친척에게 방을 내줄 수 있을 만큼 컸기 때문이다.

하나님의 말씀은 명시하고 있지는 않지만, 바나바는 그 집의 다락방에서 열흘 동안 간절히 기도하는 120명을 눈여겨보았을 것이다. 그들이 그렇게 기도하는 동안 식사도 제대로 하지 못했을 것이며, 잠자리도 충분하지 않았을 것이다. 따라서 많은 사람이 금식하며 밤이 맞도록 열심히 기도했을 것이다. 그렇게 그들이 열흘 동안 간절히 기도했는데, 마침내 성령님이 그들 위에 임하셔서 모두 성령으로 충만하게 하신 것도 목격했을 것이다 (2:4).

그뿐 아니라 예루살렘교회가 박해를 당할 때, 그들이 '한마음으로 하나님께 소리를 높혀' 기도하자, '모인 곳이 진동하더니 무리가 다 성령으로 충만함을 받은' 것도 분명히 기억했을 것이다 (4:24, 31). 그렇게 성령으로 충만함을 받은 그리스도인들이 담대하게 하나님의 말씀을 전하는 것도 목격했을 것이다. 그런데, 안디옥교회는 내적으로 충실해졌지만, 하나님의 말씀을 밖으로는 내보내지는 못하고 있었다. 그것을 타개하려고 바나바는 금식 기도를 선포했을 것이다.

그들이 그렇게 한마음이 되어 금식할 때, 성령님께서 "내가 불러 시키는 일을 위하여 바나바와 사울을 따로 세우라"고 말씀하셨다 (13:2). 안디옥교회는 그 말씀에 즉시 순종하여 "금식하며 기도하고 두 사람에게 안수하여 보냈다" (13:3). 그렇다! 예루살렘교회가 파송한 바나바는 그 교회에 임하셨던 성령님께서 안디옥교회에도 임하게 하신 장본인이었다. 그렇게 성령 충만을 경험한 예루살렘교회가 전도하기 시작한 것처럼, 안디옥교회도 먼저 전도하기 시작했다.

2. 바보에서의 역사 (13:4-12)

마침내 바나바와 사울은 마가를 데리고 역사적인 전도 여행을 떠났는데, 그들의 여정은 기독교 역사에서 가장 중요한 사건 중 하나가 되었다. 그 이유는 분명하다! "땅 끝까지 이르러 내 증인이 되리라"는 성자 하나님의 분부가 실질적으로 그리고 구체적으로 성취되기 시작하는 여정이었기 때문이다. 그들은 안디옥교회의 기도와 후원과 전송을 받으면서 30km가 채 안 되는 안디옥의 항구인 실루기아로 내려가서, 배를 타고 200여km 떨어진 구브로의 살라미에 이르렀다.

살라미에서 그들은 '유대인의 여러 회당에서 하나님의 말씀'을 전했다 (13:5). 그 후 그들은 150km 떨어진 행정수도인 바보로 이동했다. 그곳에서 구브로의 총독인 서기오 바울의 초청을 받았고, 그들은 그에게 복음을 전했다. 그런데, '유대인 거짓 선지자'인 마술사 엘루마가 총독으로 믿지 못하게 하고 있었다. 그때 '바울이라고 하는 사울이 성령이 충만하여' 그 마술사의 눈을 멀게 했다. 그 역사를 본 총독은 '믿으며 주의 가르치심을 놀랍게 여겼다' (13:12).

바나바와 사울이 제1차 전도 여행에서 맺은 첫 열매가 그 총독의 회심이었다. 그의 회심은 앞으로 성령 하나님께서 바울과 바나바를 사용하셔서, 많은 죄인을 성자 하나님이신 예수 그리스도께로 인도할 역사에 대한 서곡이었다. 그렇지 않다면 그들이 전한 복음을 뒷받침해 줄 기적이 일어나지 않았을 것이다. "하나님도 표적들과 기사들과 여러 가지 능력과 및 자기의 뜻을 따라 성령이 나누어 주신 것으로써 그들과 함께 증언하셨느니라" (히 2:3).

사울을 통해 그처럼 거물급 인사인 총독이 회심했을 뿐 아니라 그의 회심을 방해하던 바예수라는 거짓 선지자의 눈이 멀게 되었는데, 그의 별명은 엘루마였다. 그렇게 놀라운 능력과 함께 복음을 전한 사울은 그때부터 자연스럽게 그 일행을 이끌어가는 지도자가 되었다. 두말할 필요도 없이 그렇게 된 이유는 성자 하나님의 복음을 마음껏 전하라고 성령 하나님이 함께하시면서 역사를 이루셨기 때문이다.

3. 비시디아 안디옥에서의 설교 (13:13-43)

바울과 바나바는 구브로의 바보에서 배 타고 약 300km나 되는 밤빌리아 지역에 있는 버가에 이르렀다. 그때 마가는 바울과 바나바를 떠나 예루살렘으로 돌아갔다. 마가로 인해 마음이 상해서인지 바울은 그곳에서는 복음을 전하지 않았다. 바울과 바나바는 근 150km나 되는 비시디아 안디옥으로 이동했는데, 길이 험해서 7일은 걸렸을 것이다. 그 지역은 해발 1,000m나 되는 산악지대였다. 그때도 회당에서 복음을 전했는데, 그 복음은 바울의 첫 번째 설교였다.

베드로 사도가 오순절 날에 성령으로 충만해서 즉흥적으로 설교한 것처럼, 바울 사도도 성령으로 충만해서 즉흥적으로 설교했다. 즉흥적인 설교는 그가 평상시에 믿으면서 중요하게 여기는 말씀이 나오게 되어 있다. 달리 표현하면, 그의 설교는 그가 지금까지 깨닫고, 경험하고, 묵상한 말씀의 결과물이었다. 그렇게 전한 바울 사도의 첫 번째 메시지는 복음이었다. 그런데 그의 설교를 분석해 보면, 후에 바울 사도가 발전시킨 복음의 핵심이 다 포함되어 있었다.

바울 사도의 메시지는 이스라엘의 역사를 4가지로 요약하면서 시작했는데, 첫째는 하나님은 '이스라엘 백성의 하나님'이시다. 둘째는 그 하나님이 '우리 조상들을 택하셨다.' 셋째는 그 하나님이 그 백성을 애굽 땅에서 인도하여 내시고 광야를 통과하게 하셨다. 넷째는 '가나안 땅 일곱 족속을 멸하사 그 땅을 기업으로 주셨다.' 바울 사도는 빠르게 그 역사를 요약하면서 하나님이 사울 왕을 폐하시고 다윗을 왕으로 삼으셨다고 했다 (13:17-22).

바울 사도가 이처럼 이스라엘의 긴 역사를 짧게 요약한 이유는 다윗을 소개하기 위해서였다. 다윗은 그의 후손이 구주로 탄생하실 사실에 대해 약속을 받았다. 다윗에게 하나님께서 주신 약속을 인용해 보자: "그 날에 이새의 뿌리에서 한 싹이 나서 만민의 기치로 설 것이요, 열방이 그에게로 돌아오리니, 그가 거한 곳이 영화로우리라" (사 11:10). 그 약속대로 "이 사람[다윗]의 후손에서 이스라엘을 위하여 구주를 세우셨으니, 곧 예수라" (13:23).

바울 사도의 외침은 계속되었다: '구주이신 예수 그리스도는 세례 요한이 선포한 회개의 메시지를 기점으로 사역을 시작하셨다. 그분을 통해서만 구원을 받을 수 있는데도, 선지자들의 예언을 안식일마다 읽는 아브라함의 후손인 유대인들은 선지자들의 예언대로 오신 구주를 오히려 박해하고 죽였다.' 그런 외침은 회당에서 그의 설교를 듣는 유대인들이 예언에 대해 무식할 뿐 아니라, 선지자들의 예언대로 그분을 죽였다는 고발이었다.

바울 사도가 전한 복음의 핵심은 4가지였는데 다음과 같다: 첫째, 유대인들이 그분을 십자가에 못 박아 죽였다. "죽일 죄를 하나도 찾지 못하였으나, 빌라도에게 죽여달라 하였다"(13:28). 둘째, 그분을 무덤에 두었다(13:29). 셋째, 그렇지만 "하나님이 죽은 자 가운데서 그를 살리셨다"(13:30). 넷째, "갈릴리로부터 예루살렘에 함께 올라간 사람들에게 여러 날 보이셨으니, 그들이 이제 백성 앞에서 그의 증인이었다"(13:31).

그와 같은 하나님의 약속들이 성취되었다는 사실을 확인하기 위해 바울 사도는 구약의 말씀을 세 곳 인용했는데, 시편 2편 7절과 이사야 55장 3절 및 시편 16편 10절이다. 그 약속들에 의하면, 예수 그리스도는 예언대로 죽은 자 가운데서 살아나셨는데, 다윗에게 약속한 대로였다. 그렇게 살아나신 분은 당연히 무덤에 있지 않기에 '썩음을 당하지 않는다'는 것이었다. 물론 다윗은 죽어서 썩었기에, 그 예언은 다윗의 후손인 그리스도에 대한 것이었다.

바울 사도는 그의 첫 메시지에서 중요한 것을 두 가지나 포함했는데, 하나는 "이 사람을 힘입어 믿는 자마다 *의롭다 하심*을 얻는 것이라." 그의 설교에 개신교의 핵심인 이신칭의以信稱義라는 중차대한 가르침이 포함되어 있었다(13:39). 둘은 바울 사도가 이방인의 사도라고 선언한 사실이다. "…너희가 그것[말씀]을 버리고 영생을 얻기에 합당하지 않은 자로 자처하기로 우리가 *이방인*에게로 향하노라"(13:46). 그렇다! 그는 처음부터 이방인의 사도였다!

바울 사도는 그 회당에서 다음 안식일에도 복음을 전했는데, '온 시민이 거의 다 모여서' 그가 전하는 말씀을 들었다(13:44). 그의 말씀에 대해 두 가지 반응이 있었는데, 하나는 '유대인과 유대교에 입교한 경건한 사람들이 많이 바울과 바나바를 따랐다'(13:43). 둘은 어떤 유대인들은 시기심이 생겨서 그들의 말을 '반박하고 비방하면서', 경건한 귀부인들과 그 시내 유력자들을 선동하여 바울과 바나바를 박해하면서 그 지역에서 쫓아냈다 (13:45, 50).

4. 이고니온과 루스드라와 더베에서의 전도 (14:1-23)

바울과 바나바는 '그들을 향하여 발의 티끌을 떨어 버리고' 이고니온으로 갔는데, 그들과 제자들은 '기쁨과 성령이 충만했다' (13:51-52). '발의 티끌을 떨어 버린 행위'는 예수님의 명령이었다 (마 10:14). 그 습관은 이방인의 땅에 갔다가 돌아오는 유대인이 거룩한 땅을 더럽히지 않으려고 한 행위였다. 그런데 이제는 거꾸로 유대인들에게 그렇게 함으로, 그들이 불신으로 인해 생길 결과에 책임을 면할 수 없다는 선언적 행위였다.

바울과 바나바는 비시디아 안디옥의 박해를 피해 145km나 되는 이고니온으로 갔다. 비록 그곳도 험준한 산악지대였지만, 로마 사람들이 전쟁을 위해 닦아놓은 *비아 세바스떼*^{Via Sebaste}라는 도로로 갔기에 4일밖에 걸리지 않았다. 그 도로는 로마 황제의 지시로 닦아졌기에 '황제의 길'이라고도 불린다. 라틴어 *세바스떼*는 헬라어로 *아우구스투스*^{Augustus}로, 로마 황제를 뜻한다. 여하튼 바울과 바나바는 그렇게 이고니온에 오자 즉시 전도하기 시작했다.

그들이 유대인의 회당에서 복음을 전하니, '허다한 무리가 믿었는데', 그들이 전하는 말씀이 '표적과 기사'가 함께했기 때문이다 (14:1, 3). 그곳에서도 비시디아 안디옥에서처럼 유대인들은 두 그룹으로 나뉘었는데, 한 그룹은 '두 사도를 따랐다'(14:4). 그러나 다른 그룹은 '두 사도를 모욕하며 돌로 치려고 달려들었다'(14:5). 돌로 쳐서 죽이려는 악한 발상은 그때까지 없었던 것이었는데, 산악지대에 사는 험악한 사람들이라 그랬는지도 모르겠다.

바울과 바나바는 이고니온에서 30km밖에 되지 않는 루스드라에 가서 복음을 전했고, 또 그곳에서 50km 떨어진 더베에 가서도 복음을 전했는데, 그곳들을 지나면서 그 근방의 마을에서도 복음을 전했다. 누가는 그런 전도 활동과 지역을 이렇게 묘사했다; "루가오니아의 두 성 루스드라와 더베와 그 근방으로 가서 거기서 복음을 전했다"(14:6-7). 그런데 루스드라에서 잊지 못할 두 가지 중대한 사건이 일어났다.

하나는 '발을 쓰지 못하여 나면서 걷지 못한' 사람이 고침을 받아 '일어나 걷게 된' 기적이었다(14:10). 또 하나는 비시디아 안디옥과 이고니온에서 온 유대인들이 그곳의 '무리를 충동하여 바울을 돌로 쳐서' 죽이려고 한 사건이었다(14:19). 그들은 바울이 '죽은 줄로 알고 시외로 끌어 내쳤다'(14:19). 그 유대인들이 바울을 질질 끌고 가서 던져버렸다는 말이다. 기적의 역사가 큰 만큼 그들의 악행도 그만큼 컸다.

발을 고쳐서 일으키신 성령 하나님은 이번엔 바울 사도를 일으켜 세우셨다. 하룻밤을 그곳에서 쉰 후, 바울과 바나바는 더베로 갔다. 그런데 그들이 루스드라에 있을 때 그들에게 제사하려는 제우스 신당의 제사장이 있었다. 그들을 통해 발이 낫는 기적을 보고 그들이 신이라고 여긴 것이다. 물론 그들은 제사를 받지 않았을 뿐 아니라, 그 사건을 통해 창조주 하나님을 그들에게 소개할 수 있었다.

바울과 바나바는 더베로 가서 복음을 전했는데, 마치 부활의 능력이 나타난 것처럼 '많은 사람을 제자로 삼았다' (14:21). 그렇게 바울과 바나바는 제1차 전도 여행을 마치게 되었다. 그들은 복음을 전했던 곳을 들러서 '제자들의 마음을 굳게 하여 이 믿음에 머물러 있으라'고 권했다 (14:22). 그리고 "각 교회에서 장로들을 택하여 금식 기도하며 그들이 믿는 주께 그들을 위탁했다" (14:23).

5. 안디옥으로! (14:24-28)

바울과 바나바가 마지막으로 전도한 곳은 더베였다. 더베를 출발하여 루스드라와 이고니온과 비시디아 안디옥을 차례로 들러서 제자들을 위로하고 격려했으며, 장로들을 중심으로 조직한 교회들이 믿음에서 흔들리지 않도록 양육하고 가르쳤다. 그들이 비시디아 안디옥을 지나갔는데, 그들의 감회가 컸을 것이다. 특히 바울의 감회가 컸을 것인데, 그곳에서 첫 번째 설교를 했고, 또 많은 이방인이 믿고 구원을 받았기 때문이다 (13:47-48).

그들이 버가에 이르렀을 때, 마가가 그들을 떠나간 것도 기억했을 것이며, 한발 더 나아가서 먼저는 버가에서 말씀과 복음을 전하지 않은 것도 기억했을 것이다. 그들은 지금까지 성령 하나님이 함께하시면서 많은 역사를 이루신 은혜를 기억하면서, 이번에는 버가에서 말씀을 전했다 (14:25). 그 후 그들은 배를 타기 위하여 앗달리아로 내려갔는데 (14:25), 틀림없이 올 때도 그곳에서 배를 내렸고, 그리고 버가로 걸어서 이동했을 것이다.

앗달리아에서 그들은 배를 타고 실루기아에 도착한 다음 거기서부터 그들의 출발지인 안디옥으로 걸어서 갔다. 그렇게 해서 바울과 바나바는 제1차 전도 여행을 마무리했다. 그들의 여정은 모두 1,055km에 달하는 멀고도 먼 길이었다. 그 가운데 뱃길이 500km이니, 그들이 도보로 걸어서 간 길은 555km나 되었다. 그 거리는 한 방향으로 가는 길이니, 오는 길까지 합하면 그들이 도보로 걸어서 간 길은 1,110km나 되었다.

바울과 바나바는 어떤 때는 잠자리를 구하지 못해서 들에서도 잤을 것이다. 어떤 때는 먹거리가 없어서 굶었을 것이다. 어떤 때는 물이 없어서 세수나 목욕도 못 했을 것이다. 어떤 때는 신발이 닳아서 맨발로도 걸었을 것이다 (고전 4:11-13). 그러나 오직 '땅 끝'에 이르러 주님의 증인이 되겠다는 일념으로 모든 것을 참고 견디었을 것이다. 그들이 전하지 않으면 그처럼 멀리 떨어진 곳에 사는 유대인들과 이방인들이 어떻게 복음을 들을 수 있겠는가?

근 1년 6개월간의 여정을 마치고 바울과 바나바가 안디옥으로 돌아왔을 때, 그들을 따뜻하게 맞아준 안디옥교회가 있었다! 얼마나 큰 격려와 사랑을 받았겠는가! 바울과 바나바는 "교회를 모아 하나님이 함께 행하신 모든 일과 이방인들에게 믿음의 문을 여신 것을 보고하고, 제자들과 함께 오래 있었다" (14:27-28). 그들을 위해서 쉬지 않고 기도해 준 형제자매들이 전도 보고를 듣고 함께 기뻐했다. 그렇게 기뻐하면서 하나님께 영광을 올린 안디옥교회는 참으로 훌륭하다!

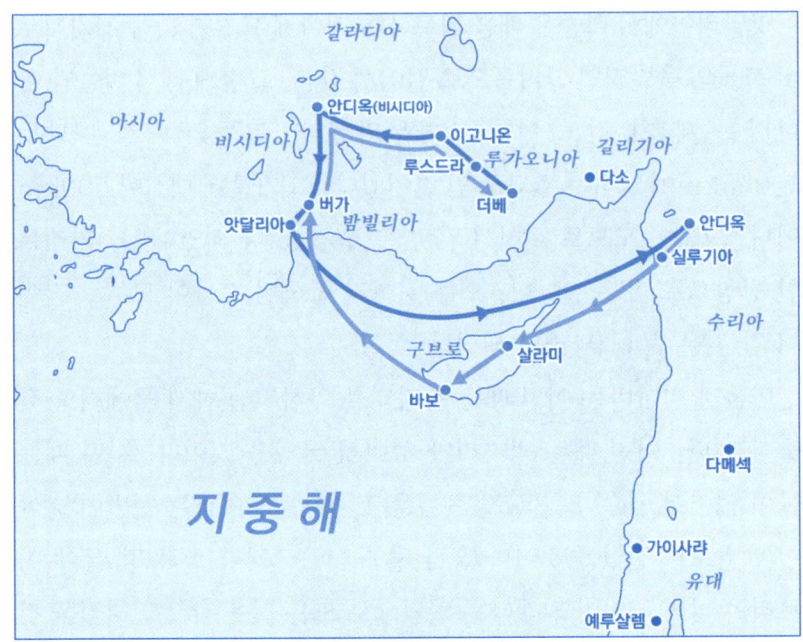

바울과 바나바의 제1차 전도 여행

마가의 결별

아가보의 예언대로 유대에 큰 흉년이 들자, 안디옥교회는 예루살렘교회에 바나바와 사울을 통해 부조를 보냈다 (11:28-30). 그들이 돌아올 때 마가인 요한을 데리고 왔는데 (12:25), 요한은 히브리식 이름이고 마가는 로마식 이름이다. 바나바와 바울이 제1차 전도 여행을 떠나면서 마가를 '수행원'으로 데리고 갔는데 (13:5), 그들이 밤빌리아에 있는 버가에 이르렀을 때 마가는 그들과 결별하고 예루살렘으로 돌아가 버렸다 (13:13).

하나님의 말씀에서 마가가 어떻게 전면에 등장하게 되었는지 전혀 언급하지 않고 있다. 그가 최초로 등장한 것은 직접적이 아니라 간접적이었는데, 유월절 절기 때였다. 그 절기에 예수 그리스도는 베드로와 요한을 보내시면서 유월절을 준비하라고 분부하셨다. 그들이 어디서 준비하냐고 질문하자, 그분은 마가의 다락방에서 하라고 지시하셨다. 물론 그분은 마가를 언급하지 않으셨지만, 그 다락방은 마가의 다락방이라고 널리 알려져 있었다.

베드로와 요한이 그 다락방을 찾게 된 것도 예수님이 알려주셨기 때문이다. "보라, 너희가 성내로 들어가면 물 한 동이를 가지고 가는 사람을 만나리니, 그가 들어가는 집으로 따라 들어가서, 그 집 주인에게 이르되, '선생님이 네게 하는 말씀이 내가 내 제자들과 함께 유월절을 먹을 객실이 어디 있느냐?…' 그리하면 그가 자리를 마련한 큰 다락방을 보이리니 거기서 준비하라 하시니, 그들이 나가 그 하신 말씀대로 만나 유월절을 준비하니라" (눅 22:10-13).

그날 저녁 예수님과 제자들은 그 다락방에서 성만찬을 하면서 세 시간쯤 보냈다. 모르긴 몰라도 그날 마가의 어머니인 마리아와 마가는 그분들을 영접하고 배웅했을 것인데, 그들의 집에 오신 '선생님'과 일행이었기 때문이다. 마가의 어머니는 신앙심이 무척 깊은 것으로 여겨지는데, 그렇지 않다면 그런 몇 마디 때문에 집을 개방하지 않았을 것이다. 그날 저녁 마리아와 그의 아들 마가는 틀림없이 예수님과 그 제자들을 잠깐이라도 만났을 것이다.

마리아는 예수님이 승천하시어 이 세상에 계시지 않을 때도 그 큰 다락방을 제자들이 자유롭게 사용하도록 허용했으며, 그 결과 그곳에 모여있던 120명 위에 성령이 충만하게 임하셨다. 십중팔구 그 120명 가운데는 마리아와 그의 아들 마가도 있었을 것이다. 만일 그들도 그곳에 있었다면, 그들도 성령의 충만함을 경험하는 영광을 맛보았을 것이다. 그런 경험이 바탕이 되어 후에 마가는 최초의 복음서인 마가복음을 기록했을 것이다.

베드로가 감옥에 갇혔을 때, 그리스도인들이 그 다락방에 모여서 간절히 기도한 것을 보면, 그 다락방은 초대교회의 모임 장소도 되었다. 그것도 말씀으로 확인하자: 베드로가 옥에서 나온 후, "…마가라 하는 요한의 어머니 마리아의 집에 가니, 여러 사람이 거기에 모여 기도하고 있더라" (12:12). 마리아와 마가의 헌신적인 결단으로 그 다락방이 예루살렘교회의 중심이 되었다. 그리고 그 예루살렘교회에 마리아와 친척 관계인 바나바도 참가한 것이 분명하다.

바나바와 사울이 마가에게 안디옥으로 가자고 했을 때 틀림없이 그는 기대와 흥분의 도가니 속에서 그들을 따라나섰을 것이다. 바나바는 오랫동안 신앙적으로 그리고 인간적으로 알던 마가를 데리고 갔다. 그 결정은 틀림없이 바나바의 주선으로 이루어졌을 것이며, 사울도 반대할 이유가 전혀 없었다. 그런데 아무도 생각지 못했던 전도 여행이 성령님의 느닷없는 지시로 이루어졌다: "…내가 불러 시키는 일을 위하여 바나바와 사울을 따로 세우라" (13:2).

그 세 사람이 구브로섬의 바보라는 곳에 이르렀을 때 총독인 서기오 바울에게도 복음을 전하게 되었는데, 방해꾼이 있었다. 그 방해꾼은 마술사 엘루마였는데, '바울이라고 하는 사울이 성령이 충만하여' 그 마술사의 눈을 멀게 했다 (13:9-11). 그 기적을 보고 총독도 '믿었다' (13:12). 그처럼 두 가지 큰 기적, 곧 총독의 회심과 마술사의 맹인이 되게 한 후, 그들은 구브로섬을 떠나 육지인 버가에 이르렀다. 그때 마가는 그들을 떠나 예루살렘으로 돌아갔다.

그런 행동으로 인해 결국 바울과 바나바가 헤어지게 되는 불행한 일이 생겼다. 바울은 마가를 동역자로 받아들일 수 없었기 때문이다 (15:38-39). 물론 성경 해석자들은 바울의 결정에 동의하면서 마가의 연약한 신앙 때문에 떠나갔다고 하는데, 그들의 말도 일리가 없잖아 있다. 그러나 바나바와 사울이 마가를 데리고 안디옥으로 갔을 때는 아무도 전도 여행을 꿈꾸지도 생각지도 않았던 큰일 중의 큰일이었다.

마가는 예루살렘에서 500km나 되는 안디옥까지 기쁨으로 갔을 것이다. 그런데 느닷없이 전도 여행을 가면서 바나바와 사울의 수행원이 되었다. 안디옥에서 정확히 25km 떨어진 실루기아 항구에서 배로 200여km나 되는 구브로섬의 살라미까지 갔다. 그다음 그들은 도보로 150km쯤 걸어서 바보에 이르렀다. 그곳에서 배를 타고 앗달리아로 이동한 후 (약 200km), 15km쯤 더 걸어서 버가로 이동했다. 그때 마가는 바나바와 바울의 계획을 알게 되었다.

그때부터 바나바와 바울은 내륙으로 걸어가면서 비시디아 안디옥과 이고니온과 더베를 간다는 것이다. 그 거리는 자그마치 400km가 넘는 데다, 험악한 고원을 넘어야 하는 어려운 노정이었다. 마가는 지금까지 견디면서 바나바와 사울을 섬겼는데, 그 여정이 부유하게 성장한 젊은 마가에게는 너무나 힘이 들었을 것이다. 그런데 지금까지 온 길보다 훨씬 험준한 고원 지대를 지나간다니, 전도 여행을 생각지도 않고 예루살렘을 떠났는데 용기가 생기지 않았을 것이다.

그곳에서 앗달리아 항구까지는 15km밖에 되지 않는 데다, 마가는 그곳에서 예루살렘까지 직행하는 배편이 있다는 사실을 알았다. 또 그의 집에서 즐기던 사랑의 교제도 그리워했을 것이다. 삼십 세가 채 되지 않는 청년 마가는 바나바와 바울의 수행원 노릇을 더는 할 수 없었다. 그는 작별을 고하고 앗달리아로 가서 배를 타고 예루살렘으로 돌아갔다. 바나바와 바울처럼 주님으로부터 직접 인도하심을 받은 적이 없는 마가는 별다른 갈등 없이 그들을 떠났을 것이다.

12장

불화에서 일치로!

1. 불화의 발단 (행 15:1-5)

예루살렘교회는 유대인들로 이루어진 교회였는데, 그들 중에는 바리새인들도 있었다. 그런데 그 바리새파 유대인들 가운데 몇 사람이 안디옥교회를 찾아갔는데, 그들의 목적은 안디옥교회의 '잘못된 관행'을 바로잡겠다는 것이었다. 틀림없이 그들은 안디옥교회의 현황, 곧 이방인들이 대거 회심하여 교회로 들어왔다는 소식을 마가에게서 들었을 것이다. 특히 예루살렘교회가 파송한 바나바의 탁월한 지도력으로 그 교회는 일취월장^{日就月將} 성장하고 있었다 (11:24).

누가는 그 사람들의 주장을 이렇게 기록했다. "어떤 사람들이 유대로부터 내려와서 형제들을 가르치되, '너희가 모세의 법대로 할례를 받지 아니하면 능히 구원을 받지 못하리라'" (15:1). 안디옥교회는 그들이 예루살렘교회에서 내려왔기에 처음에는 환영하며 기대도 컸을 것이다. 그런데 나중에 밝혀진 대로 그들은 예루살렘교회가 보낸 사람들이 아니라, 그들 마음대로 온 사람들이었다. 예루살렘교회는 그 사실을 안디옥교회에 보내는 서신에서 분명히 밝혔다.

그 서신에서 그들에 관한 설명을 인용해 보자. "들은즉 우리 가운데서 어떤 사람들이 우리의 지시도 없이 나가서 말로 너희를 괴롭게 하고 마음을 혼란하게 한다"(15:24). 그들은 오랫동안 지켜온 유대의 율법을 얼마나 중요하게 여겼는지 자비自費로 안디옥까지 가서 그들의 '잘못'을 고쳐주려는 열정이 가득한 사람들이었다. 그때까지는 이방인이 회심하면 할례를 받고 모세의 율법을 지켜야 한다는 주장이 유대인 그리스도인들 사이에 있었다.

그러나 그 사람들의 주장은 그보다 훨씬 강해서, '할례를 받지 아니하면 능히 구원을 받지 못한다'고 가르쳤다. 그들의 주장은 바울과 바나바가 전도 여행에서 전한 복음을 완전히 뒤엎는 위험천만한 것이었다. 바울 사도는 이렇게 가르쳤다: "또 모세의 율법으로 너희가 의롭다 하심을 얻지 못하던 모든 일에도 이 사람을 힘입어 믿는 자마다 의롭다 하심을 얻는 이것이라"(13:39). 물론 바울과 바나바는 그들과 '적지 아니한 다툼과 변론'을 했다(15:2a).

그러나 그들은 그들의 주장을 굽히지 않았는데, 십중팔구 그들이 예루살렘교회에서 왔다는 사실을 내세웠을 것이다. 해결의 실마리가 보이지 않자, 안디옥교회는 바울과 바나바와 몇 사람을 예루살렘교회에 보내기로 했다(15:2b). 그러니까 그들은 안디옥교회가 정식으로 보낸 교회의 대표였다. 그들은 도보로 "베니게와 사마리아로 다니며(원어로는 '지나가면서'이다) 이방인들이 주께 돌아온 일을 말하여 형제들을 다 크게 기쁘게 했다"(15:3).

그들의 간증은 오는 길에서만 한 게 아니라, 예루살렘교회에서도 계속되었다. '하나님이 자기들과 함께 계셔 행하신 모든 일을 말했다'(15:4). 두말할 필요도 없이 그들을 통해 하나님이 이루신 역사는 이방인들이 믿음으로 의롭다 하심을 받고 변화된 것이었다. 그들이 그런 간증을 계속한 것은 두 가지 이유 때문이었는데, 하나는 하나님이 그들을 통해 역사하신 사실이었고, 둘은 할례를 받아야 구원받는다는 잘못된 주장을 반박하기 위함이었다.

아니나 다를까! "바리새파 중에 어떤 믿는 사람들이 일어나 말하되, '이방인에게 할례를 행하고 모세의 율법을 지키라 명하는 것이 마땅하다 하니라'" (15:5). 그렇게 주장하는 사람들 가운데 일부가 그들의 지지를 받으면서 안디옥교회까지 간 것이 분명하다. 바리새인들이 그렇게 오랫동안 그리고 확실히 믿는 율법의 가르침과 전통은 부서뜨려 깨기 어려운 단단한 밤송이 같았다. 예루살렘교회와 안디옥교회 양쪽에서 그 바리새파 그리스도인들의 주장은 참으로 거셌다.

2. 베드로의 증언 (15:6-11)

이미 언급한 대로 베드로는 예루살렘을 떠나간 지 제법 오래되었는데 (12:17), 이제 예루살렘교회가 기독교의 역사에서 참으로 중요한 결정을 할 때 다시 나타났다. 성자 하나님이 그에게 부여하신 천국의 열쇠로 이방인 신자들을 위하여 또 다른 문을 열기 위해서였다. 그는 일찍이 그 열쇠로 고넬료 가정의 회심을 위하여 구원의 문을 활짝 열었는데, 지금 그 경험을 증언하면서 이방인 신자에게 할례를 행할 수 없다고 강력하게 발언했다.

베드로의 증언은 짧지만, 요점은 하나도 빠지지 않았다. 그의 증언은 네 가지였는데 차례로 살펴보자. 첫째, 자기의 정체성을 밝혔다. '하나님이 오래전부터 나를 너희 가운데서 택하셨다.' 둘째, 그렇게 택하신 목적은 '이방인들로 내 입에서 복음의 말씀을 들어 믿게 하시기 위함이었다.' 셋째, 하나님이 이방인들을 위해 그를 택하신 사실을 알 수 있는데, 그에 따른 실증(實證)이 있기 때문이다. 그 실증은 고넬료 가정이 성령을 받은 것이다.

넷째, 그런데 우리가 무엇 때문에 이방인들을 차별하느냐? 하나님은 우리 유대인이나 이방인을 차별하지 않으시고 똑같이 성령을 주셨다 (15:8). 우리의 믿음 때문에 우리의 마음을 하나님이 깨끗하게 해주신 것처럼, '그들의 마음을 깨끗이 하사 그들이나 우리나 차별하지 아니 하셨느니라' (15:9). '그들이 우리와 동일하게 주 예수의 은혜로 구원받는 줄을 믿노라' (15:11). 이렇게 네 가지로 증언했는데, 베드로는 그것으로 끝내지 않았다.

그는 바리새파 신자들에게 이렇게 도전했다: "지금 너희가 어찌하여 하나님을 시험하여 우리 조상과 우리도 능히 메지 못하던 멍에를 제자들의 목에 두려느냐" (15:10)? 그렇게 증언하면서 베드로는 바리새파 신자들을 비난하거나 업신여기지 않으면서 그들을 '형제들'이라고 불렀다 (15:7). 지금까지 고수해 온 습관과 전통은 다를지라도, 예수 그리스도의 피로 맺어진 '형제들'이라는 것이다. 실제로 그들 중 일부가 안디옥에서 '형제들을 가르쳤다'고도 했다 (15:1).

그러니까 안디옥교회에 있는 이방인 그리스도인들도 예수 그리스도의 피로 맺어진 형제들이고, 예루살렘교회의 유대인 그리스도인들도 똑같이 형제들이라는 말이다. 베드로는 이처럼 심각한 갈등 가운데서도 모두를 '형제'라고 부르면서, 그 해결책의 실마리를 보여주었다. 비록 전통과 습관은 달라도, 그리고 그들이 지금까지 확신하고 행동한 신앙 행위는 달라도, 예수 그리스도를 믿고 성령을 받았다면 모두 한 아버지인 하나님을 모신 형제들이라는 것이다.

3. 야고보의 결론 (15:12-21)

베드로의 경험담을 반박하거나 거스를 사람은 없었다. 만일 그런 사람이 있다면 그는 베드로를 도구로 사용하신 하나님을 거스르는 꼴이 되기 때문이다. '온 무리가 가만히 있다'는 표현은 베드로의 간증을 들은 모든 사람이 그의 말을 존중했을 뿐 아니라, 더는 반박할 여지가 없다는 것을 뜻한다 (15:12). 오랜만에 성자 하나님에게서 천국 열쇠를 받은 수제자 베드로가 다시 한번 그 열쇠로 구원받은 이방인들을 위해 은혜의 문을 활짝 열었다.

베드로의 경험담에 이어서 '바나바와 바울이 하나님께서 자기들로 말미암아 이방인 중에서 행하신 표적과 기사에 관하여 말했고' 온 무리는 들었다 (15:12). 구브로의 바보에서 박수 엘루마가 눈이 먼 표적도 언급했을 터이고, 루스드라에서 생전 발을 쓰지 못하던 사람이 '일어나 걸은' 기적도 언급했을 터이다. 그러나 무엇보다도 구브로의 총독 서기오가 믿은 기적과 이고니온과 더베에서 많은 사람이 회심한 기적도 언급했을 것이다 (14:1, 21).

그러자 야고보가 결론을 내렸는데, 이렇게 말문을 열었다: "형제들아, 내 말을 들으라!" (15:13). 야고보는 바리새파 신자들을 '형제들'이라고 불렀다. 유대인인 그는 안디옥교회에 있는 이방인 그리스도인들도 형제라고 불렀다. 그의 말이다: "그 편에 편지를 부쳐 이르되, '사도와 장로 된 *형제*들은 안디옥과 수리아와 길리기아에 있는 이방인 *형제*들에게 문안하노라'" (15:23). 갈등을 표출한 이 장에서 '형제'라는 단어가 12번이나 나오는 것은 의도적이 아닐까?

여하튼 예루살렘교회의 제일 지도자인 야고보는 이방인들도 '그 이름을 위한 백성', 곧 언약의 백성이 되게 하셨다고 하면서, 그 말을 확증하기 위해 베드로의 말과 선지자의 예언을 인용했다. 참고로 베드로는 시몬이었는데, 한글성경에서는 시므온이라고 번역됐으나, 모두 같은 뜻이다. 야고보는 두 가지로 결론을 냈는데, 하나는 '이방인 중에서 하나님께로 돌아오는 자들을 괴롭게 하지 말자'는 것이다.

둘은 "다만 우상의 더러운 것과 음행과 목매어 죽인 것과 피를 멀리하라고 편지하는 것이 옳다"고 했다 (15:20). 야고보가 이처럼 네 가지를 제시하고 또 모두가 받아들인 것은 유대인 그리스도인과 이방인 그리스도인이 조화롭게 공존하기 위해서였다. 이방인들은 흔히 우상과 음행에 연루되는 비도덕적인 사람들인데, 그런 것들을 금하여 그들도 도덕적으로 살도록 유도했다. 특히 이 네 가지 죄악은 유대인 그리스도인이나 이방인 그리스도인에게 똑같이 적용되는 말씀이었다.

그 말씀은 레위기 17-18장에서 찾을 수 있는데, 분해해 보자. 먼저 우상의 제물에 대해 보면 다음의 말씀과 연관된다; "그들은 전에 음란하게 섬기던 숫염소에게 다시 제사하지 말 것이니라; 이는 그들이 대대로 지킬 영원한 규례니라" (레 17:7). 이 말씀에서 '그들은' 이스라엘 백성 가운데 거류하는 거류민으로, 이방인을 가리킨다 (레 17:8). 그 말씀에 의하면, 이스라엘 백성 중에 거하는 이방인도 우상 숭배는 물론 우상에게 드려진 제물을 금해야 한다.

그다음 음행은 레위기 18장에서 다루는 죄악으로, 이방인들이 범하는 짓들이었다. 각종 성적인 죄를 열거한 후 이렇게 경고했다: "…내가 너희 앞에서 쫓아내는 족속들이 이 모든 일로 말미암아 더러워졌고, 그 땅도 더러워졌으므로 내가 그 악으로 말미암아 벌하고 그 땅도 스스로 그 주민을 토하여 내느니라. 그러므로 너희 곧 너희의 동족이나 혹은 너희 중에 거류하는 거류민이나…이런 가증한 일의 하나라도 행하지 말라" (18:24-26).

세 번째와 네 번째는 '목매어 죽인 것과 피를 멀리하라'는 권면이다. 목매어 죽인 것은 피를 흘리지 않은 채 고기를 먹는 짓거리이다. "모든 이스라엘 자손이나 그들 중에 거류하는 거류민이 먹을 만한 짐승이나 새를 사냥하여 잡거든 그것의 피를 흘리고 흙으로 덮을지니라. 모든 생물은 그 피가 생명과 일체라…너희는 어떤 육체의 피든지 먹지 말라 하였나니, 모든 육체의 생명은 그것의 피인즉 그 피를 먹는 모든 자는 끊어지리라" (레 17:13-14).

'피를 멀리하라'는 권면도 역시 레위기에서 그 이유를 찾을 수 있다. "이스라엘 집 사람이나 그들 중에 거류하는 거류민 중에 무슨 피든지 먹는 자가 있으면 내가 그 피를 먹는 그 사람에게는 내 얼굴을 대하여 그를 백성 중에서 끊으리니, 육체의 생명은 피에 있음이라" (레 17:10-11a). 그렇다! 생명은 피에 있으므로, 피를 먹는 것은 생명의 존중함을 강조하신 하나님을 거스르는 행위이므로, 궁극적으로 하나님을 거스르는 행위이다.

4. 일치 (15:22-35)

　야고보가 위의 네 가지만을 금한 것은 유대인 그리스도인과 이방인 그리스도인이 같은 마음으로 하나가 되게 하기 위해서였다. 그의 제안을 유대인도 받아들였고 이방인도 받아들였다. 인간적으로나 종교적으로 그리고 전통적으로 하나가 되어 일치할 수 없는 두 그룹이 야고보의 간단한 제안으로 일치하게 되었다. 그리고 야고보는 안디옥교회에 편지를 보내어 그 갈등의 문제를 해결하고자 했다.

　두말할 필요도 없이 안디옥교회는 예루살렘교회가 보낸 편지를 받고 모두 기뻐했다 (15:31). 그 편지는 모든 교회의 어머니 격이고, 따라서 크나큰 권위가 있는 예루살렘교회에서 왔다. 그 교회가 공식적으로 보낸 편지는 불화를 해결하고도 남았으며, 동시에 '할례를 받아야 구원 받는다'는 잘못된 가르침을 주장한 사람들을 잠잠하게 했다. 다른 말로, 그들이 자처하던 '할례를 주장한 바리새인들의 권위'가 와르르 무너졌다.

　예루살렘교회의 결정을 전달하는 그 편지를 바나바와 바울만 가지고 가면, 바리새파 그리스도인들이 그 편지의 신빙성을 의심할 수도 있었다. 그런 의심을 차단하기 위하여 예루살렘교회는 지혜롭게 바사바라 하는 유다와 실라를 함께 보냈다. 그 두 사람은 예루살렘교회의 '인도자'이며 (15:22) 동시에 '선지자'였다 (15:32). 전통과 관습에 푹 젖어있는 유대인 그리스도인들도 그 편지를 조건 없이 받아들일 수 있도록 예루살렘교회는 그처럼 큰 지도자들을 파송했다.

　두 지도자 편에 보낸 편지에 예루살렘교회의 사도들과 장로들이 이렇게 문안했다. "…형제들은 안디옥과 수리아와 길리기아에 있는 이방인 형제들에게 문안하노라" (15:23). 사도와 장로도 안디옥교회의 그리스도인들과 똑같은 '형제들'이었다. 편지를 보내는 자들도 스스로 '형제들'이라고 했고, 그 편지를 받는 사람들도 '이방인 형제들'이라고 불렀다. 이미 언급한 대로, 한 아버지를 모시고 있는 형제들이기에 조화로울 수 있다는 사실을 함축한 표현이었다.

그 편지의 수신인은 안디옥교회인데, 로마가 정한 행정구역인 수리아와 길리기아를 첨가했다. 수리아라는 구역에 안디옥이 있으며, 다소는 길리기아에 있었다. 참고로 앞으로 바울 사도의 제2차, 제3차 전도 여행에 나오는 구역도 알아보자. 갈라디아 구역에는 루스드라와 더베와 비시디아 안디옥이 있으며 (제1차 전도 여행지), 아시아에는 에베소, 서머나, 빌라델비아 등이 있고, 빌립보와 데살로니가와 베뢰아 등은 마게도니아 구역에 속했다.

여하튼 예루살렘교회의 결정으로 유대인 그리스도인들과 이방인 그리스도인들 사이에 하나가 되어 조화를 이루게 되었다. 야고보가 제안한 네 가지 금기 사항은 유대인 그리스도인들로 교회가 율법을 무시하지 않는다는 내용이었고, 이방인 그리스도인들에게는 유대의 율법 전체를 강요하지 않는다는 내용이었다. 그런 일치가 계기가 되어 그 후 교회는 다양한 문화와 민족도 조화롭게 하나가 될 수 있는 근거가 되었다.

할례 없이도 구원받을 수 있다는 공식적 결정 때문에 이방인에게 복음을 전할 때 걸림돌이었던 율법 문제가 해결되었다. 그 결과 바울 사도는 이방인에게 마음 놓고 전도할 수 있게 되었다. 무엇보다도 중요한 것은 율법 중심에서 복음 중심으로 전환되었다는 사실이다. 야고보가 제안한 네 가지 금지 사항은 유대인이나 이방인이나,

그들을 구원해 주신 예수 그리스도를 닮아가면서 거룩하게 살아갈 수 있는 삶의 토대가 되었다.

할례

"너희가 모세의 법대로 *할례*를 받지 아니하면 능히 구원을 받지 못하리라"는 유대인 그리스도인들의 주장은 구원의 역사에서 *할례*가 핵심이라는 뜻이다 (행 15:1). 베드로 사도는 회개와 죄 사함이 구원의 핵심이며 (2:38), 바울 사도는 믿음이 의롭다 하심에 핵심이라고, 각각 선포했다 (13:39). 재론의 여지 없이 구원받아 의롭다 하심을 받기 위해서는 '회개와 믿음'이 핵심이다. 성자 하나님도 최초의 복음전파에서 회개하고 믿어야 한다고 말씀하셨다 (막 1:15).

바리새파 유대인들이 *할례*를 받아야 구원을 받을 수 있다고 한 주장은 직설적으로 말해서 할례가 회개나 믿음만큼 중요하다는 말이다. 그런 주장을 더 분석해 보면 구원의 역사에서 할례가 회개와 믿음보다 핵심이 되며, 따라서 더 중요할 수 있다는 말이다. 그렇다면 유대인 그리스도인들은 무엇을 근거로 그처럼 할례를 중요하게 여기면서 구원의 핵심 요인이라고까지 주장하게 되었는지 궁금하지 않을 수 없다.

이스라엘 백성에게 할례는 참으로 중요한데, 그 할례가 하나님과 언약을 맺은 백성이라는 표징이기 때문이다. 그 언약은 하나님이 아브라함을 부르시면서 맺으신 것인데, 그 언약에는 두 가지가 들어있었다. 아브라함의 후손이 별처럼 많아진다는 것과 그렇게 많은 자손이 거주할 수 있는 땅을 주시겠다는 것이다. "그 날에 여호와께서 아브람과 더불어 *언약을 세워* 이르시되, '내가 이 땅을 애굽 강에서부터 그 큰 강 유브라데까지 네 자손에게 주노라'" (창 15:18).

이스라엘 백성은 그들이 언약의 백성이라는 표징이 필요했다. 그 표징으로 하나님은 아브라함과 그 후손에게 *할례*를 명하셨다. "너희 중 남자는 다 *할례*를 받으라; 이것이 나와 너희와 너희 후손 사이에 지킬 내 *언약*이니라. 너희는 포피를 베어라; 이것이 나와 너희 사이의 *언약의 표징*이니라" (창 17:10-11). 하나님은 이런 경고도 덧붙이셨다: "할례를 받지 아니한 남자 곧 그 포피를 베지 아니한 자는 백성 중에서 끊어지리니, 그가 내 언약을 배반하였음이니라" (창 17:13-14).

이스라엘 백성이 하나님의 언약의 백성이라는 표징이 두 가지인데, 하나는 할례이고 또 하나는 안식일이었다. 하나님의 말씀으로 안식일에 관한 것을 알아보자. "이같이 이스라엘 자손이 안식일을 지켜서 그것으로 대대로 영원한 *언약*을 삼을 것이니, 이는 나와 이스라엘 자손 사이에 영원한 표징이라" (출 31:16-17). 그러니까 이스라엘 백성이 언약의 백성이라는 표징이 두 가지인데, 개인적으로는 할례이고 공동체적으로는 안식일이었다.

할례를 받은 이스라엘 백성에게 주어지는 특권도 만만치 않았다. 첫째는 마지막 때에 오직 할례받은 유대인만 시온에 들어올 수 있다: "시온이여, 깰지어다! 깰지어다! 네 힘을 낼지어다! 거룩한 성 예루살렘이여 네 아름다운 옷을 입을지어다. 이제부터 할례받지 아니한 자와 부정한 자가 다시는 네게로 들어옴이 없을 것임이라"(사 52:1). 하나님이 좌정하실 그 시온에 할례받지 못한 이방인은 절대로 들어올 수 없기에 그들만의 특권이 될 것이다.

둘째 특권은 이스라엘 백성만이 하나님의 성소에 들어갈 수 있다는 약속이다. 그 사실을 말씀으로 확인하자: "주 여호와께서 이같이 말씀하셨느니라. 이스라엘 족속 중에 있는 이방인 중에 마음과 몸에 할례를 받지 아니한 이방인은 내 성소에 들어오지 못하리라"(겔 44:9). 비록 이방인이 이스라엘 백성과 섞여 살 수 있어도, 하나님이 거하시는 성소에는 절대로 들어올 수 없었다. 이방인은 하나님을 모르는 그래서 거의 개나 돼지와 같이 여겨진 것이다.

셋째 특권은 이스라엘 백성만 유월절을 지킬 수 있다. 그것도 말씀으로 확인하자: "너희와 함께 거류하는 타국인이 여호와의 유월절을 지키고자 하거든 그 모든 남자는 할례를 받은 후에야 가까이 하여 지킬지니, 곧 그는 본토인과 같이 될 것이나 할례받지 못한 자는 먹지 못할 것이니라"(출 12:48). 이스라엘 백성에게 유월절은 그 나라의 해방과 독립을 뜻하는 중요한 절기이지만, 할례받은 사람만이 그 절기에 참여할 수 있는 특권을 누린다는 것이다.

이와 같은 특권을 만끽한 유대인들 가운데서도 바리새파는 그 특권을 더 많이 누렸고, 또 다른 사람에게 전수하려고 무진장 노력한 경건한 사람들이었다. 그러다가 어느 날 그들 가운데서 많은 기적을 행하시며 놀라운 것들을 가르치신 분이 나타나셨는데, 그분은 다름 아닌 예수 그리스도였다. 많은 유대인이 그분이 모세와 많은 선지자가 예언한 메시야라는 사실을 깨닫자 그분을 믿고 따르기 시작했다.

두말할 필요도 없이 그들의 생활방식이 변화되었을 터인데, 한때는 예수 그리스도와 그를 추종하는 사람들을 모욕하고 박해했다가 이제는 오히려 그분이 메시야라는 사실을 증언하기 시작했다. 그들의 변화는 과연 혁명적이었지만, 그래도 그들이 그토록 오랫동안 믿고 또 긍지로 여긴 할례를 여전히 중요하게 여기고 있었다. 그런 이유로 그들은 메시야를 통한 구원론을 전개하면서 하나님과 언약의 백성이 된 표징인 *할례*를 포함해야 한다고 주장했다.

구원을 받기 위해 할례를 받아야 한다는 그들의 주장은 그들의 배경을 알면 이해할 수도 있다. 그들은 메시야를 따르면서 구원과 할례의 관계에 대해 가르침을 받지 못했음이 틀림없다. 그런데 할례에 대한 그들의 안목이 열리는 계기가 왔는데, 예루살렘 회의에서였다. 다음과 같은 세 가지로 그들의 눈이 열렸다: 첫째, 회개와 믿음을 통해서 구원받는다는 베드로의 간증; 둘째, '사랑하는 바나바와 바울'의 간증 (15:26); 셋째, 야고보의 결론.

'이방인에게 할례를 행하고 모세의 율법을 지키라 명하는 것이 마땅하다'고 당당하게 그들의 주장을 펼쳤던 바리새파 신자들은 쥐 죽은 듯 잠잠해졌다 (15:5, 12). '온 무리가 가만히 있다'는 것은 바리새파 신자를 포함해서 예루살렘 교인과 안디옥 교인들 모두에게 큰 깨달음을 주었다는 말이다. 후에 바울이 그날에 있었던 할례의 가르침을 기억하면서 이렇게 기록했다: '할례는 마음에 할지니 영에 있고 율법 조문에 있지 아니한 것이라!' (롬 2:29).

13장

제2차 전도 여행

1. 바울과 바나바의 결별 (행 15:36-41)

제2차 전도 여행은 바울의 제안으로 시작되었다. 그의 제안을 직접 인용해 보자. "며칠 후에 바울이 바나바더러 말하되, '우리가 주의 말씀을 전한 각 성으로 가서 형제들이 어떠한가 방문하자'" (15:36). 제1차 전도 여행이 전적으로 성령의 주도로 시작된 것과는 대조가 되나, 바울도 성령의 지배를 받는 사도이기에 그의 제안도 성령의 인도로 시작되었다고 할 수 있다. 그렇다고 바울이 인간적인 요소까지 초월했다고는 할 수 없다.

그의 인간적인 면이 마가로 인해 드러났다. 바나바는 제1차 전도 여행에서처럼 마가를 데리고 가자고 했으나, 바울은 도중에 그들을 떠나간 마가를 데리고 갈 수 없다고 주장했다. 두 지도자의 의견이 정면으로 충돌하자 불행하게도 그 둘은 서로 갈라서게 되었다. 그래서 바나바는 마가를 데리고 먼저 갔던 구브로로 배를 타고 갔고, 바울은 실라를 택하고 걸어서 수리아와 길리기아로 다녀갔다.

안디옥교회에서 발생한 할례의 문제를 해결하기 위해 예루살렘 교회는 바울, 바나바, 유다 그리고 실라를 안디옥교회로 보냈는데,

그때 바나바는 그의 조카인 마가를 데리고 간 것이 틀림없다. 그러니까 마가는 예루살렘교회의 공식 대표는 아니었지만, 바나바는 그의 수행원처럼 그를 데리고 간 것 같다. 여하튼 그 마가로 인해 두 지도자는 합의점에 이르지 못하고 서로 헤어지는 비극을 맛보게 되었다.

그 사건만으로 본다면, 바울은 과거 지향적이었고 바나바는 미래 지향적이었다. 바울은 과거에 그들을 떠나간 마가를 데리고 갈 수 없다고 강력히 주장했으나, 바나바는 마가의 앞날을 기대하면서 그를 데리고 가고자 했다. 그런데 바나바의 주장이 더 아름답게 결실한 열매를 엿볼 수 있다. 바나바의 품에서 성숙한 마가는 마침내 바울 사도도 그를 동역자로 인정하게 되었으니 말이다 (몬 1:24). 그뿐 아니라 마가는 성경을 기록한 지도자로 우뚝 섰으니 말이다.

구브로에서 바나바는 교회를 세우고 마가와 함께 목회한 것이 틀림없다. 그는 사역에 열중하다가 그곳에서 순교를 당했다고 한다. 교회사에 의하면, 그 교회는 부흥되어 오랫동안 정통 신앙의 중심지가 되기도 했다. 그러나 바나바의 생애와 사역은 그 이상 알려진 바가 없는데, 그 이유는 두 가지이다. 하나는 그때부터 성령은 전도에 목숨을 건 바울과 매우 친근하게 함께하셨기 때문이고, 둘은 누가가 바울과 동행하면서 그의 행적만을 기록했기 때문이다.

이 시점에서 바울과 바나바의 관계를 더 조명해 보자. 비록 그들은 서로 다른 은사에 따라 사역의 현장이 달라졌지만, 서로에 대해서는 부정적으로 생각하거나 비방하지 않았다. 만일 그들이 상대방을 미워했거나 상대방의 사역을 못마땅하게 여겼다면, 그들은 주님으로부터 쓰임 받는 큰 종이 되지 못했을 것이다. 서로에 대한 적극적인 마음을 표현한 말씀이 있는데, 인용해 보자. "어찌 나와 바나바만 일하지 아니할 권리가 없겠느냐"(고전 9:6)?

이 말씀을 통해 바울은 바나바의 권리가 자신과 똑같은 권리였다고 천명했다. 예루살렘교회와 안디옥교회가 인정한 바나바의 권리는 자신의 권리와 버금간다는 주장이다. 하나님이 택하시고 교회가 인정한 바나바를 바울도 똑같이 인정했다. 그런 마음 때문에 하나님은 바울을 크게 사용하실 수 있었다. 바울은 똑같이 하나님의 종인 바나바를 인정하고 밀어주는 관계를 유지하였다. 과연 하나님의 뜻을 자신의 인간적인 경험보다 귀하게 여긴 바울은 위대하다!

2. 빌립보 (16:1-40)

한편, 바울은 실라를 데리고 육로로 수리아와 길리기아로 다니면서 교회들을 격려했다. 그들은 수리아의 안디옥을 떠나 그 원근에 있는 교회들을 견고하게 했고, 또 바울의 고향인 길리기아의 다소와 그 인근에 있는 교회를 방문했다 (21:39). 안디옥에서 다소까지 240km와 다소에서 루스드라까지 대략 230km를 걸었으니, 거의 한 달이나 걸렸을 것이다. 그 지역이 산악지대이기에 그들의 도보 여행은 결단코 만만치 않았을 것이다.

그러나 바울이 루스드라를 향해 갈 때 제1차 전도 여행 중에 그곳에서 일어난 최초의 기적과 죽음의 극복을 기억하면서 기대하는 바도 적지 않았을 것이다 (14:8 이하). 그처럼 신앙의 불꽃이 일었던 곳이어서 그런지 그 지역에서 널리 칭찬받는 디모데를 만났다. 유대인 어머니와 헬라인 아버지를 둔 디모데를 데리고 가기 위해 그에게 할례를 행했다. 율법을 어긴다는 유대인들의 거부감을 예방하기 위함이었다.

바울은 제1차 전도 여행에서처럼 루스드라와 이고니온과 안디옥이 있는 브루기아와 갈라디아 땅으로 다녔는데, 그 후 소아시아에 있는 비두니아로 가고자 했다 (14:21). 그러나 세 가지 지시로 방향을 바꿀 수밖에 없었다. 첫째 지시는 '성령이 아시아에서 말씀을 전하지 못하게 하셨고' (16:6), 둘째는 '예수의 영이 허락하지 않으셨다' (16:7). 셋째 지시는 바울에게 환상으로 '마게도냐 사람 하나가 마게도냐로 건너와서 우리를 도우라'고 했다 (16:9).

바울과 일행은 그런 지시에 따라 "드로아에서 배로 떠나 사모드라게로 직행하여 이튿날 네압볼리로 가고 거기서 빌립보에 이르렀다" (16:11-12). 제2차 전도 여행은 이제부터 본격적으로 유럽 전도에 중점을 두었는데, 첫 번째 도시가 바로 빌립보였다. 빌립보에서 세 가지 놀라운 전도의 역사가 있었다: 첫째 역사는 루디아와 그녀의 가족이 회심했고, 둘째 역사는 귀신들려 점치는 여종이 회심했고, 셋째 역사는 간수와 그의 가족이 구원을 받았다.

바울은 안식일이 되면 의례히 회당에 가서 복음을 전했으나, 빌립보에서는 '기도처'를 찾았다. 그 이유는 그곳에 회당이 없기 때문이었다. 회당이 이루어지려면 적어도 남자 가장(家長) 열 명이 정기적으로 모여야 했다. 그와 같은 구성원이 없으면 강가나 바닷가에 기도처를 마련하여 안식일에 모여 기도했다. 바울과 그 일행은 그런 기도처를 찾았는데, 마침 그중 한 곳에서 여자들이 모여서 기도하고 있었다 (16:13).

바울은 곧장 그 여자들에게 복음을 전했다. 그 가운데 '자색 옷감 장사'를 하는, 그러면서 하나님을 섬기는 루디아가 복음을 받아들였고, 그녀의 온 가족이 믿고 세례를 받았다. 루디아는 유럽에서 맺어진 첫 번째 전도의 열매였으며, 그녀의 가정은 유럽에서 첫 번째 가정교회가 되었다. 루디아는 바울을 초청하여 그녀의 집에 강권하여 머물게 했는데, 바울과 실라와 디모데와 누가가 함께 머물 수 있는 큰 집이었으며, 루디아는 그들과 은혜가 넘치는 예배를 드렸을 것이다.

바울이 기도처로 가다가 귀신들린 여종을 만났는데, 그녀는 점으로 주인들에게 이익을 많이 안겨주었다. 그 여종은 가치가 너무 커서 여러 주인이 공유하면서 이익금을 분배했다. 결론적으로 말해서, 그녀는 영적으로 귀신에게 사로잡혔지만, 동시에 인간적으로도 여러 주인에게 사로잡힌 불쌍한 여인이었다. 그 여종은 바울과 일행을 향해 이렇게 소리쳤다; "이 사람들은 지극히 높은 하나님의 종으로서 구원의 길을 너희에게 전하는 자라!" (16:17).

바울이 예수 그리스도의 이름으로 그 여종에게서 귀신을 쫓아내자, 주인들이 그들을 관리들에게 고발했다. 그래서 그들은 바울의 옷을 벗기고 매질한 후 감옥에 가두었다. 바울과 실라가 한밤중에 '기도하고 하나님을 찬송하자', 큰 지진이 나서 옥문이 열리고 '죄수' 들을 매인 것이 다 벗겨졌다 (16:25-26). 간수가 죄수들이 도망한 줄 알고 자결하려 했는데, 그 당시 죄수가 도망하면 그 죄수의 형벌을 간수가 대신 받는 법 때문이었다.

바울은 그 간수의 자결을 막았는데, 그 간수의 반응은 파격적이었다: "선생들이여, 내가 어떻게 하여야 구원을 받으리이까" (16:30)?

전도자인 바울은 이렇게 응답했다. "주 예수를 믿으라; 그리하면 너와 네 집이 구원을 받으리라!" (16:31). 그러면서 바울은 주님의 말씀을 그 간수와 그 집안 식구들에게 전했다. 그 결과 그 간수와 온 가족이 하나님을 믿고 세례를 받았는데, 모두 구원받은 기쁨이 가득하게 되었다 (16:32-34).

3. 데살로니가와 아덴 (17:1-34)

바울과 일행이 로마 시민임을 밝히자, 상관들이 두려워하면서 그들을 권하여 빌립보를 떠나게 했다. 바울과 일행은 루디아의 집에서 교제와 위로를 나눈 후, 암비볼리와 아볼로니아를 거쳐서 데살로니가에 이르렀다. 빌립보와는 달리 데살로니가에는 회당이 있었고, 바울은 그 회당에서 세 안식일에 복음을 전했는데, "그리스도가 해를 받고 죽은 자 가운데서 다시 살아나야 할 것" 등 복음의 핵심을 전했다. 그 예수가 바로 그리스도라고 선포했다 (17:3).

복음을 전하자, 폭발적인 반응이 있었다. 적극적으로는 '경건한 헬라인의 큰 무리와 적지 않은 귀부인도' 복음을 받아들였는데, 그들이 데살로니가교회를 이루었다! 소극적인 반응도 역시 폭발적이었다. '유대인들은 시기하여 저자의 어떤 불량한 사람들을 데리고 떼를 지어 성을 소동하게 하면서' 그들을 영접한 야손과 몇 형제들을 붙잡았다 (17:5-7). 그러자 "밤에 형제들이 곧 바울과 실라를 베뢰아로 보내니, 그들이 이르러 유대인의 회당에 들어갔다" (17:10). "베뢰아 사람들은…간절한 마음으로 말씀을 받고 이것이 그러한

가 하여 날마다 성경을 상고하므로” 믿는 사람이 많이 생겼다 (17:11-12). 그 소식을 들은 데살로니가의 유대인들이 베뢰아까지 쫓아와서 ‘무리를 움직여 소동하게 하였다’ (17:13). 그곳의 형제들은 그 소동을 피하여 바울을 그곳에서 가까운 항구로 가서 배편으로 아덴까지 가도록 주선했다. 그러니까 바울은 빌립보에서 데살로니가로, 다시 베뢰아로, 그리고 다시 아덴으로 총 550km를 전도 여행을 했다.

베뢰아에 남겨둔 실라와 디모데를 기다리는 동안 바울은 아덴에 우상이 가득한 것을 보았다 (17:16). 아데나^{Athena}라는 여신의 이름을 기리면서 아덴이라고 이름을 붙인 것처럼, 역시 그곳에는 우상이 득실대는 그런 도시였다. 그 결과 아덴에는 우상을 섬기는 지성인들이 몰려들었다. 그들 가운데는 쾌락을 중시하는 에피쿠로스 철학자들과 개인의 이성^{理性}을 중시하는 스토아 철학자들도 있었는데, 그들과 바울 사이에 쟁론이 일어났다 (17:18).

예수와 부활을 전하는 바울에게 그 뜻을 그들에게 알려달라고 하자, 마침내 바울는 아레오바고 가운데 서서 말씀을 전했다. 그런데, 그 말씀은 바울이 처음으로 전한 변증적 설교였다. 그의 변증적 설교를 분석하면 참으로 논리가 정연했다; 서론, 주제, 증명, 결론. 1) 서론――“아덴 사람들아, 너희를 보니 범사에 종교심이 많도다. 내가 두루 다니며 너희가 위하는 것들을 보다가 ‘알지 못하는 신에게’라고 새긴 단도 보았으니” (17:22-23a).

2) 주제――“그런즉 너희가 알지 못하고 위하는 그것을 내가 너희에게 알게 하리라” (17:23b). 그들이 알지 못한다고 공개적으로 선언한 신을 입증하겠다는 것이다. 3) 증명―바울 사도는 그들이 알

지 못하는 신을 증명했는데, 그것이 그의 설교에 본론이며 동시에 가장 중요했다. 그 증명은 17장 24절부터 29절까지 6절에 걸쳐서 서론과 주제와 결론과 달리 제법 상세하게 펼쳐나갔다. 바울은 하나님을 증명하면서 두 가지 측면으로 제시했다.

첫 번째 측면은 그분이 초월超越의 하나님이시라는 것이다. "우주와 그 가운데 있는 만물을 지으신 하나님께서는 천지의 주재시니 손으로 지은 전에 계시지 아니하시고, 또 무엇이 부족한 것처럼 사람의 손으로 섬김을 받으시는 것이 아니니, 이는 만민에게 생명과 호흡과 만물을 친히 주시는 이심이라. 인류의 모든 족속을 한 혈통으로 만드사 온 땅에 살게 하시고 그들의 연대를 정하시며 거주의 경계를 한정하셨으니"(17:24-26).

두 번째 측면은 그분이 편재偏在의 하나님이시라는 것이다. "이는 사람으로 혹 하나님을 더듬어 찾아 발견하게 하려 하심이로되, 그는 우리 각 사람에게서 멀리 계시지 아니하도다. 우리가 그를 힘입어 살며 기동하며 존재하느니라. 너희 시인 중 어떤 사람들의 말과 같이 우리가 그의 소생이라 하니, 이와 같이 하나님의 소생이 되었은즉 하나님을 금이나 은이나 돌에다 사람의 기술과 고안으로 새긴 것들과 같이 여길 것이 아니니라"(17:27-29).

바울은 아덴 사람들에게 그 신을 간결하게 초월과 편재의 하나님으로 각각 세 절씩 할애하여 선포했다. 그리고 전도자답게 설교를 마쳤는데, 그것은 4) 결론에 해당한다. "알지 못하던 시대에는 하나님이 간과하셨거니와, 이제는 어디든지 사람에게 다 명하사 회개하라 하셨으니, 이는 정하신 사람으로 하여금 천하를 공의로 심판할 날을 작정하시고 이에 그를 죽은 자 가운데서 다시 살리신 것으로 모든 사람에게 믿을 만한 증거를 주셨음이니라"(17:30-31).

이제 그들이 하나님에 대해 들었으니 회개하고 그분에게 돌아오지 않으면 안 된다는 결론이었다. 한발 더 나아가서 회개해야 하는 이유도 분명히 밝혔는데, 하나님이 정하신 날에 모든 사람이 그분의 심판을 받기 때문이라는 것이다. 그 심판이 확실한 것은 하나님이 예수 그리스도를 죽은 자 가운데서 다시 살리심으로 모든 사람에게 믿을 만한 증거를 주셨기 때문이라는 것이다.

그곳에 운집했던 사람들의 반응은 세 가지였다. 첫째 그룹은 '죽은 자의 부활을 듣고…조롱했다'(17:32a). 둘째 그룹은 '이 일에 대하여 네 말을 다시 듣겠다'고 했다. 비록 첫째 그룹의 사람들처럼 대놓고 반대하진 않았지만, 그렇다고 받아들이지도 않았다. 셋째 그룹은 소수이지만 바울이 제시한 예수를 받아들였다. "몇 사람이 그를 가까이하여 믿으니, 그 중에는 아레오바고 관리 디오누시오와 다마리라 하는 여자와 또 다른 사람들도 있었더라"(17:34).

4. 고린도 (18:1-17)

바울은 아덴을 떠나 대략 85km 떨어진 고린도로 갔다. 고린도는 아덴보다 약 20배나 많은 200,000명의 인구가 사는 큰 도시였다. 두 도시에도 똑같이 우상 숭배가 넘쳐났지만, 그래도 차이가 있다면 아덴에는 지성을 추구하는 철학자들이 많았으나 고린도에는 향락과 쾌락을 추구하는 사람들로 득실거렸다. 한 예를 들면, 고린도에는 신전들에서 봉사하는 '거룩한' 매춘부가 1,000명이 넘었다.

물론 전도자에게는 모두 구원받아야 할 죄인들이었지만 말이다.

바울은 당장 생계의 문제를 해결하려고 천막 만드는 일을 시작했는데, 그가 율법을 배우는 젊은 학생일 때 익힌 재주었다. 그때 로마에서 쫓겨나서 고린도로 온 브리스길라와 아굴라를 만나서 함께 일하게 되었다. 그 부부는 그 사업을 로마와 고린도와 에베소 세 곳에서 운영하고 있었는데, 마침 고린도에서 바울을 만나게 되었다. 후에 바울은 그들과 동행하여 에베소로 가서 사역할 수 있는 계기가 된 것 같다 (18:2, 18-19, 26).

그렇게 생계를 위해 일하면서도 '안식일마다 회당에서 강론하고 유대인과 헬라인을 권면했다' (18:4). 쉽게 달리 설명하면, 그들에게 변증하면서 이해시키려고 애썼다. 그때 베뢰아에 남겨두었던 실라와 디모데가 왔다. 그냥 온 것이 아니라 두 가지 기쁜 소식을 가지고 왔는데, 하나는 그가 전전긍긍하면서 기도한대로 데살로니가교회가 튼튼하게 자라고 있다는 것이다 (살전 3:6-7). 둘은 빌립보교회가 이 두 사람을 통해 헌금을 보낸 것이다 (빌 4:14-15).

바울은 아덴과 고린도에서 쓸쓸하게 홀로 복음을 전하고 있었는데, 함께 기도하고 교제하는 실라와 디모데를 보고 크게 격려가 되었음이 틀림없다. 고린도로 혼자 갈 때 그는 마음을 이렇게 솔직하게 표현했다. "내가 너희 가운데 거할 때에 약하고 두려워하고 심히 떨었노라" (고전 2:3). 바울은 이제 혼자가 아니었다! 그뿐 아니라, 더는 생계를 위해 일하지 않아도 되었다! 그리고 소소한 것들은 실라와 디모데에게 맡길 수 있었다.

바울은 "하나님의 말씀에 붙잡혀 유대인들에게 예수는 그리스도라 밝히 증언했다" (18:5). 그곳에서의 반응도 이중적이었는데, "회당장 그리스보가 온 집안과 더불어 주를 믿으며, 수많은 고린도 사람도 듣고 믿어 세례를 받았다"(18:8). 그러나 반대도 만만치 않았다. "그들이 대적하여 비방하거늘"(18:6a). 바울은 담대하게 그들이 받을 심판을 선포하면서, "이 후에는 이방인에게로 가리라"고 선언했다(18:6b). 제1차 전도 여행에서 한 선언과 같았다(13:46).

그렇지만 그 이전의 여러 곳에서처럼 고린도에서도 쫓겨날지도 모른다는 염려도 없잖아 있었을 것이다. 틀림없이 그가 밤중에 기도하는 중, "주께서 환상 가운데, '두려워하지 말고 침묵하지 말고 말하라. 내가 너와 함께 있으매, 어떤 사람도 너를 대적하여 해롭게 할 자가 없을 것이니, 이는 이 성중에 내 백성이 많음이라' 하시더라"(18:9-10). 제2차 전도 여행 중에 바울이 두 번째 보고 들은 환상이었다.

바울은 그 여행 중에 다닌 총거리는 4,000km나 되며, 주후 49년에서 52년에 걸친 거의 3년 동안의 여정에서 18개월이라는 가장 오랜 기간을 고린도에서 보냈다. "일 년 육 개월을 머물며 그들 가운데서 하나님의 말씀을 가르쳤다"(18:11). 바울은 그렇게 오래 있으면서 고린도교회와 교인들에 대한 깊은 사랑과 애착을 갖게 되었고, 후에 그 교회에 문제가 생겼을 때, 주저하지 않고 그 교회에 장문의 편지를 두 번씩이나 보냈다.

그 아가야 지역에 갈리오가 총독이 되었을 때, '유대인들이 일제히 일어나 바울을 대적하여 법정에' 서게 했으나, 그 총독은 그 일에 관여하지 않았다(18:12-15). 바울은 겐그레아에서 서원대로 머리를 깎았고(18:18), 브리스길라와 아굴라와 함께 에베소에 잠시 들렀다가, 배로 가이사랴를 거쳐 예루살렘으로 가서 교회의 안부를

물은 후 그의 본거지인 안디옥으로 갔다. 주후 52년 여름부터 53년 봄까지 전도 보고와 함께 사랑의 교제를 나누면서 재충전의 시간을 가졌다.

바울의 제2차 전도 여행

13

전도자 대 목회자

바울 사도는 그의 서신 에베소서에서 전도자와 목회자를 똑같이 지도자의 반열에 올려놓았는데, 그의 말을 인용해 보자: "그[그리스도]가 어떤 사람은 사도로, 어떤 사람은 선지자로, 어떤 사람은 복음 전하는 자로, 어떤 사람은 목사와 교사로 삼으셨으니"(엡 4:11). 예수 그리스도가 지상 사역을 마치고 승천하시면서 그분이 택하신 사람들에게 지도자의 은사를 나누어주셨는데, 그들 가운데는 사도, 선지자, 전도자, 목사 그리고 교사가 있었다.

그 다섯 가지 은사 중 사도와 선지자의 시대는 지나갔으므로, 세 가지 은사, 곧 전도자와 목사와 교사만이 현존한다. 전도자의 사역 대상은 이 세상에 있는 모든 죄인이나, 목사의 사역은 그 목사에게 맡겨진 영혼들이다. 그런데 '목사와 교사'는 두 가지 각각 다른 은사일 수도 있으나, 목회자에게 주신 이중적인 은사일 수도 있다. 그 이유는 분명한데, 목회자는 그에게 맡겨진 양들에게 하나님의 말씀을 가르치는 중차대한 역할도 감당해야 하기 때문이다.

사도행전 15장에 묘사된 바울과 바나바의 갈등은 어떤 면에서 당연했는데, 그 이유는 두 사람에게 주어진 은사가 확연히 다르기 때문이다. 바울은 재론할 여지가 없는 능력의 전도자였으나, 바나바는 마음이 따뜻한 목회자였다. 그가 예루살렘교회에서 파송되어 안디옥교회에 이르자 목회자의 특성을 유감없이 드러냈다. "그가 이르러 하나님의 은혜를 보고 기뻐하여 모든 사람에게 굳건한 마음으로 주와 함께 머물러 있으라 권했다" (행 11:23).

누가는 바나바의 목회적 됨됨이를 이렇게도 묘사했다. "바나바는 착한 사람이요 성령과 믿음이 충만한 사람이라; 이에 큰 무리가 주께 더하여지더라" (11:24). 그는 예루살렘교회에서 훈련받을 때도 사도들의 권위에 절대 굴복했을 뿐 아니라 (4:36-37), 바울의 회심에 대해 전전긍긍하던 사도들에게 그의 참된 회심을 증언하면서 사도들에게 소개하기도 했다 (9:26-27). 또 안디옥교회의 유익을 위해 멀리 다소까지 가서 바울을 데려와 가르치게 했다 (11:25-26).

바나바는 그렇게 목회자의 은사를 활용하여 마가를 붙잡았다. 그는 목회자의 심정으로 한 번 잘못했지만, 그래도 마가의 잠재력을 높이 평가하면서 그를 놓지 않았다. 만일 바울의 뜻대로 그도 마가를 버리고 바울과 함께 전도 여행을 떠났다면, 마가의 장래는 아무도 알 수 없는 나락으로 추락할 수도 있었다. 그러나 한 영혼이라도 놓지 않으려는 목회자의 마음으로 바나바는 마가를 품었고, 마침내 그는 변화되어 마가복음을 기록하는 중요한 인물이 되었다.

반면, 바울은 전도자로 부르심을 받았다. 아나니아에게 바울의 사명을 알려주신 주님의 말씀은 처음부터 그가 전도자였다는 것이다. "…이 사람은 내 이름을 이방인과 임금들과 이스라엘 자손들에게 전하기 위하여 택한 나의 그릇이라" (9:15). 전도자로 부르심을 받은 바울은 어느 곳엘 가든지 전도의 열매가 주렁주렁 열렸다. 제

1차 전도 여행 중 최초로 회심한 구브로의 총독 서기오 바울도 바울 사도의 열매였다 (13:12).

루스드라에서 발로 걷지 못하는 사람을 일으키면서 믿게 한 사람도 역시 바울이었다. 제2차 전도 여행에서도 바울의 전도 열매는 풍성했다. 루디아가 마음의 문을 열고 예수님을 구주로 받아들였고, 그녀의 가족이 모두 세례를 받았다 (16:14-15). 그뿐 아니라 귀신들린 여인을 치유해 주면서 복음을 전한 것도 역시 전도자 바울이었다. 그것이 계기가 되어 바울과 실라는 투옥되었고, 그 결과 그 감옥의 간수와 가족이 구원을 받은 것도 역시 바울을 통해서였다.

그렇다! 바울이라는 전도자가 가는 곳에는 언제나 예외 없이 구원의 역사가 일어났다. 그처럼 큰 구원과 더불어 그의 복음을 뒷받침하는 능력도 쉴 새 없이 일어났다. 그렇게 분명하게 전도의 은사를 받은 바울의 특징은 맺고 끊는 것이 분명했다. 그렇지 않다면 어떻게 죄와 심판에 대하여 조금도 타협하지 않고 선포할 수 있었겠는가? 바울은 인간적으로 지체가 높은 사람들에게도 여지없이 '의와 절제와 심판'에 대해 강론했다 (24:25).

바울과 바나바가 마가를 수행원으로 데리고 가느냐를 논하면서 각자의 주장을 굽히지 않은 것은 그들에게 주어진 각기 다른 은사 때문이기도 했다. 바울은 전도자로서 그들과 끝까지 동행하면서 고난을 무릅쓰며 복음을 전하지 않은 마가를 데리고 갈 수 없었다. 앞으로도 복음을 전하면서 그들이 감수해야 할 수없이 많은 고난을 마가는 감당하지 못하리라는 생각 때문이었을 것이다. 한 번 배반하면 또 배반할 수 있다는 논리였는지도 모른다.

그러나 바나바에게 주어진 은사는 바울과 달리 목회였다. 목회자의 특성은 한 영혼이라도 끝까지 붙잡고, 교육과 훈련을 거쳐 지도자로 만들려는 열정이다. 바나바도 마가가 도중에 그들을 떠나간 사실을 너무나 잘 기억하고 있었다. 그러나 그 실패로 인해 마가가 회개하고 변화된다면 그만큼 더 큰 인물이 될 수 있다고 확신하는 것이 목회자의 마음이었다. 마치 베드로가 그의 주님을 세 번이나 부인한 후 눈물로 회개하고 큰 인물이 된 것처럼 말이다.

그런 바나바의 사랑에 마가는 철두철미하게 부서진 게 분명하다. 모르긴 몰라도 마가는 깊이 회개했을 것이며, 그 결과 주님의 장중에 사로잡힌 종이 되었다. 그렇지 않다면 전도자 바울도 나중에 마가를 높이 칭찬하지 않았을 것이다. 바울이 디모데에게 부탁한 말을 인용해 보자. "네가 올 때에 마가를 데리고 오라; 그가 나의 일에 유익하니라" (딤후 4:11). 바울은 마가를 다른 그리스도인들에게도 추천했다. "마가가 너희에게 이르거든 영접하라" (골 4:10). 하나님의 섭리는 신묘막측하다! 전도자와 목회자가 함께 전도 여행을 떠나는 것이 천국 확장에 유익하지 않기에 하나님은 바울과 바나바의 결별을 허용하셨다. 그때부터 바울은 전도자로서 그에게 주어진 전도의 은사를 마음껏 활용하여 수많은 사람을 구원했다. 바나바는 바울의 수행원처럼 따라다니면서 그가 이루는 전도의 역사를 구경만 할 수 없었다. 그는 목회자로서 그에게 주어진 은사를 마음껏 활용하여 교회를 성장시키고 마가를 큰 인물로 빚어내었다.

14장

제3차 전도 여행

제3차 전도 여행은 '얼마 있다가 떠났다'고 누가는 간단하게 기록했다. '얼마 있다가'는 표현은 짧은 기간 같지만, 실제로는 몇 달이나 되는 제법 긴 기간이었다. 왜냐하면 그 기간 중 의사인 누가는 오랜 여행으로 지칠 대로 지친 바울을 세심하게 돌보았을 것이다. 그러나 누가는 그 과정을 생략하고 여행을 떠났다고만 기록했는데, 그것은 바울이 재충전 됐다는 사실을 시사한다. 그들은 먼저 두 번의 여행 중 전도한 지역인 갈라디아와 브루기아 땅을 다시 찾았다 (행 18:23).

제3차 전도 여행에서는 처음 두 번의 여행과는 달리 제자들을 격려하고, 가르치고, 훈련하여 그들에게 맡겨진 사역을 충실히 하게 했다. 물론 에베소에서는 복음을 강력하게 전했지만, 거기서도 역시 가르치며 훈련하는 사역에 치중했다. 그런 훈련의 사역을 전하려는 듯 누가는 '갈라디아와 브루기아 땅을 차례로 다니며 모든 제자를 *굳건하게*' 했다고 기록했다. 그러니까 제3차 전도 여행에서 두드러지게 나타나는 것은 사람들, 곧 바울이 전도한 제자들이었다.

1. 전도자들 (18:24-19:7)

바울은 제2차 전도 여행 끝에 에베소를 방문했는데, "여러 사람이 더 오래 있기를 청하되 허락하지 아니하고…하나님의 뜻이면 너희에게 돌아오리라"고 약속한 바 있었다 (18:21). 그는 약속대로 에베소를 다시 찾았는데, 1,200여km 떨어진 동쪽 안디옥에서 걸어왔다. 1,600여km나 되는 서쪽 로마에서 온 브리스길라와 아굴라 부부와 1,200km가 넘는 남쪽 알렉산드리아에서 온 아볼로를 만났다. 마치 에베소가 그들이 합의한 랑데부의 장소인 것처럼 말이다.

학문의 도시인 알렉산드리아 출신답게 아볼로는 '언변이 좋고 성경에 능통했다' (18:24). '언변이 좋다'는 헬라어 로기오스(λόγιος)는 '학문이 깊은'의 뜻도 있기에 그는 그 깊은 학문을 바탕으로 언변도 좋았던 것 같다. 거기에다 성경에도 능통했으니, 복음을 얼마나 잘 전했겠는가? 그는 유대인답게 회당에서 '예수에 관한 것을 자세히 말하며 가르치나 요한의 세례만 알 따름이었다' (18:25). 틀림없이 알렉산드리아에 있는 세례 요한의 제자에게서 배웠을 것이다.

아볼로의 가르침을 들은 브리스길라와 아굴라가 그를 집으로 초청하여 '하나님의 도를 더 정확하게 풀어 일러주었다' (18:26). 그가 아가야(고린도와 아덴 지역)로 가길 원하기에 형제들이 추천서를 써주었고, 아볼로는 그곳에서 즉각적으로 '성경으로써 예수는 그리스도라고 증언하여' 믿은 자들에게 많은 유익을 주었다. 그가 간 곳은 틀림없이 고린도였을 것인데, 그 이유는 고린도교회에 그를 따르는 성도들이 적잖게 생겼기 때문이다 (고전 3:5-6).

그처럼 "아볼로가 고린도에 있을 때에 바울이 윗지방으로 다녀 에베소에 와서 어떤 제자들을 만났는데"(19:1), 그들은 아볼로에게서 요한의 세례를 받았으므로 성령에 대해선 듣지 못했을 것이다 (19:2-3). 바울은 그들에게 예수 그리스도를 소개하고 그분의 이름으로 세례를 주면서 "그들에게 안수하매 성령이 그들에게 임하시므로 방언도 하고 예언도 했는데, 모두 열두 사람쯤 되었다"(19:6-7). 두 전도자, 곧 아볼로와 바울의 합작품으로 그들이 거듭난 것이다!

마치 세례 요한이 물세례를 주면서 내 뒤에 오시는 이가 성령으로 세례를 주시리라는 말씀이 이루어지는 것과 같았다 (눅 3:16). 사도행전에서도 이미 그와 유사한 역사가 있었는데, 빌립이 사마리아에서 복음을 전하자 많은 사람이 믿고 세례를 받았으나, 성령이 그들에게 임하시지는 않았다. 예루살렘교회에서 보냄을 받은 베드로와 요한이 그들에게 안수하매 그들이 성령을 받은 적이 있었다 (8:14-17).

2. 말씀의 종 (19:8-11)

바울은 우선 회당에 들어가서 석 달 동안 "담대히 하나님 나라에 관하여 강론하며 권면했다"(19:8). 구약성경에 대해 제법 아는 유대인들과 하나님의 나라에 관해 강론했다는 것이다. '강론하다'는 원어로 *디아레고마이*(διαλέγομαι)로 일방적인 설교가 아니라, 질문하고 답변하는 논증식 대화를 뜻한다. 이 단어에서 토론discussion과 대화dialogue가 파생되었다.

그렇게 '강론한' 목적은 그들을 '권면하기' 위해서인데, '권면하다'의 원어는 페이도(πείθω)로서 '설득해서 확신하게 한다'는 뜻이다. 다시 말해서, 하나님의 말씀을 통해 그들로 이해하게 하고, 마음을 사로잡아서 인격적으로 받아들이게 한다는 뜻이다. 물론 마음이 굳어져서 오히려 바울을 비방하는 사람들도 있었지만 말이다. 그렇게 '강론하고 권면하려면' 구약성경에 정통해야 하고, 또한 한 영혼이라도 구원하려는 전도자의 열정이 있어야 했다.

회당에서 그렇게 석 달이나 '강론하고 권면하려면' 하나님의 말씀에 능통하지 않으면 불가능하다. 그뿐 아니라, 일부 유대인들이 바울을 비방하자 바울은 두란노 서원으로 자리를 옮겨서 2년 동안이나 매일 성경을 강론했다. 두란노 서원은 에베소를 방문하여 철학을 강론하는 철학자들에게 세를 받고 빌려주는 서원으로, 그 주인의 이름을 따서 두란노 서원이라고 했다. 그곳에서 2년 동안이나 강론하자면 하나님의 말씀을 깊이 터득하고 있지 않으면 불가능했다.

그 결과는 놀라움 그 자체였다. "두 해 동안 이같이 하니 아시아에 사는 자는 유대인이나 헬라인이나 다 주의 말씀을 들었다!" (19:10). 말씀을 듣고 끝난 것이 아니라, 그들 중 많은 사람이 고향으로 돌아가서 교회를 세웠다는 것이다. 한 실례를 든다면, 골로새 사람인 에바브라는 에베소에서 바울이 전하는 말씀을 듣고 회심한 후, 고향으로 돌아가서 교회를 세웠다. 그는 골로새에서 뿐 아니라, 라오디게아와 히에라볼리에서도 교회를 세웠다 (골 1:7, 4:13).

바울이 그렇게 2년간이나 성경으로 강론하기 위해서는 성경을 처음부터 끝까지 꿰뚫고 있어야 했다. 그 당시에는 주석도 없고 인터넷도 없어서 오로지 그의 머리만을 의지할 수밖에 없었는데, 그는 문자 그대로 걸어 다니는 성경이었음이 분명하다. 그가 그렇게 말씀의 종이 된 근거는 무엇인가? 간단하게 세 가지 이유를 들 수 있는데, 첫째는 예수님을 만나기 전에도 바리새인으로 구약성경을 연구했는데, 회심 후 그 말씀들을 새롭게 해석했다 (22:3).

둘째는 바울이 예수님을 만난 후 아라비아 사막으로 가서 근 3년을 지냈는데 (갈 1:17-8), 그 기간에 틀림없이 말씀을 연구하고 묵상하면서 주님과 깊은 교제를 나누었을 것이다. 그렇게 긴 기간에 하나님의 말씀과 씨름하면서 말씀의 종이 된 것이 틀림없다. 셋째는 그가 셋째 하늘, 곧 낙원에 들려간 적이 있었는데, 그때 말씀을 들었다. "그가 낙원으로 이끌려 가서 말로 표현할 수 없는 말을 들었으니, 사람이 가히 이르지 못할 말이로다" (고후 12:4).

3. 능력의 사도 (19:11-12, 20:9-11, 17-19)

그렇게 세 가지 근거로 말씀의 종이 된 바울은 말씀만 전한 것이 아니었다. 그가 전한 말씀이 하나님에게서 온 것이라는 사실을 입증하려는 듯, 그를 통해 능력이 나타났다. 예수 그리스도가 '말과 일'에 능하신 것처럼 (눅 24:19), 바울 사도도 역시 말과 일에 능한 사도였다. 하나님의 말씀을 힘 있게 전한 베드로를 통해서도 갖가지 능력이 나타난 것을 볼 때, 하나님의 사람들은 '말과 일'에 능한 것이 특징이었던 것 같다.

바울의 경우를 살펴보기 위해 말씀을 인용해 보자. "하나님이 바울의 손으로 놀라운 능력을 행하게 하시니, 심지어 사람들이 바울의 몸에서 손수건이나 앞치마를 가져다가 병든 사람에게 얹으면 그 병이 떠나고 악귀도 나가더라"(19:11-12). 바울은 천막을 만들면서 손수건으로 땀을 닦은 것 같고, 앞치마를 둘러서 옷을 보호한 것 같다. 그렇게 땀 묻고 냄새나는 손수건과 앞치마조차도 하나님이 사용하시어서 질병과 악귀를 쫓아낼 만큼 바울은 능력의 사도였다.

그 능력은 두말할 필요도 없이 하나님이 그런 것들을 통해서도 역사하실 수 있다는 산 증거였다. 마치 베드로의 그림자를 통해서도 질병과 악귀가 쫓겨난 것처럼 (5:15-16), 그리고 예수 그리스도의 옷자락을 만진 여인의 12년 된 혈루증이 나은 것처럼 말이다 (막 5:27-29). 하나님은 기뻐하시는 종들에게 능력을 입혀주신다. 그 능력의 목적은 그들이 전하는 말씀을 뒷받침하기 위함이다. 그 말씀을 받아들여서 하나님이 베푸시는 구원을 받게 하기 위해서였다.

바울이 능력의 사도인 결정적인 증거는 죽은 자를 살린 역사였다. 바울이 드로아에서 밤늦게까지 하나님의 말씀을 강론할 때, 유두고라는 청년이 삼 층 창에 걸터 앉아 있다가 졸음을 이기지 못하고 떨어져 죽었다. 바울이 그 위에 엎드려 기도하자 그 청년이 살아났다! (20:9-10). 하나님이 함께하신 예수 그리스도도 죽은 자를 기도로 살리셨고 (요 11:42-44), 베드로도 역시 죽은 도르가를 기도로 살린 적이 있었다 (9:40).

그렇게 능력이 나타나자 두 가지 부정적인 반응이 있었는데, 하나는 바울의 능력을 모방하려는 시도였고 (19:13-16), 또 하나는 에베소의 아데미 신상을 만들어 부유해진 은장색의 효력 없는 소동이었다 (19:23-41). 누가가 이 두 가지를 자세하게 묘사한 것은 바울 사도를 통해서 나타난 능력만이 하나님에게서 나온 능력이라는 사실을 드러내기 위해서였다. 그 결과 "주 예수의 이름을 높이고, … 주의 말씀이 힘이 있어 흥왕하여 세력을 얻었다" (19:17, 20).

그와 같이 바울을 통해 나타난 능력만이 하나님에게서 온 것이라는 사실이 알려지자, '유대인과 헬라인들이…두려워했을' 뿐 아니라 (19:17), "마술을 행하던 많은 사람이 그 책을 모아 가지고 와서 모든 사람 앞에서 불사르니, 그 책값을 계산한즉 은 오만이나 되었다" (19:19). 이 말씀에서 은은 드라크마를 가리키며, 1드라크마는 1일 노동의 임금이었다. 현재 1일 노동임금이 8만 원이라면 40억이나 되는 엄청난 금액이다. 그만큼 우상 숭배가 만연했었다는 뜻이다.

4. 제자들 (19:22, 20:4, 21:16)

이미 언급한 대로, 바울은 제3차 전도 여행에서 전도는 물론 제자 훈련에 혼신을 바쳤다. 전도를 통해 구원받은 사람들이 훈련을 통해 성장하지 않는다면, 그들은 물론 그들이 속한 교회도 모래 위에 지은 것처럼 바람이 불거나 물결이 치면 쉽게 무너질 것이다 (마 7:26-27). 그렇다! 바울은 능력의 전도자였지만, 동시에 그 전도를 통해서 변화된 그리스도인들을 훈련하여 예수 그리스도의 제자로 만든 훈련자였다.

사도행전의 저자인 누가는 그렇게 교육과 훈련을 통해서 성장한 그리스도인을 염두에 둔 것 같다. 그렇지 않다면 28장으로 구성된 사도행전에서 '제자'라는 단어를 36번이나 사용하지 않았을 것이다. 그뿐 아니라, 누가는 바울의 제3차 전도 여행에서 '제자'를 5번

이나 언급했다 (19:1, 20:1, 2, 30, 21:4). 누가는 제1차 전도 여행에서
도 '제자'를 5번 언급했지만, 그들의 이름을 밝히지는 않았다. 그러
나 제3차 전도 여행에서는 그들의 이름을 일일이 거명했다.

제일 먼저, 첫 번째 거명된 이름은 디모데와 에라스도이며, 그들
을 두 가지 목적을 위해 마게도냐로 미리 보냈다 (19:22), 하나는 바
울도 '마게도냐와 아가야를 거쳐 예루살렘으로 가기로 작정한 바' 있
다 (19:21). 그러니까 그들을 보내면서 그의 방문을 준비하도록 하
기 위함이었다. 둘은 그가 방문할 예루살렘교회를 위해서였다. 그
교회는 흉년으로 인하여 기근이 심했고 (11:28), 유대인들의 박해로
인해 많은 그리스도인이 재정적으로 어려움을 겪고 있었다.

바울은 그들을 미리 보내어서 후원금을 준비하도록 했다. 그가
보낸 편지 일부를 인용해 보자. "매주 첫날에 너희 각 사람이 수입
에 따라 모아 두어서 내가 갈 때에 연보를 하지 않게 하라. 내가 이
를 때에 너희가 인정한 사람에게 편지를 주어 너희의 은혜를 예루살
렘으로 가지고 가게 하리니, 만일 나도 가는 것이 합당하면 그들이
나와 함께 가리라" (고전 16:1-3). 이 말씀에서 '너희의 은혜를 예루
살렘으로 가지고 가게 하리라'고 모금의 목적을 밝혔다.

두 번째 거명된 이름은 여섯 사람이나 되었다. "아시아까지 함께
가는 자는 베뢰아 사람 부로의 아들 소바더와 데살로니가 사람 아리
스다고와 세군도와 더베 사람 가이오와 및 디모데와 아시아 사람 두
기고와 드로비모라" (20:4). 왜 그렇게 많은 제자가 바울과 함께 여
행을 가기로 했는지 궁금하지 않을 수 없다. 그 목적도 두 가지인
데, 하나는 늙은 전도자요 훈련자인 바울을 여행길에서 보호하고
안내하기 위해서였다.

바울은 마게도냐를 거쳐 헬라로 가서 석 달 동안 가르쳤다. 그리스는 크게 두 지방으로 나뉘는데, 북쪽은 마게도냐이고 남쪽은 헬라였다. 마게도냐의 대표적인 도시는 빌립보와 데살로니가와 베뢰아이고, 헬라(아가야)라는 지방에는 고린도와 아덴이 있다. 그런데 헬라에서 배를 타고 안디옥이 있는 수리아로 가고자 했으나, 유대인들이 그를 해치고자 하는 공모 때문에 다시 마게도냐를 거쳐 돌아가기로 했다. 동쪽으로 가야 하는데, 거꾸로 서쪽으로 갔다는 말이다.

두 번째 목적은 바울이 마게도냐와 헬라에서 모금한 거액을 가지고 가는 길은 결단코 만만하지 않았다. 언제든지 노상에서 강도나 도적들을 만날 수 있었다. 바울은 신앙적으로 성숙하고 건장한 제자들 여섯 명과 동행했는데, 얼마나 아름다운 장면인지 모른다. 그들이 앞서 드로아에 가서 준비하고 기다렸고, 바울도 그들과 합류했다. 그곳에서 일주일을 보냈는데, '그 주간의 첫날', 곧 주일에 예배드리면서 성만찬을 나누었다.

바울의 머리에는 예루살렘교회로 가득했다. 두말할 필요도 없이 최초의 교회에서 교제와 사랑도 나누고, 또 하나님이 그들에게 맡기신 거액의 후원금으로 그 교회에 도움이 되기를 바라서였다. 누가도 바울의 마음을 알고 있기에 여행길을 서둘러서 언급했다. 앗소에서 미둘레네와 기오와 사모를 들러서 밀레도로 갔다 (20:14-15). 누가는 그 이유도 언급했는데, 바울이 오순절 안에 예루살렘에 이르기 위해 급히 갔다 (20:16).

'오순절 안에 예루살렘'으로 가려는 목적도 있었다. 첫째는 유대인의 삼대 절기 가운데 하나인 오순절을 예루살렘교회에서 함께 맞이하기 위해서였다. 둘째는 마게도냐의 교회들이 보낸 후원금을 가능한 한 빨리 전달하기 위해서였다. 셋째는 오순절로 인해 많이 모인 유대인 교인들 앞에서 이방인 교인들이 보내준 후원금을 전달하기 위해서였다. 유대인 교인이나 이방인 교인이나 예수 그리스도 안에서 같은 형제요 지체라는 사실을 드러내기 위해서였다.

세 번째로 이름이 거명된 제자는 나손이었다. 그 제자를 데리고 간 목적도 누가는 명시했는데, 다음과 같다: "가이사랴의 몇 제자가 함께 가며, 한 오랜 제자 구브로 사람 나손을 데리고 가니, 이는 우리가 그의 집에 머물려 함이라" (21:16). 바울의 제3차 전도 여행이 끝나갈 무렵에도 바울은 여러 제자와 함께 여행했다. 그들은 여행하면서 사랑의 교제를 나누었을 것이며, 그 가운데 나손은 가이사랴에 제법 번듯한 집이 있었던 것 같다.

5. 장로들 (20:17-38)

바울은 예루살렘으로 가는 도중 그가 3년이나 사역했던 에베소를 들를 수도 있었다. 그러나 더 지체하지 않기 위해 그는 그곳을 들르지 않고 대신 밀레도에서 에베소교회의 장로들을 청했다. 두말할 필요도 없이, 그 장로들은 바울의 전도를 통해서 구원받고 우상숭배에서 돌이켜 예수 그리스도를 섬기게 된 성도였다. 그들은 바울로부터 하나님의 말씀을 배우고, 훈련을 받은 결과 교회를 이끄는 지도자들이 되었다.

바울은 그들에게 마지막 고별사를 나눈 후 '무릎을 꿇고 그 모든 사람들과 함께 기도했는데', 그 기도 끝에 '다 크게 울며' 석별의 정을 나누었다 (20:36-38). 특히 그들이 바울을 더는 보지 못하게 되리라는 말에 '더욱 근심하고 배에까지 그를 전송했다' (21:38). 그런데 바울의 고별사는 영적으로나 신학적으로나 참으로 깊은 내용을 담고 있으나, 여기서는 다 다룰 수 없어서 세 가지 측면에서만 접근할 것인데, 곧 과거와 현재와 미래이다.

먼저, 과거의 측면은 바울이 에베소의 사역을 회상하는 내용이다 (20:18-21). 첫째 '겸손과 눈물'로 섬기면서, 둘째 '유대인의 간계로 말미암아 당한 시험을 참고' 견디었다 (20:19). 셋째 하나님의 말씀을 어디에서나 거리낌 없이 전하고 가르쳤다 (20:20). 넷째 "유대인과 헬라인들에게 하나님께 대한 회개와 우리 주 예수 그리스도께 대한 믿음을 증언했다" (20:21). 이 말은 모든 사람에게 복음을 분명히 전하면서 회개와 믿음으로 반응할 것을 촉구했다는 말이다.

그다음, 현재의 측면은 바울의 사명과 결단을 담대하게 묘사하고 있다 (20:22-27). 그 내용도 네 가지로 요약할 수 있는데, 첫째는 '성령에 매여 예루살렘으로 간다' (20:22). 둘째 '성령이 알려주신 대로 많은 고난'을 받을 것이다 (20:23). 셋째 복음을 전하는 사명이 생명보다 귀하다 (20:24). 넷째 '하나님의 뜻을 다 여러분에게 전했다' (20:27). 앞으로 그들이 바울을 보지 못할 것이나, 복음을 전했기에 '모든 사람의 피에 대해 나는 깨끗하다' (20:26).

마지막으로, 미래의 측면은 교회에 대한 경고와 부탁이다 (20:28-35). 첫째 성령으로 세워진 감독자인 장로들은 예수 그리스도의 피로 값 주고 사신 교회를 보살피라 (20:28). 둘째 거짓 선생들의 침투에 대해 경고하라 (20:29-31). 셋째 늘 깨어 있으라 (20:31). 넷째 바울이 본을 보여준 대로 금전을 탐하지 말고, 손수 일하면서 약한 사람들을 돕는 지도자가 되라 (20:33-35). 바울의 고별사는 문자 그대로 그가 3년이나 사역하면서 일군 에베소교회를 위한 마지막 간절한 충고였다.

그렇게 작별한 후 바울과 일행은 배를 타고 고스와 로도와 바다라를 거쳐 두로에서 일주일 머물렀다. 그가 두로에 있을 때와 가이사랴에 여러 날 머물 때 제자들과 선지자 아가보가 바울에게 예루살렘으로 가지 말라고 강권하나, 이미 성령의 매임을 받아 죽을 것도 각오한 바울을 막을 수 없었다. 바울은 결국 예루살렘으로 가서 '죄수'가 되었다. 그가 교제하고, 그를 파송했던 안디옥교회를 가보지도 못하고 죽음의 길에 접어들었다.

바울이 53년에 안디옥을 떠나서 57년에 예루살렘으로 귀환했으니, 그의 제3차 전도 여행은 대략 4년에 걸쳐 이루어졌다. 그가 다닌 육로는 대략 2,300여km나 되었고, 배로 이동한 거리는 대략 1,700km나 되었으니, 그가 복음을 전하기 위하여 다닌 길은 모두 4,000여km나 되었다. 제1차 전도 여행에서 1,600km (1년 6개월), 제2차 전도 여행에서 4,000km (3년)와 제3차 전도 여행의 거리를 모두 합치면 9,600km나 된다. 기간도 모두 8년 6개월이나 된다.

바울이 예루살렘에 이르자 그 일행은 야고보와 모든 장로를 만났다. 두말할 필요도 없이 그 일행은 이방인 교인들에게서 정성껏 모금하여 가져온 후원금도 전달했을 것이다. 그리고 그들의 전도 여행을 통해 이방인들 가운데서 일어난 역사에 대해 낱낱이 묘사했다. 그 장로들은 하나님께 영광을 돌리면서 바울이 율법을 어겼다고 오해하는 유대인들의 원성을 잠재우기 위해, 그 일행이 '결례를 행하고' 결례의 기간을 채우도록 했다 (21:18-26).

바울의 제3차 전도 여행

"도"

　"그[아볼로]가 일찍이 주의 '도'를 배워 열심으로 예수에 관한 것을 자세히 말하며 가르치나 요한의 세례만 알 따름이라. 그가 회당에서 담대히 말하기 시작하거늘 브리스길라와 아굴라가 듣고 데려다가 하나님의 '도'를 더 정확하게 풀어 이르더라"(행 18:25-26). 바울이 제3차 전도 여행 중에 일어난 사건이 많은데, 위의 말씀은 "도"에 대한 적극적인 에피소드이다. 그런가 하면 소극적인 에피소드도 두 가지나 된다.

　먼저 소극적인 것부터 보자. 첫 번째는 바울이 회당에서 석 달 동안 복음을 전했으나, "어떤 사람들은 마음이 굳어 순종하지 않고 무리 앞에서 이 '도'를 비방하였다"(19:9). 두 번째는 에베소에서 신상 모형을 만들어 돈을 많이 번 은장색의 주선으로 일어난 민중의 소동이었다. 누가는 그 소동이 이렇게 시작됐다고 보고했다. "그 때쯤되어 이 '도'로 말미암아 적지 않은 소동이 있었으니"(19:23). 결국, 이 "도"는 비방의 대상도 되고 소동의 원인도 되었다.

　이 "도"는 유대인에게는 그들이 섬기는 율법을 버리고 예수 그리스도께 나와야 한다는 도전이 되었고, 은장색에게는 신상 모형 만들기를 포기해야 한다는 도전이 되었다. 유대인은 "도"를 받아들이면 율법을 의지하지 말아야 하고, 이방인은 아데미의 신상을 만들지 않아야 했다. 그들의 인생관과 생활방식을 완전히 바꾸라는 "도"는 엄청난 뜻을 내포하고 있는 것이 분명하다. 누가는 그 "도"의 중요성을 알고 사도행전에서 자그마치 10번이나 사용했다.

"도"의 헬라어는 호도스(ὁδός)인데, 한글성경에서는 길로도 번역됐다. 귀신 들린 여종이 "바울과 우리를 따라와 소리 질러 이르되, '이 사람들은 지극히 높은 하나님의 종으로서 구원의 길을 너희에게 전하는 자라'"(16:17). 길로 번역된 곳이 한 군데 더 있는데, 2장 28절이다: "주께서 생명의 길을 내게 보이셨으니 주 앞에서 내게 기쁨이 충만하게 하시리로다." 그러나 나머지 여덟 번은 모두 "도"로 번역되었다 (9:2, 18:25-26, 19:9, 23, 22:4, 24:14, 22).

"도"는 사도행전에만 나오는 것이 아니라, 성경 여러 책에서도 나온다. 이사야의 예언을 보자; "외치는 자의 소리여 이르되, 너희는 광야에서 여호와의 길을 예비하라 사막에서 우리 하나님의 대로를 평탄하게 하라"(사 40:3). 이 말씀은 사복음서에서 모두 길, 곧 호도스로 번역되었다. 그중 한 곳만 인용해 보자: "나는 선지자 이사야의 말과 같이 주의 길을 곧게 하라고 광야에서 외치는 자의 소리로라 하니라"(요 1:23, cf. 마 3:3, 막 1:3, 눅 3:4).

그 인용문에서 '주의 길'은 무엇인가? 주님의 초림에 대한 귀중한 말씀으로, 결국엔 그 주님이 길이시었다. 그렇지 않다면 주님은 이렇게 말씀하시지 않았을 것이다. "예수께서 이르시되 내가 곧 길이요 진리요 생명이니, 나로 말미암지 않고는 아버지께로 올 자가 없느니라"(요 14:6). 그분은 하나님께로 갈 수 있는 유일무이한 길이시며, 따라서 그분은 유일무이한 구원의 방편이시다. 구원은 교리나 도덕으로 얻을 수 없고 길이신 예수를 통해서만 가능하다.

그러니까 한마디로 말해서 길은 예수 그리스도이다. 그분의 대를 이어 복음을 전한 초대교회의 사도들은 예수 그리스도의 죽음과 부활을 전했는데, 그 복음이 바로 "도"였다. 바울이 다메섹으로 갈 공문을 받았는데, 그 목적은 그 "도"를 따르는 남녀를 예루살렘으로 잡아 오려는 것이었다 (9:3). 그의 말이다. "내가 이 '도'를 박해하여 사람을 죽이기까지 하고 남녀를 결박하여 옥에 넘겼노니" (22:4).

"도"를 박해했다는 표현은 "도"가 단순한 철학이나 도덕이 아니라, 영원한 생명을 통해 구원을 받는 엄청난 기독교의 가르침 내지 예수 그리스도를 함축했다. 바울은 그렇게 살기가 등등해서 길을 가다가 그 "도"의 주인공이신 예수 그리스도를 만나 생애가 변했고, 종교와 인생관이 바뀌었다. 그는 그때부터 구원의 길인 예수 그리스도, 곧 "도"를 전하는데 '생명조차 조금도 귀한 것으로 여기지 않았다' (20:24).

예수 그리스도가 선포하시고 제자들이 전도한 "도"는 한발 더 나아가서 그 "도"를 받아들인 그리스도인은 도덕적으로 깨끗한 삶을 살게 한다. 누가가 전한 말씀을 인용해 보자: "어둠과 죽음의 그늘에 앉은 자에게 비치고, 우리 발을 평강의 길로 인도하시리로다" (눅 1:79). '평강의 길'의 뉘앙스는 '평강이라는 길 안에서', '평강을 이르는 길 위로', '평강의 길 속에서' 등이다. 그 '평강의 길'에서 사는 그리스도인은 당연히 도덕적인 삶을 영위한다.

그러나 비그리스도인은 그 길을 알 수 없다. 바울의 선언이다, "깊도다! 하나님의 지혜와 지식의 풍성함이여, 그의 판단은 헤아리지 못할 것이며 그의 길은 찾지 못할 것이로다"(롬 11:33). 그러나 이미 언급한 것처럼, 그 길만을 통해서 하나님께 나아갈 수 있다. "그러므로 형제들아, 우리가 예수의 피를 힘입어 성소에 들어갈 담력을 얻었나니, 그 길은 우리를 위하여 휘장 가운데로 열어 놓으신 새로운 살 길이요 휘장은 곧 그의 육체니라"(히 10:19-20).

그 길은 선교와 훈련의 길이고도 하다. 바울과 바나바가 구브로에서 선교할 때 그들의 복음을 대적하던 엘루마에게 바울은 이렇게 말했다. "모든 거짓과 악행이 가득한 자요, 마귀의 자식이요, 모든 의의 원수여, 주의 바른 길을 굽게 하기를 그치지 아니하겠느냐"(13:10)? 브리스길라와 아굴라가 아볼로에게 "하나님의 '도'를 더 정확하게 풀어 이르더라"(18:26). 결국, 이 "도"는 그리스도인의 삶을 시작하게 할 뿐 아니라, 그때부터 모든 영역을 지배한다.

성경의 마지막 책인 요한계시록에서 짐승과 그의 우상과 그의 이름의 수를 이기고 벗어난 자들이 이렇게 주님을 찬양했다. "하나님의 종 모세의 노래, 어린 양의 노래를 불러 이르되 주 하나님 곧 전능하신 이시여, 하시는 일이 크고 놀라우시도다! 만국의 왕이시여 주의 길이 의롭고 참되시도다"(계 15:3). 여기에서 길은 요단강에서 시작된 증거가 예수 그리스도와 제자들을 통해, 그리고 그리스도인들로 이어진 천국을 향해 가는 순례자의 길이다. 과연 호도스(ὁδός)는 신약성경 전체에 흐르는 샘물과 같다!

15장

복음의 '죄수'

1. 예루살렘에서 (행 21:27-36)

에베소에서 역사가 한창일 때, 바울은 예루살렘으로 가기로 마음을 굳혔다. "바울이…예루살렘에 가기로 작정하여 이르되, '내가 거기 갔다가 후에 로마도 보아야 하리라'" (19:21). 그는 예루살렘에서 '죄수'가 되어 로마로 가는 것이 하나님의 뜻임을 알았다. 그가 잡힌 날 주님은 그 사실을 확인해 주셨다. "그 날 밤에 주께서 바울 곁에 서서 이르시되, '담대하라! 네가 예루살렘에서 나의 일을 증언한 것 같이 로마에서도 증언하여야 하리라'" (23:11).

그럼, 바울이 왜 예루살렘에서 '죄수'가 되었는지 그 이유를 찾아 보자. 그곳은 이스라엘 백성에게는 가장 거룩한 성지였는데, 다음과 같은 여러 가지 이유 때문이었다. 첫째는 하나님이 친히 선택한 곳이었다 (신 12:5). 둘째는 그곳에 성전을 세우라는 하나님의 지시가 있었다 (대하 3:1). 셋째, 이스라엘 백성은 절기를 지키기 위해 일 년에 세 번씩 예루살렘에 모였다 (신 16:16). 넷째, 예루살렘이 율법의 해석과 집행의 중심지였다 (신 17:8-10).

그와 같은 여러 가지 이유로 인해 이스라엘 백성은 율법과 하나님의 말씀이 예루살렘에서 나온다고 믿었다. 이사야 선지자의 담대한 선언을 알아보자: "많은 백성이 가며 이르기를, '오라 우리가 여호와의 산에 오르며, 야곱의 하나님의 전에 이르자; 그가 그의 길을 우리에게 가르치실 것이라. 우리가 그 길로 행하리라' 하리니, 이는 율법이 시온에서부터 나올 것이요, 여호와의 말씀이 예루살렘에서부터 나올 것임이니라" (사 2:3).

그뿐 아니라 솔로몬의 성전이 바벨론에 의해 무너지자, 그 대신 산헤드린, 곧 공회가 예루살렘에 자리하였다. 그 공회는 율법을 해석하고 집행하는 최고의 의결기관이었다. 그 공회에서 바울은 재판을 받게 되었는데, 그 이유는 간단했다. 아시아에서 온 유대인들이 그가 율법을 어기고 성전을 비방하며, 이방인을 성전으로 데리고 들어가서 그처럼 거룩한 성전을 더럽혔다는 거짓 증언 때문이었다 (21:27-28).

율법과 성전을 위해 목숨까지 바칠 열성분자들은 바울이 헬라인을 성전으로 데리고 들어갔다는 거짓 증거로 바울을 죽이려고 했다. 그 폭도에게서 바울을 건져낸 사람은 로마 시민권자인 천부장이었다. 그렇게 바울은 '죄수'의 몸이 되었는데, 예수님이 예언하신 대로였다. "…사람들이 너희를 공회에 넘겨주겠고 너희를 회당에서 매질하겠으며, 나로 말미암아 너희가 권력자들과 임금들 앞에 서리니, 이는 그들에게 증거가 되려 함이라" (막 13:9).

바울이 다메섹에서 회심 후 예수 그리스도가 메시야라는 증언을 하자, 그곳의 유대인들도 그를 죽이려고 했다 (9:24). 더군다나 율법의 중심지인 예루살렘에서 율법을 폐기했다고 하면서 무리가 바울을 죽이려고 하는 것은 당연했다 (21:36). 그들이 살인을 주저하지 않은 이유도 역시 모세의 가르침 때문이었다. "이 율법의 말씀을 실행하지 아니하는 자는 저주를 받을 것이라 할 것이요, 모든 백성은 아멘 할지니라"(신 27:26, cf. 렘 11:3).

2. 복음의 변명 (22:1-21)

바울은 천부장의 허락을 받아 층계 위에서 그를 죽이지 못해 안달하는 유대인들에게 그의 경험담을 간증하기 시작했는데, 개인적으로는 간증이었지만 그것은 너무나 중요한 복음의 변명이었다. 바울은 그가 복음의 선포자로 세움을 입었다고 선언했으나(딤후 1:11), 지금은 '죄수'가 되어 복음을 선포하지 않고 변명했다. 그의 말을 인용해 보자: "부형들아, 내가 지금 여러분 앞에서 *변명하는* 말을 들으라"(22:1).

바울이 변명한 이유는 그가 유대인들로부터 고발을 당했기 때문이다. 그가 당한 고발에 대하여 피고가 된 바울은 변명하지 않을 수 없었다. 그러니까 원고인 유대인들은 고발하면서 그 이유를 심판관에게 제시했으나, 고발당한 바울은 피고인으로 원고의 주장을 받아들일 수 없었다. 만일 받아들인다면, 그는 법적으로 죄인이 될 수밖에 없었다. 그러나 바울은 거듭거듭 변명하면서 자신의 무죄를 주장했다.

그는 유대인들이 고발한 것처럼 율법을 버린 자가 아니라고 강력하게 변명했다. 버리기는커녕 율법의 대가인 가말리엘 문하에서 엄하게 율법을 배웠고, 그 율법에 따라 하나님께 대하여 열심이 있었을 뿐 아니라, 그 율법을 지키려고 어떤 유대인 못지않게 열정적으로 행동에 옮긴 사람이었다 (22:3-5). 그 사실을 증언해 줄 증인들도 있는데, 곧 '대제사장과 모든 장로'이다. 그는 그들의 공문을 받아서 다메섹에 있는 그리스도인들을 잡으려고 했기 때문이다.

그때 '큰 빛'이 임했고 또 '소리'가 들렸다. 그런 현상은 유대인들이 너무나 잘 아는 주님의 임재, 곧 그분의 *쉐키나*였다. 그들의 조상이 시내산에서 *토라*를 받을 때 임하신 *쉐키나* 하나님이시었다. 그때 하나님이 번개와 나팔 소리로 임하신 것처럼 (출 19:16), 바울에게도 빛으로 그리고 소리로 임하셨다. 시내산에서 하나님이 모세를 두 번 부르신 것처럼 (출 3:4), 영광 가운데 임하신 하나님은 사울도 두 번 부르셨다 (22:7).

그렇게 *쉐키나* 하나님의 계시로 바울이 박해하던 예수님을 만나서 회심한 후, 주님은 '율법에 따라 경건한 사람으로 거기 사는 모든 유대인들에게 칭찬을 듣는 아나니아'를 통해 주님의 말씀을 전해 주었다 (22:12). 그 말씀에 의하면, 바울이 택하심을 받고, 주님의 뜻을 알게 되었고, 친히 듣고 보게 하신 주님을 전하는 증인이 되라는 것이었다 (22:14-15). 그때 눈이 멀었던 그는 보게 되었고, 그리고 세례를 받았다 (22:13, 16).

바울을 죽이려는 유대인들은 거기까지의 변명은 군말하지 않고 경청했다. 그것은 바울이 직접 체험한 경험담이었기에 반론의 여지가 없었다. 그러나 문제는 여기서부터 시작되었다. 바울의 변명은 계속되었는데, 후에 예루살렘으로 돌아와서 기도하는 중 환상 가운데 그곳을 떠나 '내가 너를 멀리 이방인에게로 보내리라'는 주님의 말씀을 전했을 때였다. 율법도 이방인을 정죄하는데, 그 이방인에게로 주님이 보내신다는 것을 그들은 받아들일 수 없었다.

십중팔구 바울이 '이방인에게로 보내리라'는 말을 들었을 때 그들은 이런 말씀을 기억했을 것이다: "주를 알지 못하는 이방 사람들과 주의 이름으로 기도하지 아니하는 족속들에게 주의 분노를 부으소서! 그들은 야곱을 씹어 삼켜 멸하고 그의 거처를 황폐하게 하였나이다" (렘 10:25). 하나님은 이사야 선지자를 통해 이방 바벨론에 대한 심판을 선언하셨고 (사 13장), 아모스를 통해 다메섹과 가사와 두로와 에돔과 암몬과 모압에 대한 심판을 선언하셨다 (암 1-2장).

이방인에 대한 하나님의 심판은 참으로 가혹하고도 확실했다. 그런데 주님이 그런 이방인에게로 바울을 보내신다는 말이 그의 입에서 나오자마자, 그들은 살기가 등등하여 '이러한 자는 세상에서 없애 버리자. 살려 둘 자가 아니다'라고 하면서 한결같이 들고 일어났다 (22:22). 천부장도 그의 죄목을 알고자 '채찍질하며 심문하려' 했으나 (22:24), 그가 로마 시민인 것을 알고 오히려 두려워하면서 이틀날까지 기다리게 했다.

3. 공회에서 (23:1-11)

천부장의 임무는 무엇보다도 질서와 평화를 유지하는 것이었는데, 특히 예루살렘에서는 더욱 그러했다. 그곳은 갖가지의 반란과 데모로 로마 지도자들을 성가시게 하는 곳이었다. 그런데 이번 소요의 원인이 로마와는 아무 상관이 없는 것임을 천부장은 어렵지 않게 판단할 수 있었다. 반정부 구호도 없었고, 의도적으로 질서를 어지럽히려는 의도도 없었다. 바울의 간증은 개인적인 종교적 체험이었으며, 유대인들은 바울에 대한 것으로 소요했다.

이튿날 천부장은 바울을 로마 법정으로 끌고 가지 않고, 유대인 공회로 데리고 갔다. 유대인들이 바울을 고발한 진상을 알기 위함이었다 (22:30). 천부장은 바울이 변명할 기회를 또 한 번 주었는데, 먼저는 영밖에 모인 유대인들에게였는데, 이번에는 공회에서였다. 다시 말해서, 율법의 전문가들이 모인 유대인의 최고 의결기관 앞에서였다. 주님은 일찍이 '무슨 말을 할까 미리 염려하지 말고 무엇이든지 그 때에 너희에게 주시는 그 말을 하라'고 하셨다 (막 13:11).

그 이유도 말씀하셨는데, '말하는 이가 너희가 아니요 성령이시기' 때문이라고 하셨다. 바울은 그 약속대로 성령의 인도하심을 따라 변명했는데, 그의 말을 인용해 보자. "여러분 형제들아, 나는 바리새인이요 또 바리새인의 아들이라. 죽은 자의 소망 곧 부활로 말미암아 내가 심문을 받노라" (23:6). 주로 바리새인과 사두개인으로 구성된 공회는 바울의 말로 인해 그 두 그룹 사이에 다툼이 생겨서 무리가 둘로 나뉘었다 (23:7).

그들의 다툼이 얼마나 심했던지, 천부장은 그들 사이에서 바울이 찢길 것을 염려하여 군인들로 그들에게서 바울을 빼앗아 영내에 두게 했다 (23:10). 그날 밤 주님은 바울에게 찾아오셔서 그가 앞으로 갈 곳과 할 일을 확인해 주셨다. "담대하라! 네가 예루살렘에서 나의 일을 증언한 것 같이 로마에서도 증언하여야 하리라" (23:11). 그가 갈 곳은 로마였고, 그가 그곳에서 할 일은 죽었다가 다시 사신 예수 그리스도를 증언하는 것이었다.

바울이 공회에서 그리스도의 부활을 선포한 목적은 둘이었는데,

하나는 공회를 갈라놓기 위해서였다. 그러나 진짜 목적은 그가 율법의 파괴자가 아니라, 구약의 소망인 그리스도의 부활을 선포하기 위해서였다. 구약에 들어있는 많은 말씀 가운데 한 곳만 인용하여 그 사실을 확인하자: "땅의 티끌 가운데에서 자는 자 중에서 많은 사람이 깨어나 영생을 받는 자도 있겠고, 수치를 당하여서 영원히 부끄러움을 당할 자도 있을 것이며" (단 12:2).

4. 가이사랴로! (23:12-30)

천부장 글라우디오 루시아는 바울을 가이사랴로 보내기로 작정했다. 그렇게 작정한 이유가 몇 가지인데, 첫째는 바울을 예루살렘에 두면 틀림없이 죽임을 당할 것이기 때문이었다. 그를 죽이기 전에는 '먹지도 않고 마시지도 않겠다'고 결의한 유대인들이 40여 명이나 되었다 (23:12-13). 그 결의를 시행하기 위해 예루살렘의 질서와 평안을 책임지고 있는 천부장을 이용하겠다는 사실이 바울의 생질을 통해 밝혀졌기 때문이다 (23:16).

둘째 이유는 바울이 로마 시민이었기 때문이다. 로마법에 따르면, 로마 시민은 정식으로 재판을 받지 않고는 처형할 수 없을 뿐 아니라, 그런 극형의 판결은 총독에게만 있는 권한이었다. 천부장은 그런 정식 재판 절차를 거치지 않은 바울을 체포하여 결박했을 뿐 아니라, 채찍질하면서 심문하라고 명령한 바 있었다. 천부장은 자신의 경솔한 결정을 만회하기 위해서라도 바울을 가이사랴로 보내지 않으면 안 되었다.

천부장이 바울을 가이사랴로 보내기로 한 셋째 이유는 유대인들이 고발하여 죽이려고 작정한 것은 그들의 종교 문제였기 때문이다. 종교 문제는 그의 관할 밖의 일이었다. 그것은 로마 법상의 문제가 아니어서 그의 책임이 아니었지만, 그래도 바울이 예루살렘에서 죽을 수 있기에 그는 바울을 가이사랴로 보내기로 한 것이었다. 그렇지만 가이사랴로 가는 도중에 바울이 유대인에 의해 죽을 수도 있기에, 그는 많은 군대로 바울을 보호하게 했다.

넷째로 가이사랴는 로마의 총독인 벨릭스가 통치하는 곳이었기 때문이다. 그러나 천부장의 의무는 바울을 가이사랴 총독에게 아무 탈 없이 인계하는 것이므로 40여명의 유대인들이 넘볼 수 없도록 조처했다. 그 조처는 '보병 200명, 기병 70명, 창병 200명'이나 되는 엄청난 군대의 동원이었다 (23:23). 물론 바울은 '복음의 죄수'가 되어 압송되어 갔지만, 그렇게 장엄한 모습은 결코 '복음의 죄수'가 아니라, '복음의 대사'였다.

바울이 가이사랴에서 로마법에 따라 재판을 받게 되었는데, 그는 로마의 황제 가이사에게 상소하지 않을 수 없었다 (25:11). 바울은 일찍이 로마에 있는 교회에 편지를 보내면서, "…하나님의 뜻 안에서 너희에게로 나아갈 좋은 길 얻기를 구하노라" (롬 1:10)고 언급한 적이 있었다. 마침내 바울은 로마로 가게 되었는데, '복음의 죄수'로 가는 것이 하나님의 뜻이며 동시에 좋은 길이었다. 엄청난 군인들의 호위를 받았을 뿐만 아니라, 뱃삯과 음식값을 치르지 않고 갔으니 말이다.

"주님"

바울의 변명에는 "주님" 내지 "주"가 8번이나 나온다 (행 22:8, 10-2회, 16, 18, 19-2회, 20). 첫 번째로 나온 것은 '주님, 누구시니이까?'라고 여쭈었을 때였는데, '사울아, 사울아, 네가 왜 나를 박해하느냐?'라는 물음에 반응할 때였다 (22:7-8). 바울의 반응은 그에게 임하신 분의 정체를 알려는 질문이었다. 두말할 필요도 없이, 큰 빛과 큰 소리로 임하신 주님은 이스라엘 백성에게 큰 빛과 큰 소리로 임하신 여호와 하나님의 *쉐키나*였다 (출 19:16-19).

그렇게 임하신 주님의 대답은 간단명료했다: '나는 네가 박해하는 나사렛 예수라!' 그런데 바울이 부른 "주님"은 헬라어로 *큐리오스*(κύριος)이다. *큐리오스*는 누구도 넘볼 수 없는 절대적인 권세를 지닌 분을 가리킨다. 그뿐 아니라, 일단 언약을 맺으면 그 언약을 언제나 지키시는 분을 가리킨다. 그런 분이야말로 죄인을 구원하여 성도를 변화시킬 수 있는 능력을 가지신 분이다. 바로 그분이 그리스도인들을 박해하며 죽이기까지 한 바울을 찾아오셨다.

구약성경에서도 그와 같은 권세와 능력을 보유하신 분이 있는데, 바로 *야훼* 하나님이시다. 그 *야훼* 하나님이 모세를 부르셨고,

이스라엘 백성을 애굽에서 구원하셨고, 시내산에서 언약을 맺으셨다. 그런 이유로 히브리어인 구약성경을 헬라어로 번역한 70인 역에서 *야훼*를 *큐리오스*로 바꾸었다. 결국, *야훼*=*큐리오스*=예수라는 공식이 성립된다. 구약성경의 *야훼*가 신약성경의 예수인데, 유대인들이 감히 이름도 부르지도 못하는 *야훼* 하나님이 바울에게 임하신 것이다.

그 하나님의 지시로 찾아온 아나니아는 그를 만나주신 분이 하나님이라고 말했다. "우리 조상들의 *하나님*이 너를 택하여 너로 하여금 자기 뜻을 알게 하시며 그 의인을 보게 하시고 그 입에서 나오는 음성을 듣게 하셨으니" (22:14). 그렇다! 바울을 택하시고 그에게 사명을 주신 분은 하나님이신데, 그 하나님이 바로 예수라는 것이다. 바울은 하나님을 경외하는 유대인들에게 증언하면서 의도적으로 그를 만나주신 분이 "예수", 곧 *야훼*라고 선언한 것이다.

바울을 만나주신 분이 주님, 곧 *야훼* 하나님이시라면, 그가 할 수 있는 것은 그분에게 자신을 전폭적으로 맡기는 것뿐이었다. 그런 맡김을 바울은 이렇게 표현했다: "주님, 무엇을 하리이까" (22:10)? 그는 주님의 명령을 조건 없이 받아들일 자세가 되어 있었다. 주님의 명령은 다메섹으로 가서 그분이 보내실 사람의 말을 받아들이라는 것이었다. 그 사람의 말은 다음과 같았다: "네가 그를 위하여 모든 사람 앞에서 네가 보고 들은 것에 증인이 되리라" (22:15).

바울은 십자가에서 죽으셨다가 부활하신 예수님의 말씀을 들었고, 또 그분을 보았다. 후에 바울은 자신도 "우리 죄를 위하여 죽으시고 장사 지낸 바 되셨다가 성경대로 사흘 만에 다시 살아나신 분이…맨 나중에 만삭되지 못하여 난 자 같은 내게도 보이셨다"고 증언했다 (고전 15:3-4, 8). 비록 바울이 예수님을 살아생전에는 보지 못했지만, 부활하신 예수님, 곧 주님을 뵈었기에 그분의 사도가 될 수 있었다.

바울은 유대인들에게 부활하신 분에 대해 변명하면서 그분의 부활을 강조하기라도 하려는 듯, "주님"을 8번이나 사용했다. 8이 부활의 숫자라는 사실을 알면 더욱 분명해진다. 예수 그리스도가 나귀를 타고 예루살렘으로 들어가신 날이 주일이었다 (요 12:1, 12). 두말할 필요도 없이 그분이 그곳으로 들어가신 목적은 세상의 모든 죄를 짊어지고 십자가에서 죽기 위함이었다. 다시 말해서, 그분은 '세상 죄를 지고 가는 하나님의 어린 양'이시었다 (요 1:29).

예수님은 니산월 1월 14일, 곧 금요일에 십자가에 달려서 돌아가셨다. 참고로 니산월 1월 14일은 목요일이 될 때도 있고 금요일이 될 때도 있는데, 그분이 죽으신 1월 14일은 금요일이었다. 여하튼, 그분은 그렇게 십자가에서 죽은 지 사흘 만에 죽음의 장벽을 깨뜨리고 다시 살아나셨는데, 그날은 주일이었다. 그러니까 그분이 죽기 위해 예루살렘으로 나귀를 타고 들어가신 후, 8일째 되는 날 그분은 다시 살아나셨다.

바울만 그렇게 주님을 8번 사용한 것은 아니었다. 사도 요한도 주님의 부활을 강조하기라도 하듯, 주님을 16번이나 사용한 적이 있었다. 물론 16은 8의 곱이므로, 16은 부활의 의미를 반복한다는 뜻이 함축되어 있다. 여하튼, 사도 베드로를 선두로 7명의 제자가 물고기를 잡으려고 밤새도록 애썼으나, 한 마리도 잡지 못했다. 그때 바닷가에 있던 분이 '그물을 배 오른편에 던지라'는 말을 따라서 그렇게 했더니, 백쉰세 마리나 잡혔다 (요 21:6, 11).

그때 바닷가에 서 있던 분은 부활하신 예수 그리스도였다. 그분은 부활하신 이후 벌써 두 번이나 제자들에게 나타나셨는데, 한 번은 부활하신 날에 제자들에게 찾아오셔서 평강을 빌어주셨을 때였다 (요 20:19-23). 두 번째는 주님이 첫 번째 찾아오셨을 때 그 자리에 없었던 도마가 마침 있을 때였다 (요 20:26-29). 그때 도마는 "나의 주님이시요, 나의 하나님이시니이다"라고 고백하므로, 예수 그리스도를 부활하신 *야훼* 하나님으로 받아들였다 (요 20:28).

도마가 '나의 주님'이라고 예수님을 고백한 후, 제자들도 그분을 "주님"이라고 고백했다. 그들의 고백이 담고 있는 뜻을 다음과 같이 몇 가지로 정리할 수 있을 것이다. 첫째, 그들은 주님과의 관계를 완전히 회복했다는 뜻이다. 그들은 두려움에 휩싸여 숨었고, 그분을 부인했고, 그분을 찾지 않았다. 그러나 그들을 찾아오신 그분을 주님이라 부르면서 관계의 회복을 간접적으로 선언했다.

둘째, 그분의 제자들은 그분을 주님이라 부르면서 그분의 부활을 온전히 받아들였다는 뜻이다. 다시 말해서, 주님에 대한 그들의 인식이 완전히 바뀌었다는 것이다. 셋째, 그들은 예수님을 주님이라 부르면서, 그분의 절대적인 권위를 인식하게 되었다. 그 권위는 하늘과 땅에 대한 것일 뿐 아니라, 영적 세계에 대한 것이었다. 넷째, 그들의 사도 사명도 받아들이는 고백이었다. 그 후 바울도 그분을 주님이라 부르면서 사도의 반열에 오른 것처럼 말이다.

16장

복음의 변명

바울이 예루살렘으로 돌아오자, 유대인들은 벌떼같이 일어나서 그를 죽이려 했다. 그 이유는 율법과 유대인의 성전에 관한 것으로, 그가 율법을 어겼으며 성전을 더럽혔다는 것이다. 물론 바울은 율법도 어기지 않았고, 이방인을 성전 안으로 데리고 들어간 적도 없었다. 만일 그런 것들이 사실이라면, 율법에 따라 그는 죽어 마땅했다. 그러나 그런 고발은 모두 오해와 미움에 근거한 것들이었다.

바울을 살린 것은 그가 로마에서도 복음을 전해야 하는 하나님의 뜻 때문이었다. 바울 사도의 증언을 가지고 확인해 보자; "…예루살렘에 가기로 작정하여 이르되 내가 거기 갔다가 후에 '로마도 보아야 하리라'"(행 19:21). 그런데 또 한 가지가 있는데, 그것은 로마의 법이었다. 베스도 총독이 아그립바 왕에게 바울을 소개하면서 이런 말을 했다; "무릇 피고가 원고들 앞에서 고소 사건에 대하여 변명할 기회가 있기 전에 내주는 것은 로마 사람의 법이 아니라"(25:16). 이런 법으로 인해 유대인들은 원고가 되었고 바울은 피고가 되었는데, 피고는 법대로 변명할 수 있는 특권을 가졌다.

1. 변명 (24:1-23)

바울은 천부장의 호의로 예루살렘에서 죽임을 당하지 않고 가이 사랴로 이송되었다. 그가 로마로 옮겨가기 전의 상황은 법정 투쟁의 연속이었다. 바울은 당시의 총독인 벨릭스 앞에서, 그다음 그의 후임인 베스도 앞에서, 그리고 아그립바 왕 앞에서, 각각 재판을 받았다. 예루살렘에 있는 유대인 공회에서와는 달리 바울은 그의 입장을 정정당당하게 변명할 수 있었는데, 로마의 법 때문이었다.

바울은 조금도 주저하지 않고 그의 고소 사건에 대하여 변명했다. 그에 대한 고소는 그가 율법을 어긴 유대의 배반자이며 따라서 유대의 법에 따라 죽어야 한다는 것이었다. 그런 고소에 대해 바울이 벨릭스 총독 앞에서 한 변명을 들어보자. "당신이…이 민족의 재판장 된 것을 내가 알고 내 사건에 대하여 기꺼이 변명하나이다…그들은 내가 성전에서 누구와 변론하는 것이나 회당 또는 시중에서 무리를 소동하게 하는 것을 보지 못하였으니…" (24:10, 12).

바울이 그렇게 구속된 지 이태가 지나서 베스도가 벨릭스의 후임이 되었을 때도 바울은 같은 논조로 자신을 변명했다. "바울이 변명하여 이르되, '유대인의 율법이나 성전이나 가이사에게나 내가 도무지 죄를 범하지 아니하였노라'" (25:8). 벨릭스 총독 앞에서나 베스도 총독 앞에서나 바울은 같은 맥락으로 변명했는데, 첫째는 율법을 어기지 않았으며, 둘째는 성전을 더럽힌 적이 없으며, 마지막으로 시중에서 소동을 일으킴으로써 가이사를 배반하지도 않았다고 했다.

그런데 바울의 변명은 변명으로만 끝나지 않고, 복음도 포함했다. 실제로는 바울이 그 복음을 변명한 것이다! 그 복음의 핵심은 예수 그리스도가 죽은 지 삼 일 후에 다시 살아나셨다는 것이다. 벨릭스 앞에서 변명하며 선포한 복음을 들어보자. "오직 내가 그들 가운데 서서 외치기를 '내가 죽은 자의 부활에 대하여 오늘 너희 앞에 심문을 받는다고 한 이 한 소리만 있을 따름이니이다'" (24:21).

베스도 앞에서도 바울의 변명은 그처럼 놀라운 복음을 포함했다. 그 사실을 베스도는 이렇게 언급했다, "오직 자기들의 종교와 또는 예수라 하는 이가 죽은 것을 살아 있다고 바울이 주장하는 그 일에 관한 문제로 고발하는 것뿐이라" (25:19). 그리고 베스도는 유대인의 원대로 예루살렘에서 심문받기를 원하느냐고 묻자, 바울은 "…내가 유대인들에게 불의를 행한 일이 없나이다…아무도 나를 그들에게 내줄 수 없나이다. 내가 가이사께 상소하노라"고 했다 (25:10-11).

마지막으로 바울은 아그립바 왕 앞에서 심문을 받았다. 그는 다음과 같이 선포한 후 그의 간증을 제법 상세히 묘사했다: "당신들은 하나님이 죽은 사람을 살리심을 어찌하여 못 믿을 것으로 여기나이까" (26:8)? 그는 간증을 마치면서 다시 복음을 전했다: "곧 그리스도가 고난을 받으실 것과 죽은 자 가운데서 먼저 다시 살아나사, 이스라엘과 이방인들에게 빛을 전하시리라 함이니이다" (26:23). 바울은 아그립바 왕에게도 복음을 그처럼 담대하게 전했다.

2. 변명의 원의^{原意} (25:1-12)

누가는 바울이 변명한 행위를 묘사하면서 어떤 때는 명사를, 또 어떤 때는 동사를 사용했다. 명사로 사용한 경우는 22장 1절에서 인데, 헬라어로는 *아폴로기아*(ἀπολογία)이다. 나머지는 그 명사의 동사형인 *아폴로게오마이*(ἀπολογέομαι)이다 (24:10, 25:8, 26:1, 2, 24). 그러니까 바울은 변명이란 단어를 모두 여섯 번 사용한 셈이다. 두말할 필요도 없이, 바울의 변명은 그에 대한 고소를 무력화시키기 위한 것이었다.

그런데 변명이란 단어는 그것이 지닌 함축적인 의미 때문에, 법정에서만 국한해서 사용되지 않는다. 그 단어는 기독교에서 훨씬 넓고 깊은 의미인 변증(辨證--apologetics)으로도 사용된다. 변증은 복음을 전하는 데 없어서는 안 될 만큼 중요한데, 그 이유는 너무나 분명하다! 사람은, 특히 그리스도인이 아닌 사람은 대부분 복음의 내용을 알지 못한다. 제대로 알지 못하면서도 기독교를 오해하거나 비난하는 사람도 많다.

복음을 알지 못하는 사람에게는 복음의 의미를 정확하게 알려주어야 하는데, 베드로 사도의 말대로이다: "너희 마음에 그리스도를 주로 삼아 거룩하게 하고, 너희 속에 있는 소망에 관한 이유를 묻는 자에게는 대답할 것을 항상 준비하되 온유와 두려움으로 하고" (벧전 3:15). 이 말씀에서 "대답할 것"은 헬라어로 *아폴로기아*이다. 다시 말해서, 복음에 관심이 있는 사람에게 그 복음의 내용을 알아들을 수 있도록 설명해 주면서 변증해야 한다는 말이다.

복음에 대해 오해하는 사람에게는 그 사람이 오해하고 있는 사실을 풀어주어야 한다. 그러나 변증이 가장 필요로 하는 사람은 그 복음을 비난하는 사람일 것이다. 바울을 비난할 뿐 아니라 고발한 유대인들에게는 그들의 비난이 잘못되었거나 오해에서 비롯되었다는 사실을 바울은 알려주었다. 그러나 벨릭스와 아그립바처럼 복음을 제대로 이해하지 못한 사람에게는 복음의 핵심을 이해할 수 있도록 설명해 주었는데, 그것이 바로 복음의 변증이었다.

변증은 대개 조리가 분명한 논리지만, 논리를 뛰어넘는 강력한 변증이 두 가지나 된다. 하나는 간증이고 또 하나는 변증에 걸맞는 삶이다. 그런 이유로 바울은 그를 찢어 죽이려고 달려드는 유대인들에게 그의 경험담을 진솔하게 펼쳤다. 물론 그의 간증을 들은 유대인들은 받아들이지 않고 오히려 바울을 죽이려고 살기가 등등했지만 말이다 (22:22). 벨릭스와 그 부인은 복음을 제법 알고 있었지만, 바울의 변증을 받아들이지 않았다 (24:24-25).

바울의 강력한 간증을 들은 아그립바 왕은 거의 믿을 뻔했지만, 끝내 거부했다. 그의 말을 직접 들어보자; "네가 적은 말로 나를 권하여 그리스도인이 되게 하려 하는도다" (26:28). 거기에다 바울은 간증에 걸맞는 삶을 영위한 위대한 전도자였다. 그의 삶은 문자 그대로 복음을 위해서 불태운 삶이었다. 그는 그 복음 때문에 온갖 고난과 고통을 감수한 복음의 용사였다. 삶이 동반하는 변증 때문에 그는 높고 낮은 사람들에게 복음을 능력 있게 전할 수 있었다.

3. '고발하다' (25:13-27)

바울이 제3차 전도 여행을 마치고 예루살렘에 오면서부터 그의 삶은 법정 투쟁의 연속이었다. 그를 못마땅하게 여긴 유대인들이 그를 고발했기 때문이다. 그가 가이사랴를 거쳐서 로마로 갈 때까지 그는 끊임없이 고발에 시달렸다. 고발에 시달린 그의 모습을 묘사하기라도 하듯, 고발이라는 단어가 자그마치 16번이나 사용되었는데, 다음과 같다: 22:30, 23:28, 29, 30, 35, 24:1, 2, 8, 13, 19, 25:5, 7, 11, 19, 26:2, 28:19.

'고발하다'는 헬라어로 엥카레오(ἐγκαλέω)이며 사도행전에서는 6번밖에 나오지 않는데 (19:38, 40을 포함), 그가 예루살렘에서 '죄수'가 되었을 때부터는 4번밖에 나오지 않는다. 그런데 더욱 놀라운 사실은 그 단어가 두 곳에서만 나오는데, 한 곳은 천부장인 글라우디오 루시아가 벨릭스 총독에게 올린 서신에서 2번 나오고 (23:28-29), 또 한 곳은 바울이 아그립바 왕에게 변명할 때 2번 나온다 (26:2, 7--한글성경에서는 7절에서 "고소"로 번역).

고발은 제삼자가 문제를 제기하면서 그 문제를 법에 호소하는 행위이다. 바울을 고발한 유대인들의 모습을 보면 이해하기 쉽다. 바울은 어떤 유대인에게도 상해를 입힌 적이 없고, 성전을 모독하거나 더럽힌 적도 없었다. 그러나 유대인들은 그들과 직접적인 관련이 없는 바울을 고발한 것이다. 그런 이유로 그들의 고발은 모두 헛된 것으로 판명되었는데, 로마법에 의거해서 벨릭스, 베스도 및 아그립바가 모두 무죄로 판결했기 때문이다.

로마법의 기본은 다음의 4가지 원칙에 따른다. 첫째는 확실한 범죄 혐의가 있어야 한다. 둘째는 공공질서나 국가 안전을 위협해야 한다. 셋째는 증인과 사실 조사가 반드시 있어야 한다. 넷째는 원칙적으로 로마 시민권자는 보호의 대상이 되어 불법으로 체벌이나 고문을 할 수 없다. 바울은 이러한 로마의 법을 어긴 적이 없었는데도 유대인들이 고발했다. 그들의 고발은 두말할 필요도 없이 종교적인 것으로, 율법과 성전에 관한 것이었다.

4. '고소하다' (26:1-32)

고소는 제삼자가 아니라 원고가 직접 해를 입었거나 상해를 당했을 경우 법정에 호소하는 행위이다. 어떤 유대인들도 바울에 의해 직접 상처를 받았거나 해를 받지 않았기 때문에 그를 고소할 수 없었다. 그러나 바울이 전도 여행을 마치고 지칠 대로 지친 몸을 이끌고 예루살렘에 오자, 그는 각종 고소에 시달렸다. 그가 시달린 사실을 증명이라도 하듯, 고소라는 단어가 한글성경에서 4번 나오는데, 다음과 같다: 25:2, 15, 16, 26:7.

'고소하다'는 헬라어로 *카테고레오*(κατηγορέω)인데, 원어성경에는 한글성경에서보다 훨씬 많이 나온다. 원어에 나오는 그 구절들을 열거하면 다음과 같다: 22:30, 24:2, 8, 13, 19, 25:5, 11, 16, 28:19. 그런데 9번이나 나오는 *카테고레오*를 한글성경에서는 일곱 구절에서 고발로 바꾸어 번역했다. 번역자들이 원어를 무시했거나, 아니면 그 내용이 고소라기보다는 고발이라고 간주했는지 궁금하지 않을 수 없다.

유대인들은 바울로 복음을 전하지 못하게 하려고 그를 고소했다. 그러나 주님이 이미 약속하신 대로 그는 천부장을 비롯하여, 총독들과 왕과 황제인 가이사에게 예수 그리스도를 증언할 수 있었다. 주님의 약속을 인용해 보자: "이 모든 일 전에 내 이름으로 말미암아 너희에게 손을 대어 박해하며 회당과 옥에 넘겨 주며 임금들과 집권자들 앞에 끌어 가려니와, 이 일이 도리어 너희에게 증거가 되리라"(눅 21:12-13).

유대인들이 바울에게 율법을 어기며, 성전을 더럽히며, 가이사가 아닌 다른 왕을 섬긴다고 고소했는데, 그 내용을 세심하게 들여다보면 바울에게 복음을 전할 수 있는 길과 내용을 활짝 열어준 꼴이 되었다. 율법을 통해서가 아니라 은혜로 의롭다 하심을 받으며, 참 성전 되신 그리스도가 증거되며, 가이사가 아니라 예수 그리스도가 주님이시라는 사실을 선포했기 때문이다. 그 선포가 회당에서뿐 아니라, 총독과 왕과 황제 앞에서 전해진 것이다.

셋

사도행전의 저자인 누가는 셋(3)을 대단히 중요하게 여긴 것 같다. 그렇지 않다면 "셋"의 경우를 그처럼 많이 열거하지 않았을 것이다. 어쩌면 누가는 삼위일체를 염두에 두었는지도 모른다. 먼저 떠오르는 것은 바울 사도의 3차례 전도 여행이다. 물론 바울 사도가 전도 여행을 세 번이나 강행했기 때문이지만, 제1차 전도 여행에는 누가가 전혀 연루되지 않았다. 그런데도 구태여 제1차 전도 여행을 그처럼 상세하게 묘사한 것은 결코 우연이 아닐 것이다.

그뿐 아니라 누가는 베드로 사도의 삼대 전도를 아무도 오해할 수 없도록 분명히 묘사했다. 베드로 사도는 유대인 전도의 문을 열었을 뿐 아니라 (행 2장), 사마리아의 그리스도인들을 위해 기도하므로, 그들이 성령을 받아 거듭나게 하였다 (행 8장). 이방인의 전도는 누가 문을 열었는가? 두말할 필요도 없이 베드로 사도였다 (행 10-11장). 베드로 사도가 아니었다면 감히 누구도 넘보지 못했을 이방인 전도를 그가 해내었다.

누가는 사도행전을 크게 전반부와 후반부로 나눈 후, 전반부에서 베드로 사도가 세 번씩이나 투옥된 것처럼, 후반부에서 바울 사도도 역시 세 번이나 투옥된 사실을 묘사했다. 베드로 사도가 첫 번째 투옥되었다가 풀려났으나 (행 4:3), 그의 놀라운 메시지와 능력을 받아들이지 못한 제사장들과 사두개인이 다시 '사도들을 잡아다가 옥에 가두었다' (5:18). 베드로 사도는 세 번째 투옥되었으나, 두 번째처럼 주님의 사자가 그로 감옥에서 나오게 역사했다 (12:7).

바울 사도가 복음을 전하다가 먼저 투옥된 것은 빌립보에서였다. 그러나 베드로 사도를 감옥에서 내보내신 것처럼 주님은 바울 사도도 내보내셨다 (16:26). 바울 사도가 두 번째로 투옥된 것은 가이사랴에서였다. 그가 예루살렘에서 잡힌 후 재판을 받으러 그곳으로 옮겨져서 죄수의 몸이 되었다 (23:35). 세 번째는 그가 상소한 결과 로마로 끌려갔을 때였다. 그는 로마의 감옥에서 몇 년씩이나 지냈으나, 그 기간 중 전도도 했고 서신도 기록했다 (28:30).

바울 사도가 로마로 가기 전에 '임금들과 집권자들에게' 복음을 전했는데 (눅 21:12), 그들의 수(數)도 역시 셋이었다. 그 세 임금과 집권자들의 이름이 구체적으로 열거되었는데, 다분히 세 사람을 강조하기 위함이었다. 그들은 벨릭스 총독과 베스도 총독 및 아그립바 왕이었다. 비록 그들은 재판관의 자리에서 바울 사도를 심판했으나, '죄인'인 바울 사도는 그들도 예수 그리스도의 죽음과 부활을 받아들이지 않으면 심판을 피할 수 없다는 사실을 알렸다 (24:25).

사도행전의 저자인 누가는 바울 사도의 구원 간증을 세 번씩이나 반복해서 묘사했다. 비록 세 번씩이나 반복되었지만, 세 번 다 제법 상세히 그가 어떻게 회심했는지, 그리고 어떻게 증인의 사명을 갖게 되었는지 묘사했다. 두말할 필요도 없이 그의 간증을 통해 그 통치자들에게 복음을 변증했지만, 구태여 세 번씩이나 묘사한 것은 다분히 의도적이었을 것이다. 누가는 사도행전을 기록하면서 "셋"의 중요성을 인지認知하고 있었음이 틀림없다.

바울 사도는 엄청난 이방인의 사도였으니, 그의 구원 간증을 세 번씩 반복할 가치가 충분히 있었다. 그러나 누가는 이방인이었던 고넬료의 간증도 세 번씩이나 묘사했다. 첫 번째 묘사는 그가 예수 그리스도를 만나서 구원받는 과정을 묘사하면서였다 (행 10장). 두 번째는 유대인 그리스도인들의 비난을 해명하기 위해 베드로 사도가 고넬료의 회심을 설명할 때였다 (행 11장). 세 번째는 예루살렘 공회가 최초로 모였을 때, 베드로 사도가 그의 구원을 묘사할 때였다 (15:7).

누가는 사도행전을 기록하면서 삼대 설교도 삽입했다. 두말할 필요도 없이 가장 위대한 설교는 베드로 사도의 오순절 설교였다 (행 2장). 그 설교를 통해 지구상에서 최초의 교회가 탄생했을 뿐 아니라, 옛 언약들이 이루어졌다. 두 번째는 스데반의 설교였는데, 그는 집사였지만 성령이 충만하여 참으로 놀라운 설교를 했다 (행 7장). 그가 그 설교를 마치면서 순교를 당했지만, 그 결과 복음이 예루살렘을 넘어 세상으로 퍼져나가게 하는 계기가 되었다.

세 번째 설교는 바울 사도가 밀레도에서 에베소의 장로들을 초청하여 고별설교를 한 것이었다. 그 설교는 복음에 대한 바울 사도의 헌신을 담고 있을 뿐 아니라, 그가 구체적으로 어떻게 전도와 목회를 했는지도 담고 있다. 그 설교는 바울 사도가 없이도 장로들에 의하여 교회가 유지되고 또 확장될 사실을 보여주었다. 그 설교의 결과 교회는 조직적으로 일사불란하게 움직이면서 세계 복음화에 크게 이바지했다 (행 20장).

바울 사도도 역시 삼대 설교를 남겼다. 첫 번째는 비시디아 안디옥의 설교였다. 대상은 유대인이었기에 이스라엘의 역사를 요약하면서 믿음으로 의롭다 하심을 강조한 명설교였다 (13:39). 두 번째 설교는 아덴의 아레오바고에서의 설교였다. 대상은 철학자들이었기에 바울 사도는 창조주 하나님을 소개하면서 다분히 이성적인 설교를 했다 (17:24). 세 번째는 밀레도의 고별설교였다. 그는 회중에 따라서 성경으로, 이성으로, 그리고 목회자로 설교했다.

누가는 제1차 전도 여행에서 세 사람이 동행했다고 하면서 그들의 이름을 밝혔는데, 곧 바나바와 바울과 마가였다 (행 13장). 제2차 전도 여행에도 역시 세 사람이 동행했는데, 바울과 누가와 디모데였다 (16:3). 바울 사도는 로마의 감옥에서 에바브라와 누가와 셋이서 함께 고난을 나누었다 (골 4:12). 그뿐 아니라, 바울이 로마에 갇혔을 때 누가와 마가가 함께 했는데, 그들은 모두 성경의 저자가 되었다 (골 4:10, 14).

바울 사도는 누가와 아리스다고와 함께 로마로 가고 있었다 (27:2). 비록 그들이 로마의 감옥으로 가는 긴 여정이었지만, 젊은이인 아리스다고의 도움을 받으면서 그리고 의사인 누가의 돌봄을 받으면서 갈 수 있었다. 비록 바울 사도가 '죄수'의 몸으로 가는 험난한 여정이었지만, 사랑과 교제를 상당히 깊게 누렸을 것이다. 그들은 세 명에 불과했지만 한 덩어리가 되어 천국의 맛을 미리 맛보면서 어려움을 이기고도 남았을 것이다.

17장

복음을 로마로!

1. 하나님의 사람 (행 27:1-8)

바울이 로마로 가는 여정을 눈여겨보면, 그는 진정으로 하나님의 사람이었다. 하나님은 어느 시대이든 당신의 성령을 기름 붓듯 부어주실 사람을 찾으신다. 그렇게 찾으시면 성령을 마음껏 부어주시고 하나님 나라의 확장을 위해 귀하게 사용하신다. 하나님의 말씀도 그 사실을 뒷받침하고 있다: "여호와의 눈은 온 땅을 두루 감찰하사 전심으로 자기에게 향하는 자들을 위하여 능력을 베푸시나니…" (대하 16:9a).

하나님의 능력을 받은 사람 가운데는 베드로도 있었다. 그의 전성기가 지나가자, 이어서 하나님으로부터 능력을 받은 사람은 바울이었다. 바울은 무엇보다도 생명을 걸고 복음을 전한 하나님의 사람이었다. 그런 이유로 그가 가는 곳에서는 예외 없이 복음의 능력이 나타났고, 예수 그리스도를 받아들이고 변화되는 사람들이 생겼다. 그렇게 회심한 사람들이 모이면 당연히 교회가 탄생하였다. 그는 참 전도자일 뿐 아니라, 그 교회들을 돌본 참 목자였다.

하나님의 사람인 바울이 구브로에 갔을 때 총독 서기오 바울이 변화되었고, 루스드라에 갔을 때는 앉은뱅이가 일어났고 큰 무리가 주님께로 돌아왔다. 그가 빌립보에 갔을 때 옥터가 움직였고, 간수와 그 식구들이 주님께로 돌아왔다. 그가 에베소에 갔을 때도 아시아의 각처에서 온 사람들이 그로부터 복음을 듣고 변화되었다. 하나님의 사람이 미치는 영향력은 크고도 넓은데, 그 이유는 하나님이 함께하시기 때문이다.

비록 바울이 '죄수'의 몸으로 로마행 배를 탔지만, 그 배의 운명은 하나님의 사람에 의해 좌지우지되었다. 그가 로마로 가는 도중 그와 함께 배를 타고 가는 276명의 생사는 그 하나님의 사람에 의하여 결정되었다. 그들 중 제법 많은 사람이 바울의 주님을 믿고 받아들였을 것이다. 그뿐 아니라, 그 하나님의 사람이 로마에 정착한 후 그곳에서 복음이 얼마나 널리 전파되었는지는 아무도 측량할 수 없다. 그가 하나님의 사람이요 복음의 사람이기 때문이다.

그들이 타고 있던 배가 파선하자 그들은 멜리데 섬에 불시착했다. 모든 사람의 운명은 다시 한번 위험에 처할 수 있는 상황이었다. 그러나 그들 가운데 하나님의 사람인 바울이 있었다. 독사에게 물렸는데도 조금도 상하지 않는 그를 지켜본 섬 사람들은 오히려 그에게 도움을 구하기 시작했다. 바울은 그들을 따뜻하게 맞아준 섬 사람들의 병자들을 위해 일일이 안수하고 기도하여 고쳐주었다. 얼마나 놀라운 반전인가!

하나님의 사람인 요나 한 사람으로 인해 큰 성 니느웨에 사는 백성 12만 명의 운명이 바뀐 것도 역시 같은 원리이다. 요나보다도 훨씬 큰 하나님의 사람 바울이 로마에서 복음의 바람을 거세게 일으켰을 것을 의심할 그리스도인은 없을 것이다. 그는 로마에서 복음만 전한 것이 아니었다! 그곳에서 제자들과 깊은 교제를 나누면서 그가 처형당한 후, 복음이 계속될 것을 위해 철저하게 준비시켰다. 그 일환으로 그는 교회 지도자들에게 편지로도 격려하고 훈련했다.

2. 하나님의 말씀 (27:9-26)

바울은 예전부터 로마에서도 복음 전하기를 소망했는데, 그의 간절한 소망은 두말할 필요도 없이 하나님의 뜻이었다. 그의 소망을 직접 인용해 보자: "그러므로 나는 할 수 있는 대로 로마에 있는 너희에게도 복음 전하기를 원하노라"(롬 1:15). 복음의 화신인 바울은 그 당시 정치적, 문화적, 경제적, 군사적, 종교적 중심지인 로마에 복음을 전하므로, 그 복음이 거기에서 세계 각처로 퍼져나가기를 기대했던 것 같다.

바울은 소망만 가졌던 것이 아니라, 몇 번이나 로마로 가려 했었다. 그의 말을 다시 인용해 보자: "형제들아, 내가 여러 번 너희에게 가고자 한 것을 너희가 모르기를 원하지 아니하노니, 이는 너희 중에서도 다른 이방인 중에서와 같이 열매를 맺게 하려 함이로되 지금까지 길이 막혔도다"(롬 1:13). 그렇지만 그는 인위적으로 문을 열지 않고 하나님의 뜻을 기다렸다. "어떻게 하든지 이제 하나님의 뜻 안에서 너희에게로 나아갈 좋은 길 얻기를 구하노라"(롬 1:10).

바울의 로마행은 분명히 하나님의 뜻이었다. 그 이유는 분명하다! 하나님이 명확하게 말씀하셨기 때문인데, 그가 예루살렘에서 '죄수'로 잡혔을 때였다. "그 날 밤에 주께서 바울 곁에 서서 이르시되, '담대하라! 네가 예루살렘에서 나의 일을 증언한 것 같이 로마에서도 증언하여야 하리라' 하시니라"(23:11). 그러니까 하나님의 사람인 바울이 로마를 찾으려는 마음은 하나님의 마음과 일치했다.

이미 언급한 대로, 바울이 로마로 가는 여정은 가장 '좋은 길'이었다. 우선, 예루살렘에서 가이사랴로 이송할 때 '보병 200명과 기병 70명과 창병 200명'이 그를 보호했다(23:23). 도대체 어느 왕이 이처럼 어마어마한 호위병을 끌고 이동했는가? 또한, 가이사랴에서 로마까지 3,000km 이상을, 그것도 6개월이나 가면서, 그동안의 식대와 뱃삯은 얼마나 많았겠는가? 그것도 혼자가 아니라 누가와 아리스다고도 동행했는데 말이다. 그런데 모든 것이 공짜였다!

하나님의 사람인 바울은 '죄수'로 끌려가면서도 여전히 하나님과 교통하면서 하나님의 말씀을 받았다. 그가 미항이라는 곳에서 선원들에게 다음과 같이 권면한 적이 있었다: "여러분이여, 내가 보니 이번 항해가 하물과 배만 아니라, 우리 생명에도 타격과 많은 손해를 끼치리라"(27:10), 물론 그것은 하나님이 직접 하신 말씀은 아니었지만, 하나님의 사람인 바울이 성령의 인도하심을 받으면서 한 권면이었기에 하나님의 뜻과 일치했다.

그들이 미항을 떠났는데, 뵈닉스에서 겨울을 지내기 위해서였다(27:12). 그러나 유라굴로라는 광풍으로 인해 그 배에 탄 사람들은 모두 죽을 지경까지 되었다. 그들은 풍랑에 밀리면서 칠흑같이 깜깜한 어두움 속에서 14일이나 좌충우돌했다. 모든 소망이 끊어졌을 때, 하나님은 사자를 보내어 바울에게 말씀하셨다. "바울아, 두려워하지 말라! 네가 가이사 앞에 서야 하겠고, 또 하나님께서 너와 함께 항해하는 자를 다 네게 주셨다"(27:24).

하나님이 그 배에 탄 사람들을 모두 살려주셨는데, 그 이유는 하나님의 사람이 그들 가운데 있었기 때문이었다. 한 사람으로 인해 276명의 사람이 생명을 보존할 수 있었다. 마치 요나 한 사람 때문에 그 배에 타고 있던 사람들이 전부 죽게 된 것처럼 말이다. 물론 요나가 바다에 던져짐으로 그 배에 있던 사람은 모두 생명을 부지했지만 말이다. 그렇다! 하나님의 사람은 그와 함께 있는 사람들의 운명을 좌지우지하는데, 하나님이 함께하시기 때문이다.

바울의 말대로 그들은 모두 멜리데 섬에 올랐고, 그리고 한 사람도 생명을 잃지 않았다. 두말할 필요도 없이 그 배에 타고 있던 276명 모두가 하나님에게는 존귀한 사람들, 곧 하나님의 형상대로 창조된 사람들이었다. 그러나 그들 대부분은 하나님을 알지 못하는 죄인이었는데, 마침내 그들 가운데 있는 하나님의 사람, 곧 복음의 사람인 바울로 인해 함께 기도하고, 함께 식사하는 자리까지 가게 되었다 (27:35).

3. 하나님의 방법 (27:27-28:10)

바울은 로마로 갈 수 있는 좋은 길을 위해 오랫동안 기도했다. 그런데 그가 밟은 길은 결코 좋은 길이 아니었다. 오히려 목숨을 앗아갈 수 있는 위험천만한 길이었다. 그렇다면 하나님의 사람, 곧 바울의 기도는 응답받지 못했단 말인가? 물론 하나님은 응답하셨다! 만일 하나님이 응답하시지 않았다면, 바울은 결코 로마에 이르지 못했을 것이다. 그런데 왜 그렇게 바울은 많은 고생을 하면서 죽을지도 모르는 상황까지 몰렸는가?

하나님의 방법과 인간의 방법은 다를 때가 너무나 많다! 물론 같을 때도 없잖아 있지만, 다를 때가 훨씬 많은 것 같다. 구약의 어느 선지자는 그렇게 다른 사실을 다음과 같이 적나라하게 묘사한 적이 있다: "이는 내 생각이 너희의 생각과 다르며 내 길은 너희의 길과 다름이니라; 여호와의 말씀이니라. 이는 하늘이 땅보다 높음 같이 내 길은 너희의 길보다 높으며, 내 생각은 너희의 생각보다 높음이니라"(사 55:8-9).

그 선지자는 하나님과 인간의 방법이 다른 이유와 목적도 분명히 알려주었다. "너희는 여호와를 만날 만한 때에 찾으라; 가까이 계실 때에 그를 부르라. 악인은 그의 길을, 불의한 자는 그의 생각을 버리고 여호와께로 돌아오라; 그리하면 그가 긍휼히 여기시리라. 우리 하나님께로 돌아오라; 그가 너그럽게 용서하시리라"(사 55:6-7). 그렇다! 하나님은 어떻게 해서든지 사람들을 당신 앞으로 인도하시기를 원하시는데, 물론 당신의 사람을 통해서이다.

그 배에 타고 있던 사람들의 형편을 좀 살펴보자. 그들은 "…간신히 거루를 잡아 끌어올리고 줄을 가지고 선체를 둘러 감고, 스르디스에 걸릴까 두려워하여 연장을 내리고 그냥 쫓겨갔다"(27:16-17). 바다의 전문가인데도 사공들은 '짐을 바다에 풀어 버렸고'(27:18), '배의 기구를 그들의 손으로 내버렸다'(27:19). 그 사공들은 거룻배를 타고 도망가려고 했고(27:30), 그들의 양식인 '밀을 바다에 버렸다'(27:38). 마침내 그들의 배는 깨어져서 산산조각이 되었다.

하나님의 방법은 인간의 생각과 상상을 초월했다. 그 목적은 그 사공들도 하나님의 사람을 통해 하나님께로 나아오게 하기 위함이었다. 그들뿐 아니라, 멜리데 섬에 사는 원주민들도 하나님께로 돌아오게 하기 위함이었다. 그렇다! 하나님의 방법이 당시에는 바람직해 보이지 않아도, 하나님의 절대적인 뜻과 구원의 뜻을 이루기 위해 하나님이 사용하시는 방법이다. 그 방법은 신비로워서 인간이 다 알 수 없지만, 결국 그 방법이 완전하다는 것을 알게 된다.

4. 하나님의 복음 (28:11-31)

마침내 그들은 로마의 영토인 수라구사 섬에 도착했다가, 로마 제국의 본토 끝자락에 자리한 레기온을 들러서 보디올에 상륙했다. 거기서 형제들을 만나 '이레를 함께 머무르면서' (28:14), 사랑의 교제를 나누었다. 그곳으로부터는 200여km를 육로로 이동하여, 마침내 목적지인 로마에 도착했다. 로마의 압비오 광장과 트레이스 타베르네까지 맞으러 온 형제들로 인하여 '바울이 그들을 보고 하나님께 감사하고 담대한 마음을 얻었다' (28:15).

하나님의 사람이요 복음의 사자인 바울이 로마에 입성하자 곧바로 전도하기 시작했다. 다른 곳에서처럼 그는 유대인 중 '높은 사람들을 청하여' 그가 여기까지 오게 된 경위를 설명했다 (28:17). 그러나 그 설명은 바울의 본론이 아니었다. 그 후 그들과 약속한 날에 바울은 많은 사람이 모이자, "아침부터 저녁까지 강론하여 하나님의 나라를 증언하고, 모세와 율법과 선지자의 말을 가지고 예수에 대하여 권하였다" (28:23).

결론은 과거와 비슷했는데, 믿는 자와 믿지 아니하는 자가 있었다 (28:24). 바울은 다시 하나님의 말씀을 인용하여 그들의 불신이 옛적부터 예언된 대로라고 하면서, 그들의 불신 때문에 그는 이방인에게로 가서 전도하지 않을 수 없다고 선언했다 (28:28). 바울은 언제나 유대인에게 먼저 전했으며, 그들이 거부하기에 이방인에게로 향한다고 1차와 2차 전도 여행에서 증언했다 (13:46, 18:16). 그런 현상은 처음부터 주님의 뜻이었다고도 증언했다 (22:21).

바울이 로마에 온 것은 복음을 전하기 위해서였다! 두말할 필요도 없이 그를 보내신 분은 하나님이시었다. 그 하나님은 하나님의 사람이 복음을 전할 수 있는 환경도 조성해 주셨는데, 그가 셋집에 머물 수 있게 하셨기 때문이다. 그는 그 셋집에서 그를 찾아오는 사람들을 다 영접하고 "하나님의 나라를 전파하며 주 예수 그리스도에 관한 모든 것을 '담대하게 거침없이' 가르쳤다" (28:31). 하나님의 사람인 바울은 담대하고도 거침이 없었다.

사도행전의 저자인 누가는 그처럼 엄청난 사도행전을 마무리하면서 두 단어를 사용했는데, 곧 "담대하게"와 "거침없이"이다. "담대하다"는 그리스도인의 특성이다. 그리스도인은 말씀을 전할 때도 담대하며, 기도할 때도 담대하며, 전도할 때도 담대하며, 주님 앞으로 나아갈 때도 담대하며, 주님이 다시 오실 때도 담대하게 그분을 맞이할 수 있다. 그런 이유로 신약성경에서 "담대하게", 곧 헬라어로 파래시아(παρρησία)는 31번이나 사용되었다.

바울이 그처럼 "담대하게" 말씀을 가르칠 수 있었던 것은 그가 하나님의 사람이자 말씀의 사람이었기 때문이다. 하나님이 주신 말씀을 담대하게 전하고, 가르치고, 선포하는 것은 너무나 당연했다. 더군다나 그는 하나님이 보내셔서 로마까지 왔는데, 어떻게 담대하지 않을 수 있겠는가? 그를 구원해 주신 하나님, 그를 크고 작은 시험에서 이기게 하신 하나님, 그에게 성령으로 충만하게 하신 하나님을 의지하면서 그는 담대한 하나님의 ‘사람이 되었다.

헬라어 사도행전에 나오는 마지막 단어는 "거침없이"로, 아코루토스(ἀκωλύτως)인데, 신약성경 전체에서 딱 한 번만 나오는 소중한 단어이다. 그 단어가 바로 사도행전을 마무리하는 단어인데, 누가가 그렇게 마감한 이유가 있다. 바울이 처한 로마는 그리스도인들을 무자비하게 학대하고, 심지어는 죽이기를 주저하지 않는 그런 도시였다. 비록 바울이 하나님의 말씀을 전하는 하나님의 사람이지만, 언제라도 위축될 수 있는 환경에 놓여있었다.

누가가 바울이 "거침없이" 하나님의 말씀을 가르친다고 묘사한 것은 어떤 환경도 하나님의 뜻을 막을 수 없다는 선포였다. 그뿐 아니라, 그를 만나서 변화시켜 주신 주님의 마지막 명령, 곧 "성령이 너희에게 임하시면 너희가 권능을 받고 예루살렘과 온 유대와 사마리아와 땅 끝까지 이르러 내 증인이 되리라"는 지상명령이 실현되었다는 선포였다. 그 당시 로마가 "땅 끝"이었기 때문이다.

바울의 로마행

보충 해석

✚와 ✖

이번 보충 해석의 제목은 "더하기"와 "곱하기"이다. 하나님께서 귀하게 사용하신 바울의 사역을 이처럼 "더하기"와 "곱하기"로 마무리하는 데에는 무리가 없잖아 있다. 그러나 성경의 가르침을 자세히 들여다보면 그런 제목이 전혀 일리가 없는 것도 아닌데, 그것은 하나님의 문화 명령cultural mandate에 함축되어 있기 때문이다. "하나님이 그들에게 복을 주시며 하나님이 그들에게 이르시되, *생육하고 번성하여* 땅에 충만하라, 땅을 정복하라…모든 생물을 다스리라" (창 1:28).

하나님이 인간을 창조하신 후 최초로 주신 그 명령에는 "더하기"와 "곱하기"를 뜻하는 동사가 둘 있는데, 하나는 '생육하라'이고 또 하나는 '번성하라'이다. '생육하기' 위해서는 남녀의 결합이 있어야 한다. 그리할 때 자녀가 태어나기 때문으로, 1+1=2의 공식이 성립한다. 그러나 '번성하라'는 동사는 숫자가 기하급수적으로 증가해서 공동체가 팽창한다는 뜻을 함축한다. 그 명령을 토대로 예수 그리스도도 그 두 가지 뜻을 함축하는 명령을 두 곳에서 주셨다.

"너희는 온 천하에 다니며 만민에게 복음을 *전파하라*"는 명령은

"더하기"에 해당한다 (막 16:15). 바울이 전도해서 믿은 총독 서기오 바울은 한 사람으로, 하나님의 나라에 일원이 된 사람이었다. 그 사역은 말할 수 없이 중요한 사역이다. 그러나 주님은 다른 명령도 주셨는데, 곧 "너희는 가서 모든 민족을 *제자로 삼으라*"는 것이다 (마 28:19). 쉽게 말하면, 전도한 사람을 훈련해서 그도 다른 사람을 전도할 수 있게 하라는 것이다.

더 쉬운 비유를 들어보자면, 전도하는 것은 물고기를 잡는 것과 같다. 그러나 제자로 삼는 것은 전도된 사람으로 물고기 잡는 법을 가르쳐 주는 것과 같다. 다시 말해서 전도하여 구원받은 사람을 그대로 내버려 두지 말고 훈련해서 그도 다른 불신자를 그리스도 예수 앞으로 인도하게 하라는 것이다. 바울은 능력의 전도자로서 어디를 가든지 복음을 전하여 수많은 사람을 예수 그리스도 앞으로 인도했다.

그러나 바울이 아무도 훈련하지 않고 사역을 마쳤다고 하자. 많은 그리스도인은 효과적으로 전도하기가 어려웠을 것이며, 더군다나 다른 그리스도인을 훈련하기란 더욱 어려웠을 것이다. 그러나 바울은 전도와 훈련의 중요성을 꿰뚫어 본 하나님의 사람이었다. 그런 이유로 그는 본인이 '위대한 전도자'가 되었을 뿐 아니라, '제자 훈련의 대가'이기도 했다. 만일 그가 훈련의 의미를 깊이 알지 못했다면 다음과 같은 충고를 그의 제자인 디모데에게 하지 못했을 것이다.

"또 네가 많은 증인 앞에서 내게 들은 바를 충성된 사람들에게 부탁하라; 그들이 또 다른 사람들을 가르칠 수 있으리라" (딤후 2:2). 이 권면에서 자그마치 4세대가 등장하는데, 그들의 연결고리는 훈련이었다. 첫 세대는 바울 자신인데, 그는 디모데를 훈련했다. 그에게서 훈련받은 디모데는 충성된 사람들에게 부탁하라는 권면을 받았다. 그런데 디모데는 둘째 세대이고 충성된 사람들은 셋째 세대인데, 그들이 가르칠 다른 사람들은 넷째 세대이다.

여기에서 꼭 짚고 넘어가야 할 중요한 대목이 있는데, 그것은 바울의 '제자 훈련 방법'이다. 바울의 훈련 비결은 한 마디로 '삶의 전수'였다. 제일 먼저 그 비결을 사역에 적용하신 분은 예수 그리스도였다. 그분은 열두 제자를 선택하신 후 그들과 3년여 동안 삶을 나누었다. 그분은 3년여 동안 그들과 함께 자고, 먹고, 걷고, 굶고, 기도하고, 여행했다. 그분이 지상 사역을 마치셨을 때 한순간의 공백 기간도 없었다. 훈련받은 제자들이 바통을 물려받았기 때문이다.

바울도 그렇게 훈련하면서 제자들에게 전도하는 법, 기도하는 법, 고난에 대처하는 법 등을 나누었다. 그 목적을 위해 혼자 여행하지 않았다. 그에게는 함께하면서 그의 삶을 닮아가는 제자들이 있었다. 누가도 그런 사역을 터득했기에 "우리"라는 표현을 했다. 제2차 전도 여행에서도 "우리"라고 하면서 바울과 동행한 디모데와 자신을 포함했다 (행 16:10-17). 제3차 전도 여행에서도 "우리"라고 했고 (20:5-21:8), '죄수'로 로마로 갈 때도 그러했다 (27:1-28:16).

로마에서는 그런 교제와 제자 훈련이 더욱 진지했는데, 바울의 사역과 삶이 얼마 남지 않은 것을 알았기 때문이다. 바울은 누가와 아리스다고와 함께 감옥에 있었다. 물론 바울은 그들의 도움도 받았을 것이다. 그러나 바울과 같은 큰 인물과 좁은 공간에서 함께 지내며 그들이 받은 영향은 필설로는 다 묘사할 수 없을 것이다. 그렇다! '위대한 전도자'인 바울은 전도만 하지 않고, '제자 훈련의 대가'답게 그의 주변에 제자들을 품고 훈련했다.

그뿐 아니라 바울은 로마에서 누가와 마가와 함께 깊은 교제를 나누면서 사랑을 주고받았다. 바울이 셋째 하늘에서 들은 희귀하고도 존귀한 말씀도 나누었을 터이고, 바울이 여러 교회에 보낸 편지의 내용도 나누면서 그 편지를 받는 교회들의 상황도 함께 나누었을 것이다. 그 결과는 무엇이었는가? 마가는 마가복음을 기록하여 복음서의 근거가 되게 했고, 누가는 누가복음과 사도행전을 기록하여 그가 아니면 아무도 볼 수 없는 세세한 것들을 기록했다.

그뿐 아니라, 누가만큼 오랫동안 바울과 동행하면서 많이 배우고 또 훈련받은 사람도 흔하지 않을 것이다. 누가는 늙은 바울을 육체적으로 돌보는 특권을 가졌는데, 그처럼 큰 특권으로 인해 그는 사도행전을 자세하게 기록할 수 있었다. 실제로 누가는 사도행전의 전반부의 내용에 대해서는 직접 본 것은 아니지만, 이처럼 큰 훈련자 밑에 있으면서 터득한 것들을 의사답게 차근차근 기록했다.

바울은 그에게 맡겨진 '전도와 제자 훈련'의 사역에 혼신의 힘을 다 바쳤기에 다음과 같이 진실한 고백을 할 수 있었다.

"전제와 같이 내가 벌써 부어지고 나의 떠날 시각이 가까웠도다.

나는 선한 싸움을 싸우고 나의 달려갈 길을 마치고 믿음을 지켰으니,

이제 후로는 나를 위하여 의의 면류관이 예비되었으므로,

주 곧 의로우신 재판장이 그 날에 내게 주실 것이며,

내게만 아니라 주의 나타나심을 사모하는 모든 자에게도니라"

(딤후 4:6-8).

참 고 도 서

Brown, Colin, 편집. The New International Dictionary of New Testament Theology. 제3권. H. C. Hahn의 "καιρός"와 "χρόνος." Grand Rapids, MI: Zondervan PublsihingHouse, 1972.

————. C. Brown의 "ψυχή."

————. 제2권. O. Hofius의 "σημεῖον."

Calvin, John. The Acts of the Apostles. W. J. G. McDonald 역. Calvin's New Testament Commentaries. 제2쇄. Grand Rapids, MI: Wm. B. Eerdmans Publishing Co., 1973.

Elwell, Walter A. Evangelical Dictionary of Theology. 편집. J. D. Spiceland 의 "Miracles." Grand Rapids, MI: Baker Book House, 1984.

Green, Joel B. & Scot McKnight, 편집. Dictionary of Jesus and the Gospels. D. S. Cockery의 "Baptism." Downers Grove, ILL. InterVarsity Press, 1992.

————. S. McKnight의 "Gentiles."

Josephus, Flavius. The Works of Josephus. 제2쇄. William Whiston 역. Peabody, MA: Hendrickson Publishers, 1988.

Keener, Craig S. Acts. London. Cambridge University Press, 2020.
Longenecker, Richard N. The Acts of the Apostles. Frank E. Gaebelein, 편

집. The Expositor's Bible Commentary, 제9권. Grand Rapids, MI: Regency Reference Library, 1981.

Munck, Johannes. The Acts of the Apostles. Garden City, NY: Doubleday & Company, Inc., 1967.

Turner, C. Hamilton. "A Chronology of the New Testament." James Hasting 편집. A Dictionary of the Bible, 제1권. T. & T. Clark, Edinburgh, 1900.

문석호. 『그 도의 사람들: 사도행전 주해 및 교훈집』. 애틀랜타: GSI, 2005.

이상근. 『신약 주해: 사도행전』. 제13판. 서울: 총회교육부, 1984.

홍성철. 『불타는 전도자 존 웨슬리』. 제8쇄. 서울: 도서출판 세복, 2013.

_____. 『성령의 시대로!: 오순절 · 복음 · 교제』. 서울: 도서출판 세복, 2013.

_____. 『예수 그리스도의 피: 사실 · 구원 · 능력』. 서울: 도서출판 세복, 2023.

_____. 『출애굽기 탐구: 해설 20과 구속사적 조명 14, 이미지 10』. 서울: 도서출판 세복, 2025.

_____. "천국 열쇠" 및 "최초의 설교"『화목 제물』. 서울: 도서출판 세복, 2020.

_____. 『현대인을 위한 복음전도의 성경적 모델』. 제2쇄. 서울: 도서출판 세복, 2005.